JN271740

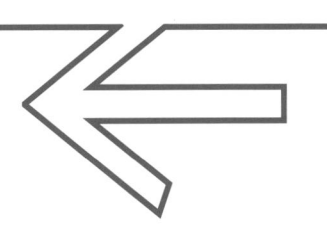

[編著] 井深雄二
　　　 大橋基博
　　　 中嶋哲彦
　　　 川口洋誉

テキスト
教育と教育行政

勁草書房

はじめに

　1990年代半ば以降、教育改革が続いている。そこには、三つの大きな特徴がある。第一は、教育改革の目的が「人格の完成」（教育基本法1条）ではなく、国家・社会にとって有為な人材育成に特化してきていることである。第二は、安上がりの教育改革が前提になっているため、制度いじりに終始していることである。第三に、このような教育改革のイデオロギーとして「自己責任」と「受益者負担」を当然視する「市場原理主義」、換言すれば新自由主義が採用されていることである。以上のことから帰結するのは、エリート教育の制度化と教育格差の拡大であり、経済的格差と教育格差の拡大再生産の進行である。その結果、子どもの貧困率は、1985年には10.9％であったものが2012年には16.3％となり、およそ6人に1人の子どもが貧困という結果となっている。こうして、いじめ・自殺問題の深刻化など「教育の病理」はますます深まっていると言わざるをえない。しかし、また、少なからぬ学校や各地に「人間の尊厳」を取り戻す取り組みが積み重ねられてきていることもわれわれは知っている。
　本書は、教育行政（学）を学ぶ学生たちや、最新の教育行政学の成果に触れることを望んでいる教職員・教育行政職員・保護者・地域住民を念頭において編まれたものである。教育行政学の教科書の題名が『教育と教育行政』となっていることに違和感を覚える方もいるかもしれない。確かに、本書では教育それ自体を直接には論じてはいない。しかし、教育行政学は教育学の一領域であり、行政学を教育に適用したものではない、というのがわれわれの立場である。むろん、行政学を基礎とする教育行政研究から学ぶべき点は多い。しかしなお、われわれは教育のための教育行政を構想するものである。蛇足ながら、『教育と教育行政』の書名は、かの宗像誠也の名著『教育と教育政策』（岩波新書、

1961年）にちなんだものである。

　本書は、前書『教育と教育行政』（1992年、勁草書房）の新編として、全く構想を新たにしたものであるが、両書を貫く思想は「教育自治」である。「教育自治」とは、端的にいえば教育の住民自治を土台とした学校自治の総体を指す。しかし、今日では「教育自治」の概念も拡張が求められている。国立（公立）大学法人や私立諸学校の教育行政のあり方もまた、「教育自治」の原理で構想される必要がある。これらは、今後に深められるべき課題であるが、新自由主義改革に対抗する真の公共性を探求する必要があろう。

　なお、類書に『資料で読む教育と教育行政』（2002年、勁草書房）がある。これは、前書に続き教育行政学の標準的教科書として編まれたもので、多くの資料を紹介している点に特色があった。それは、資料を通じて学生自身が考えることを望んだからである。当初は、この改訂版を計画したのであるが、学生の自習には不向きであったとの反省から、最初の形態に戻すことにしたわけである。それが故に、『資料で読む教育と教育行政』を止揚して本書があるとも言えよう。

　本書の特色をあげれば、以下のとおりである。

　第一に、本書は教育行政学の入門書であるということである。教育行政研究を志す者はともあれ、教師を目指す学生にとっては、なぜ教育行政学を学ぶのかはけっして自明ではない。教育職員免許法上でも、教職専門科目としては、教育行政学などは教育社会学とセットになった選択必修科目であり、教育行政学を学ぶことなく教職に就くものも少なくない。しかし、われわれは、是非とも多くの学生が教育行政学を学び、しなやかで、かつしたたかな教育実践に挑んで欲しいと願っている。

　第二に、2006年の教育基本法改正を前後する教育改革の動向に目配りしつつ、最新の教育行政学研究の成果に基づいて各章を執筆することに意を用いたことである。このことは、各章が該当分野の権威によることを意味するものではない。むしろ、新進気鋭の若い研究者の奮闘にこそわれわれは期待した。新時代のセンスを少しでも汲んでいただければ幸いである。

　第三に、教育関係の国際条約に注目したことである。日本国憲法・教育基本法が制定された当時の教育権規定は、世界史的にも先進的なものであった。し

かし、その後の展開をみるに、わが国の教育制度は、国際条約に反映されている公準からは乖離していると言わざるをえない。われわれは何も隣の芝生が青くみえるわけではない。教育と教育行政は人類普遍の原理を踏まえてこそ、豊かな個性的発展を展望できる、と主張したいのである。

　第四に、本書は教科書としての性質上、基本的事項の解説に大半を割いている。しかし、われわれが常に念頭に置いたのは、現に進行しつつある教育改革であり、それに伴う教育と教育行政の諸現象である。こうした問題群は、コラムで取り上げることにした。関心のあるコラム記事から入っていただくのも、本書の一つの利用法であろう。

　最後に、本書は学校教育の諸問題を中心に構成し、社会教育についてはコラムで若干の問題に論及するに止めた。教育行政学の対象領域には学校教育のみならず社会教育が含まれることは言うまでもない。そして、学校教育行政をより深く認識するためには社会教育行政の研究が欠かせない。しかしながら、教師を目指す学生を主たる対象とするという本書の性格に鑑みて、社会教育行政については割愛した次第である。

　本書が、教育行政学を学び始める学生にとって有益であるのみならず、教育行政関係者の実務にとっても益あることを願ってやまない。

　　2015年9月18日

　　　　　　　　　　　　　　　　　　　　　　　　　　　　　　編　者

テキスト 教育と教育行政

目　次

はじめに

第1章　日本国憲法と国際教育法規範 …………… 1
1 日本国憲法と教育を受ける権利 …………… 1
2 国際教育法と教育への権利 …………… 5
3 学習権をめぐる問題状況と課題 …………… 8

第2章　教育基本法の立憲的解釈 …………… 15
1 旧教育基本法成立の歴史的意義 …………… 15
2 新教育基本法の成立 …………… 20
3 新教育基本法の立憲的解釈の喫緊性 …………… 24

第3章　教育を受ける権利と義務教育 …………… 30
1 義務教育法制の基礎 …………… 30
2 学習権保障と就学義務 …………… 36
3 学校再編と義務教育制度 …………… 40

第4章　教職員の権利と責務 …………… 47
1 教師という仕事 …………… 47
2 学校組織と教師 …………… 50
3 教師の誕生とその成長 …………… 53
4 「教育の自由」と教育政策 …………… 55

第5章　公教育の無償制と教育財政 …………… 62
1 公教育費の負担原則と無償制 …………… 62
2 教育財政の基本法制 …………… 68

3　財政危機下の教育財政 ……………………………………………73

第6章　教育行政の原理と教育委員会制度の理念 ……77
　　　1　教育と教育行政 …………………………………………………77
　　　2　教育の地方自治と教育委員会制度 ……………………………81

第7章　教育委員会制度と教育行政改革 ……………87
　　　1　教育委員会制度の概要 …………………………………………87
　　　2　文部科学省とその権限 …………………………………………92
　　　3　教育委員会制度の変質と課題 …………………………………94

第8章　教育課程行政の仕組みと課題 ………………101
　　　1　教育課程行政の仕組み …………………………………………102
　　　2　学習指導要領の役割と法的性格 ………………………………105
　　　3　教科書検定制度と教科書採択 …………………………………109
　　　4　改正地方教育行政法と教育課程 ………………………………112

第9章　学校制度の歴史と原理 …………………………115
　　　1　学校の起源と近代学校の成り立ち ……………………………115
　　　2　複線型学校体系の変容 …………………………………………118
　　　3　戦後日本の中等教育改革 ………………………………………119
　　　4　6・3・3制の意義 ………………………………………………122
　　　5　2007年学校教育法改正の問題 …………………………………124

第10章　臨教審以後の学校制度改革 …………………129
　　　1　臨時教育審議会以前の学校制度改革 …………………………129

2　単位制高等学校と総合学科 ……………………………… 132
　　3　中等教育学校の創設 ……………………………………… 133
　　4　学校選択制の導入 ………………………………………… 137
　　5　「教育再生」と小中一貫校論 …………………………… 140

第11章　教育自治を活かした学校運営 ……………………… 145
　　1　教育における直接責任制原理―学校運営の基本理念― …… 145
　　2　戦後日本の学校づくり …………………………………… 148
　　3　教育委員会制度と学校自治 ……………………………… 152
　　4　教育自治をめぐる今日的な問題 ………………………… 157

第12章　教育を受ける権利と大学 …………………………… 161
　　1　公教育機関としての大学 ………………………………… 162
　　2　学問の自由・教育を受ける権利と大学の自治 ………… 164
　　3　高等教育行政と大学の質保証・大学評価 ……………… 166
　　4　グローバル人材育成とノン・エリートの大学教育の切り捨て …… 168
　　5　主権者を育成する大学教育 ……………………………… 173

第13章　現代における教育と教育行政の変容 ……………… 178
　　1　新自由主義国家の本質 …………………………………… 178
　　2　新自由主義国家における教育政策 ……………………… 180
　　3　日本における新自由主義教育政策の展開動向 ………… 181
　　4　新自由主義教育政策と教育行政学の課題 ……………… 188

さらに学習を深めるために（資料紹介）……………………………… 193

コラム1　いじめ防止対策推進法 ……………………………………… 14

コラム 2　君が代・日の丸―たがが1分されど1分―……………………29
コラム 3　幼児教育の義務化と無償化 ………………………………………45
コラム 4　戦後初期のPTA構想 ………………………………………………46
コラム 5　中学校の部活動と教員の職務 ……………………………………61
コラム 6　指定管理者制度 ……………………………………………………86
コラム 7　社会教育行政の首長部局化 ……………………………………100
コラム 8　宗谷の教育合意運動 ……………………………………………114
コラム 9　幼保一元化・幼保一体化 ………………………………………128
コラム 10　長野県辰野高校の三者協議会 …………………………………160
コラム 11　教育・保育の民営化 ……………………………………………192

資料

教育基本法　　平成18年12月22日法律第120号……………………………198
（旧）教育基本法　　昭和22年3月31日法律第25号 ………………………202
学校系統図 ……………………………………………………………………204
教育基本法法制形成史略年表（1945年～1959年）…………………………207

索引 ……………………………………………………………………………211

第 1 章

日本国憲法と国際教育法規範

　日本国憲法は、教育を受ける権利を定めている。その歴史的意味は重く、法解釈をめぐる学説も発展してきた。一方で、国際教育法では教育への権利が規定され、国際法規範が形成されている。本章では、これらの検討を通して、日本の教育を受ける権利をめぐる課題を明らかにしていく。

1　日本国憲法と教育を受ける権利

(1) 教育を受ける権利規定の歴史的意義

　日本は、1945 年に第二次世界大戦に敗れ、連合国軍最高司令官総司令部（GHQ／SCAP）の間接統治を受けながら新しい国家・社会の建設に取り組むことになった。総司令部は、戦前の天皇制・軍国主義を否定し民主主義・平和主義に基づく新憲法の制定を強く求めた。こうした背景のもと、国民主権、基本的人権の尊重および平和主義を基本原理とする日本国憲法（以下、憲法）が、1946 年 11 月 3 日に公布、その翌年 5 月 3 日に施行された。その 26 条 1 項には、教育を受ける権利が次のように規定された[1]。

　　「すべて国民は、法律の定めるところにより、その能力に応じて、ひとしく教育を受ける権利を有する。」

　ここで、この規定の歴史的意義について考えてみたい。まず、教育が国民の権利として明文規定されたことである。戦前には、教育は臣民（国民）の天

皇・国家に対する義務とされていた。それを国民の権利としたことは、まさに大転換であった。

　次に、「法律に定めるところにより」に注目する。戦前は天皇の名で発せられた教育勅語のもと、教育のほとんどの基本的事項は、議会を経ずに行政府の命令である勅令で定められていた。これが、「法律の定めるところにより」となって、国民の代表機関である国会により法律として定められることになった。つまり、勅令主義から法律主義へと転換がはかられた。戦後改革のなかで、教育勅語が失効し、教育基本法をはじめとする教育法制が整備されたことは、主権在民の観点からみて大変意義深い。

（2）教育を受ける権利と学習権説

　この教育を受ける権利は、人権の分類上、社会権（人間に値する生活を営むのに必要な条件を国家に要求する権利）にあたる。ただし、この分類は大枠でのものにすぎない。人権分類には相対性があり、教育を受ける権利も自由権（国家の介入を受けずに自由な意思決定と活動ができる権利）的な側面も持ちあわせている。つまり、教育を受ける権利は、国家からの教育への介入を排除する教育の自由を前提にしながら、教育条件を国家に要求する権利と言うことができる。

　教育を受ける権利をどのような権利としてとらえるかについては、学説上三つにわかれる[2]。

①生存権説

　教育を受けるうえで経済的配慮を国家に要求する権利とする説であり、旧来の憲法学の通説である。教育の機会均等部分に主眼をおいたものであり、経済的理由で教育を受ける機会が差別されてはならないという考え方に基づく。

②公民権説

　国民主権の原理のもと、国民が国の真の主権者となれるように憲法理念に即した教育を国家に要求する権利とする説である。教育の基本を憲法に求める点が教育を政治原理である国民主権に直結させるため、国家に教育

内容に介入する権限を許すとの批判もある。

　③学習権説
　　学習により人間として成長発達する生まれながらの権利とする説であり、教育法学の通説である。学習権は、学習の自由を前提として生存権的基本権の文化的側面を保障したものとしてとらえられる。教育を受ける権利を学習主体である子どもの側からとらえたものとも言える。

　学習権説は、子どもの発達可能性など教育の価値に裏打ちされた理論であり、現状の教育政策や教育行政を批判し、新たな政策、行政、実践を生み出す規範にもなっている。本章では、この学習権説に依拠していくことにする。

(3) 子どもの権利の特殊性
　憲法26条1項の「すべて国民は」のなかには当然子どもも含まれる。子どもは学習権の主体である。かつて堀尾輝久[3]は、実際に子ども自らがその権利の行使を実現し、自分は権利の主体であると権利を自己主張するわけにはいかないことを「子どもの権利の特殊性」とよび、この特殊性に関連して次の二点を指摘した。
　一つに、大人の権利と子どもの権利は切り離せない関係にあり、社会のなかで大人の人権が保障されていないと、子どもの権利も保障されない。つまり、家庭での親、学校での教師の権利が保障されていないと、子どもの学習権が保障されないということなる。
　二つに、学習権は、将来にわたってその子どもの可能性をのばしていく観点が含まれていることである。つまり、子ども時代に学習によって十分に発達をとげていないと、大人になって権利があるのに行使しきれず、諸権利が内実のないものになってしまう。こうしたことから、子どもの権利は人権の基底をなし、子どもの権利のなかでも学習権はその核心をなす。学習権が人権の基底的権利であるといわれるのは、このためである。
　古くはルソー（Rousseau, J.）が大人とは違う発達の無限の可能性を秘めた子どもの存在を見いだし、後に「子どもの発見」といわれたが、まさに子どもに

とって学習し発達する権利は、とても大切なものなのである。

（4）教育の機会均等
　憲法26条1項の「その能力に応じて、ひとしく」は、教育の機会均等を定めたものである。この解釈をめぐって、二つの説がある[4]。

　①能力程度主義説
　　憲法学の旧来の通説であり、教育を受けるのに適当な能力があるかどうかの程度に応じて教育機会が与えられるべきであり、能力があるのに経済的社会的地位によって教育機会が差別されてはならないとする説である。

　②能力発達保障主義説
　　教育法学の多数説で、すべての子どもがそれぞれの能力の発達のしかたに応じて教育が保障されるべきとする説である。

　能力程度主義説のゆがんだ「能力」観は、大いに問題がある。もし学業成績の優劣が「能力」の程度をはかる基準になると、その優劣で教育機会の質や量に差があってもよいことになってしまう。さらに根深いことに、政府は、学業成績を国や産業界が求める労働能力と特に関連づけて、その「能力」の程度に応じて教育機会に差をつける能力主義政策を展開してきた。
　どの子どもも能力を持っているし、またその能力が発達していく可能性がある。一人ひとりの能力の発達を支援していくのが教育の使命であり、その機会は「能力」によって差別されてはならない。
　なお、同規定を受けて、教育基本法4条では、人種、信条、性別、社会的身分、経済的地位または門地による教育上の差別の禁止（1項）、障害者への教育上必要な支援（2項）、経済的理由によって修学困難な者への奨学の措置（3項）が定められている。

（5）国民の教育権論
　1960年代から70年代にかけて、教育内容を決めるのは国民（国民の教育権

論）なのかそれとも国（国家の教育権論）なのかが、家永教科書裁判や北海道学力テスト事件裁判などの教育裁判の場で争われた。そのなかで、国の教育への介入や統制を教育の自由の観点から批判し、子どもの学習権を中核にして、子どもに一次的責任を有する親と、親から付託を受けた教師、そして国民に教育権があるとする国民の教育権論が形成されていき、判例にも一定の影響を与えるようになっていった。

いま、国民の教育権論は、教育における子ども、親、教師等の諸関係をめぐって論争下にある。従来の説が教師に無条件で教育の自由を認める一方で子どもや親の自由や権利を軽視してきたのではないか、との批判がある。たとえば、教育権論が子ども＝親＝教師の図式になっているが、親や教師が子どもの学習権を侵害する立場にもなりえることから、子ども、親、教師、国家の多角的関係を整序し、どこかで緊張関係が生じたら他が協調して子どもの権利を保障できるように教育権論を再構築する必要がある、との指摘がある[5]。

たしかに、こうした指摘は、親による子どもの虐待や教師による体罰などから子どもの人権をいかに救済するかという観点からはとても重要であろう。しかし、諸関係がどうあるべきかの観点もまた大切である。法律は、理想を追求する側面と同時に、最低ラインを確保する現実的な側面も持っているので、国民の教育権論とそれへの批判を両者の指摘を踏まえた形で、総合的に国民の教育権論を発展させることが求められている[6]。

教育権理論を発展させるうえでも、また、教育活動や学校運営を子ども、保護者、教師、地域住民などで作り上げていく教育実践を発展させるうえでも、学習・教育に直接かかわる人々、すなわち子ども・親・教師の緊張関係を強調するより、相互の協働関係の構築をめざすモデルの方が有効であろう。

2　国際教育法と教育への権利

（1）国際教育法における教育への権利の内容

それでは、国際教育法で教育についての権利がどのように定められているのかみてみることにする。それに先だって、国際法について簡潔に整理しておく。国際法は、条約と国際慣習法からなる[7]。条約は個別には、条約のほか、協定、

憲章、規約、議定書、宣言などさまざまな名称がつけられている。また、条約や国際慣習法以外の行為規範にも注目する必要がある。国際機構が定立する行為規範、国際判例、条約監視機関の見解、未発効または未批准の条約などがこれにあたる。

国際法の国内的効力や国際法と国内法の関係は、各国がそれぞれ定めている。日本の場合、憲法98条が、憲法が「国の最高法規」であること（1項）、「日本国が締結した条約及び確立された国際法規は、これを誠実に遵守することを必要とする」（2項）ことを定めている。これらをもとに、国際法は、公布により直ちに国内法として受容され国内法的効力を有する立場がとられている。また、国際法と国内法の関係については、多数説は憲法と国際法では憲法が優位し、国際法と法律では国際法が優位するとしている。

さて、国際法のとりわけ国際人権法のなかで、教育に関する国際人権法を国際教育法という。国際教育法で教育についての権利がどのように定められているのかみてみる。関連する条約ではすべて、教育についての権利は right to education という表現が使われている。これを教育への権利と和訳することにして、その具体的な内容を確認していく。

国際連合は、人権に関する国際的な法規範の確立に尽くしてきた。1948年には、自由権、社会権、文化権を包括的に含む世界人権宣言を採択した。そして、1966年に「経済的、社会的及び文化的権利に関する国際規約」（社会権規約）と「市民的及び政治的権利に関する国際規約」（自由権規約）などからなる国際人権規約を採択した。国際人権規約は、人権を一般的・包括的に定めた初の国際条約になった。

国際人権規約社会権規約（以下、社会権規約）は、13条1項ですべての者に教育への権利を認め、教育の目的を人格の完成及び人格の尊厳についての意識の十分な発達をめざすことにおいた。そして、この権利の完全な実現を達成するために、同条2項は（a）初等教育の義務制と無償制、（b）中等教育の無償制の漸進的導入による機会均等、（c）高等教育の無償制の漸進的導入による機会均等、（d）初等教育未修了者への修了の奨励、（e）奨学金制度の設立、教育職員の物質的条件の不断の改善、3項は保護者の学校選択や宗教的、道徳的教育を確保する自由などを定めた。

そして、1989年に、子どもの権利条約が採択された。同条約は、子どもを人権の主体としてとらえ、国際人権規約に定められる諸権利についての子どもの権利を包括的に定めるものであった。3条は子どもに関するすべての措置において、子どもの最善の利益が考慮されなければならないとし、12条は子どもに影響を及ぼすすべての事項について自己の意見を自由に表明する権利（意見表明権）を定めた。そして、28条1項は子どもの教育への権利を認め、この権利を漸進的かつ機会の平等を基礎として達成するために、(a) 初等教育の義務制と無償制、(b) 中等教育の無償教育の導入等の措置、(c) 高等教育の機会均等、(d) 教育および職業に関する情報、指導を利用する機会、(e) 定期的な登校および中途退学率の減少を奨励する措置、2項は子どもの人間の尊厳に適合する方法と本条約にしたがって学校の規律が運用されるための措置を定めた。また、29条1項は、教育の目的として、(a) 子どもの人格、才能、精神的および身体的な能力をその可能な最大限度まで発達させる、(b) 人権および基本的自由、国際連合憲章の原則の尊重を育成する、(c) 親と子どもの文化的同一性、言語および価値観、子どもの居住国と出身国の国民的価値観、自己の文明と異なる文明に対する尊重を育成する、(d) 自由な社会における責任ある生活のために子どもを準備させる、(e) 自然環境の尊重を育成する、の五つをあげた。

　国際教育法には、これらのほか、人種差別撤廃条約、女子差別撤廃条約、障害者権利条約、ユネスコの教育における差別の禁止に関する条約などがあるが、それらすべてで教育への権利が明文化されている。

（2）国内への影響力

　国際教育法は、国内においてただ理念的な教育人権の国際基準を示し、法的効力を持つだけでなく、さまざまな影響を与える。国会における条約批准の際には、当該条約に抵触する国内法は改正が必要になるし、批准がきっかけになり新しい法整備や行政上の措置が推進されることにもなる。たとえば、女子差別撤廃条約の批准（1985年）により、学習指導要領改訂によって中学校では技術家庭科の男女別学習が廃止され（1989年告示「学習指導要領」、1992年度から実施）、高校では家庭一般が女子のみの必修科目から男女ともに選択必修科目

と改められた（1989年告示「高等学校学習指導要領」、1994年度から実施）。

　他方、批准に際して、政府は特定の規定が自国に適用されないように排除または変更する意思表示、すなわち留保をすることがある。たとえば、社会権規約批准のとき、政府は13条2（b）および（c）の中等教育・高等教育における「無償教育の漸進的導入」の部分に拘束されない権利を留保した。しかし、政権交代後に高校授業料の実質無償化、大学授業料減免や奨学金の拡充などを導入した民主党政権が、2012年9月に留保の撤回を閣議決定し国連事務総長に通告したことにより、この部分は国内的効力をもつことになった。このように、たとえ留保があっても、その規定は一つの規範として存在感を示して問題を提起し続けていたことになる。

　また、締約国に対する勧告など、国際条約の実施監視システムの役割も見逃せない。国際人権条約では、各国が人権保障義務を履行するように、国家報告制度が定められている。人権条約の国内における履行状況について、政府は条約監視機関としての専門家委員会に定期的に政府報告書の提出が義務づけられ、専門家委員会は、報告書を審査し、最終見解をだす。最終見解には法的拘束力はないが、締約国の政府は最終意見として提示した勧告を真摯に受け止める責任を負う。審査の過程では関連NGOも報告書（カウンターレポート）を提出できる[8]。実施監視システムのなかで、日本国内の教育問題が国際的な場で国際基準に照らして検討され、行為規範が示されることは意義深い[9]。

3　学習権をめぐる問題状況と課題

　残念なことに、日本国内には子どもの人権、学習権の侵害状況が多く見受けられる。それぞれの国際人権条約の専門委員会が出した直近の最終見解において特に教育に関係する勧告等を手がかりにして、課題を整理してみる。

　主な国際人権条約の直近の最終見解は次の通りである。
　◎国際人権規約社会権規約
　経済的、社会的及び文化的権利に関する委員会　第3回政府報告に関する「最終見解」[10]（2013年5月17日）
　◎子どもの権利条約

子どもの権利委員会　第3回政府報告に関する「最終見解」[11]（2010年6月20日）
◎女子差別撤廃条約
女子差別撤廃委員会　第6回政府報告に関する「最終見解」[12]（2009年8月7日）
◎人種差別撤廃条約
人種差別撤廃委員会　第7回・第8回・第9回政府報告に関する「最終見解」[13]（2014年9月26日）
以下、上記の各文書名を、それぞれ○○委員会最終見解と略記する。

(1) 貧困、差別と教育機会

　まず、貧困問題についてである。日本では、新自由主義改革の徹底により国民間の経済格差が意図的に拡大されてきた。それにともない、貧困の問題が深刻化してきている。
　経済的、社会的及び文化的権利に関する委員会最終見解は、早急に公立高等学校授業料無償制・高等学校等就学支援金制度に入学金及び教科書代を含めるべきとの勧告を、子どもの権利委員会最終見解は、子どもの権利が侵害される危険にさらされている子ども（貧困状態にある子どもを含む）に関するデータを収集する努力を強化するよう勧告を、それぞれがだしている。これらは、貧困による子どもの学習権の侵害状況への改善を促したものである。
　貧困の問題は、教育機会の不平等に直結し、経済的理由による中途退学、長期欠席など深刻な事態をひきおこしている[14]。2013年に議員立法により成立した子どもの貧困対策の推進に関する法律は、国、地方公共団体に対して、貧困の状況にある子どもの就学援助、学資援助、学習支援等の教育支援のために必要な施策を講ずる義務を課している。経済的地位による教育上の差別をなくす努力が、行政に強く求められる。
　次に、外国籍の子どもについてである。社会的及び文化的権利に関する委員会最終見解は、朝鮮学校の生徒への高等学校等就学支援金制度の適用、日本国籍を有しない子どもを含め国内におけるすべての子どもに対し義務教育が行われているかの監視について勧告をだしている。子どもの権利委員会最終見解は、

外国人学校に対する補助金を増額し、大学入学試験へのアクセスが差別的でないことを確保すること、ユネスコの教育における差別待遇の防止に関する条約への締結を検討することを慫慂(しょうよう)（強く勧めること）している。人種差別撤廃委員会最終見解は、朝鮮学校に対して高等学校等就学支援金制度による利益が適切に享受されることを認め、地方自治体に朝鮮学校に対する補助金の提供の再開あるいは維持を要請することを奨励し、ユネスコの教育における差別待遇の防止に関する条約への加入を検討するよう勧告している。

　このように、外国籍の子どもたちをめぐっては、オールドカマーとしての在日韓国・朝鮮人と、1980年代後半から急増したニューカマーとしての中国、ブラジル、フィリピン国籍等の外国人のどちらにも教育の機会や教育内容に課題が存在している。憲法26条の教育を受ける権利の主語は「すべて国民は」であるが、社会権規約が「すべての者」に教育への権利を認めていること（13条1項）、教育はどの国籍の子どもにとっても必要なものであることなどから、「すべて国民は」のなかに外国人も含まれると解釈すべきではないか[15]。そして、いっそうの行政上の措置が講じられることが期待される。

　これらのほか、民族問題について、社会的及び文化的権利に関する委員会最終見解は、教育分野においてアイヌの人々の生活水準を向上するための努力を強化し追加的な措置を実施するよう勧告している。また、女子差別撤廃委員会最終見解は、教育基本法改正により男女共学規定が削除されたことに懸念を示し、教育分野における女性の十分な権利の保護に関する女子差別撤廃条約に基づく義務が国内法に取り入れられるように、男女共学規定を教育基本法に再度取り入れることを真剣に検討するように勧告している。

（2）権利の行使主体としての子ども

　日本では、依然として子どもの権利への認識が低く、十分に保障されるには至っていない。

　子どもの権利委員会最終見解は、学校を含むあらゆる状況において自らに影響を与えるあらゆる事柄について意見を十分に表明する権利を促進するための取組を強化するように勧告している。この勧告に際して、同委員会は、学校が子どもの意見を尊重する分野を制限していること、政策立案過程において子ど

もが有するあらゆる側面や子どもの意見が配慮されていないこと、子どもを権利を有する人間として尊重しない伝統的価値観により子どもの意見の尊重が著しく制限されていることに対して、懸念を示している。日本の社会、学校では子どもの意見表明権の保障が不十分なままであるという評価が下されている。

　この意見表明権は、権利主体としての子ども観を前進させる可能性がある。教育権論では、子どもを権利主体としながらも、その権利をだれが代位するのかに関心が向けられがちではなかったか。意見表明権は、まさに子ども自身が行使する権利である。子どもの意見表明権を重視した学校づくりの実践は、すでに全国各地で取り組まれつつあり注目を集めている[16]。

（3）国家の教育内容への介入と教育の自由

　政府は、年々教育内容の統制を強化する動きをみせている。たとえば、教科書検定において、教育基本法改正によって新たに設けた教育の目標規定に基づいて審査するものとし、さらに検定基準の一部改正（2014年）により「社会」「地理歴史」「公民」の教科書では政府の統一的見解や判例に基づいた記述をしなければならなくした。

　すでにそれよりも早い時期に、子どもの権利委員会最終見解は、検定教科書が、アジア太平洋地域の歴史的事件に関してバランスのとれた視点を反映することを確保するように勧告している。学問の自由とその成果に裏付けられた科学的で客観的な教育内容が確保されなければならない。

　最後に、憲法改正の動向に少し触れておきたい。新憲法の制定を党綱領にかかげる自由民主党は、2012年に「日本国憲法改正草案」[17]を発表した。憲法26条については、新たに3項「国は、教育が国の未来を切り拓く上で欠くことのできないものであることに鑑み、教育環境の整備に努めなければならない。」を設けようとしている。ここには、国家権力が国家、社会の要請から教育に関心を持ち積極的に関与しようとする意図がうかがえる。教育はだれのものか、教育の主役はだれか、教育の目的は何か。つねに根本的な問いかけが必要である。

注
(1) 日本国憲法および同法 26 条規定の成立事情は、鈴木英一『戦後日本の教育改革 3　教育行政』東京大学出版会、1970 年、121-200 頁にくわしい。
(2) 永井憲一編『基本法コンメンタール　教育関係法』日本評論社、1992 年、28 頁、および植野妙実子「憲法価値と公教育」日本教育法学会編『教育法の現代的争点』法律文化社、2014 年、26-28 頁を参照。
(3) 堀尾輝久『子どもを見なおす―子ども観の歴史と現在―』岩波書店、1984 年、101-102 頁。
(4) 前掲、『基本法コンメンタール　教育関係法』28-29 頁。
(5) 伊藤進「子ども・教師の法的位置づけ論―教育法学の役割を考えよう―」『日本教育法学会年報』第 39 号、有斐閣、2010 年、4-22 頁。
(6) 佐藤修司「改定教育基本法と教育の自由―「国民の教育権」論批判から考える―」『人間と教育』67 号、2010 年 9 月、33 頁。
(7) 以下、国際法に関する記述については、特に断らない限り、横田洋三編『国際社会と法―国際法・国際人権法・国際経済法―』有斐閣、2010 年を参照した。
(8) たとえば、子どもの権利条約の第 3 回政府報告審査の際には、日本弁護士連合会は NGO として報告書を提出している。日本弁護士連合会編『子どもの権利条約・日弁連レポート　問われる子どもの人権―日本の子どもたちがかかえるこれだけの問題―』駒草出版、2011 年を参照のこと。
(9) この好例としては、人権条約関連ではないが、全国教職員組合（全教）が文部科学省の教員評価による差別的な賃金・人事管理問題について ILO・ユネスコ「教員の地位に関する勧告」の共同専門家委員会（セアート）に申し立てを行い、文部科学省に対して「教員の地位に関する勧告」が遵守されていない領域について全教と対話をするよう勧告がだされた一件がある。堀尾輝久、浦野東洋一編著『日本の教員評価に対する ILO・ユネスコ勧告』つなん出版、2005 年、および勝野正章、小島優生、新堰義昭、山田功『「いい先生」は誰が決めるの？―今、生きる ILO・ユネスコ勧告―』つなん出版、2004 年を参照のこと。
(10) http://www.mofa.go.jp/mofaj/files/000053172.pdf
(11) http://www.mofa.go.jp/mofaj/gaiko/jido/pdfs/1006_kj03_kenkai.pdf
(12) http://www.gender.go.jp/whitepaper/h22/zentai/html/shisaku/ss_shiryo_2.html
(13) http://www.mofa.go.jp/mofaj/files/000060749.pdf
(14) 子どもの貧困と教育機会については、鳶咲子『子どもの貧困と教育機会の不平等―就学援助・学校給食・母子家庭をめぐって―』明石書店、2013 年にくわしい。
(15) 外国人の教育を受ける権利については、竹内俊子「教育を受ける権利主体としての『国民』の意味―外国人の教育を受ける権利について―」『立命館法

学』第 333・334 号、2011 年 3 月、844-867 頁が国際教育法も視野に入れた論を展開している。
(16) たとえば、浦野東洋一、神山正弘、三上昭彦編『開かれた学校づくりの実践と理論―全国交流集会 10 年の歩みをふりかえる―』同時代社、2010 年を参照のこと。
(17) https://www.jimin.jp/policy/policy_topics/pdf/seisaku-109.pdf

■コラム1
いじめ防止対策推進法

　いじめに特化したこの法律が制定されたきっかけは、2011年10月に大津市で起きた中学生いじめ自殺事件である。いじめに対する社会の関心が高まる中で2012年12月に発足した第2次安倍政権のもとでいじめ対策の法整備が進められ、与野党6党より法案が2013年6月18日に国会に提出され、6月21日に可決・成立した（6月28日公布、9月28日施行）。

　法律の目的を定めた1条の条文中には「国及び地方公共団体等の責務を明らかにし」とあるが、法全体を見ると、学校に対しいじめへの確実な対応を求めるという性格の濃い法律であるといえよう。学校が講ずべき施策・措置の主なものとして、①「学校いじめ防止基本方針」の策定（13条）、②道徳教育及び体験活動等の充実（15条1項）、③いじめの早期発見のための児童等に対する定期的な調査（16条1項）、④複数の教職員、心理・福祉等の外部専門家で構成される常設のいじめ防止対策組織の設置（22条）、⑤重大事態発生の場合、首長への報告（30条）と学校または学校の設置者下に設置した組織による調査（28条1項）等を挙げている。

　この法律に関しては、さまざまな評価が存在する。国や地方公共団体の責務として、教員の配置やその他の人材の確保（18条1項）、財政上の措置等の努力義務（10条）が規定されていることには一定の意義があるといえよう。その一方で数多くの問題も指摘されており、うち主なものは次の二点である。

　まず第一に、この法律では、いじめをいじめた児童といじめられた児童の二分法とその対立構造で捉え、学校はいじめられた児童には「支援」を、いじめた児童には「指導」を行う（23条3項）としている点である。その「指導」には「懲戒」（25条）や「出席停止」（26条）も含まれ、いじめが犯罪行為と認められるときは警察署との連携（23条6項）を求めるなど、厳罰主義の傾向が強い。

　問題点の第二は、同法が教育内容に踏み込んでいる点である。上述の学校における道徳教育の充実のほかにも、保護者に対しては、その子どもがいじめを行うことのないよう、「規範意識を養うための指導」を努力義務とし（9条1項）、さらに児童に対しては、いじめを禁止する規定を設けている（4条）。

　同法の運用に向けて、国の「いじめの防止等のための基本的な方針」が2013年10月11日に策定された。一方、法律に先行して条例を制定した大津市をはじめ、いじめに関する条例を定める自治体も増えている。しかし、いじめが子どもの間の人間関係の問題から発生することを踏まえるならば、その防止や解決の糸口もそこに見出されるべきだろう。法の枠組みにとらわれず、子ども同士の関係性の修復を当事者である子どもを中心に据え地域も含めて支えていくことが求められているのではないだろうか。
（小西洋之『いじめ防止対策推進法の解説と具体策』WAVE出版、2014年参照）

第2章

教育基本法の立憲的解釈

　2006年12月15日、教育基本法改正案が成立し、同月22日、公布・施行された。この改正は、全部改正という形式をとってはいたが、全く新しい教育基本法を制定しようとする意図をもって行われたものと言ってよい。それゆえ、ここでは1947年3月31日に公布・施行された教育基本法を旧教育基本法（または教育基本法）、2006年の同法改正によるそれを新教育基本法と呼称することにする。そして、この二つの教育基本法の歴史的本質を明らかにするとともに、新教育基本法の立憲的解釈の可能性を探ることが、本章の課題である。

1　旧教育基本法成立の歴史的意義

（1）教育基本法の自主制定性

　今次の教育基本法改正に至る過程においては、いわゆる占領軍による「押しつけ論」が通奏低音の如く続いてきた[1]。しかしながら、教育基本法こそは、戦後教育改革立法の中で最も自主制定性が高い法律の一つであった[2]。

　日本国憲法・教育基本法が、第二次世界大戦における日本の敗北と連合国軍による占領という日本史上においても、世界史上においても、希な事態の中で成立したことは事実である。しかし、そのことはむしろ、連合国軍による占領下での反ファシズム・民主主義を理念とする改革は、その内容において人類普遍の原理たることが求められ、結果的に日本国憲法や教育基本法には世界史の最先端の理念が成文化されたとみることもできる[3]。例えば、日本国憲法公布（1946年11月3日）時点で「教育を受ける権利」を憲法上の権利として明記

していたのはソヴィエト憲法だけであったし、その権利が世界人権宣言（1948年12月10日、国連総会採択）に盛り込まれたのは、2年1ヶ月余り後のことであった。

①教育勅語処理問題をめぐる相克

　戦後初期における教育改革の最大のテーマは、教育ニ関スル勅語（1890年。以下、教育勅語）の処理問題であった。教育勅語は、明治天皇が臣民に与えた教育の指針であって、法令ではなかった。しかし、まさにその故にこそ、それは法以上の存在として、戦前におけるすべての公教育、したがってまた全ての教育法令を貫く理念として機能してきた。内容的にみれば、通俗道徳と公民道徳を忠孝道徳の周りに配置しているもので、究極的な道徳的価値は戦時における天皇への忠誠に置かれていた。このような軍国主義的・超国家主義的規範が、日本の民主化を求めたポツダム宣言の規範的内容と相容れないことは明かであった。

　ところで、教育勅語の規範力は現人神としての天皇の存在に依拠していたから、教育勅語の処理問題は天皇制の取り扱いと不可分の関係をもっていた。日本政府が、ポツダム宣言受諾の条件にすることを欲した「国体護持」は、そのものとしては受け入れられるはずもなかったが、連合国軍の主力を担ったアメリカ軍は、日本占領に当たって天皇制利用の方針を採ったため、教育勅語の処理についても曖昧さをもち、当初はCIE（連合国軍最高司令官総司令部民間情報教育局）でも新教育勅語渙発論が有力であった[4]。他方、日本側でも類似の動きがあり、米国教育使節団に協力すべき日本教育家委員会が独自にまとめた報告書でも、新教育勅語奏請論が採用されていた。しかしながら、東京帝国大学教授と兼職で文部省学校教育局長に就任し、後に文部大臣にもなった田中耕太郎は、新教育勅語論を断固として拒否した。もっとも、それは教育勅語をそのものとして高く評価していたが故であった[5]。

②教育根本法と教育基本法

　1946年6月以降、帝国議会では日本国憲法案の審議が進められた。そして、そこで教育条項をめぐって答弁に立った田中耕太郎の口から出たのが「教育根

本法」構想であった。ここで「根本法」というのは、憲法レベルの法という意味であろう。しかしながら、この「教育根本法」構想がそのまま「教育基本法」構想であったとは即断できない。というのは、この時期に文部省内で検討が進んでいたのは「学校教育法要綱案」で、この時期の同要綱案の「総則」部分を中心として、後に教育基本法草案に受け継がれていく条項が見られるからである。つまり、田中が「教育根本法」と言っていた時期に文部省内で検討されていたのは「学校教育法」案であった。

教育基本法という言葉が定着するのは、教育刷新委員会において、文部省審議室の作成した「教育基本法要綱案」が討議用資料として提出されてからであった。このように「教育根本法≒学校教育法」から「教育根本法＝教育基本法」への転回においては、文部省審議室で法案の作成実務を主導した田中二郎の役割が注目されている。

③教育基本法の成立過程における諸アクター

教育基本法の成立過程には、多種多様なアクターが関与していた。個人レベルでみれば、憲法に準じる教育法を「教育根本法」として発案した田中耕太郎、教育刷新委員会において副委員長ながら実質的に委員長の役割を果たしたと言い得る南原繁、文部省審議室で教育基本法案の作成実務を主導した田中二郎が、各々重要な役割を果たしたとみられる。また、機関について言えば、教育基本法の骨子を建議した教育刷新委員会、教育基本法構想を支持しつつ文部省案の「ブラッシュアップ」を目的に種々の示唆を行ったCIE、田中耕太郎の意向を踏まえつつ教育刷新委員会における審議（建議を含む）とCIEの示唆を草案に反映させていった文部省審議室、文部省案を検討して改善を指示した内閣法制局、及び文部省提出案に若干の変更を加えることとなった閣議と枢密院、結果的には政府案に変更を加えるものではなかったが同案を審議した帝国議会の衆議院と貴族院、などを主要なアクターとして措定できる。

詳細な経緯を述べる余裕はないが、確認しておきたいことは、教育基本法は日本側の発意によるもので、CIEからも文部省からも自主的運営が保障されていた教育刷新委員会で実質審議がなされたことである。その際、CIEの示唆は文部省に対してのみ行われたのであって、教育刷新委員会にとっては間接的な

ものであった。以上を要するに、第92回帝国議会衆議院において満場一致で可決されたことも含め、教育基本法は自主制定性が高かった。

(2) 新生日本の教育宣言——教育勅語から教育基本法へ
①戦後初期における教育勅語に関する行政措置
　教育勅語は、戦前における公教育の基本理念であったばかりでなく、それは神格化されて学校では御真影とともに奉安殿に格納されており、学校の祭典儀式の際には校長が「奉読」することを常としていた。戦後初期における教育勅語に関する行政措置は、先ずもってこのような教育勅語の学校儀式における「奉読」と神格化の禁止から始まった[6]。教育勅語に関する戦後処理がこのような曖昧な形で始まったのは、田中耕太郎文相の当時における教育勅語観が大きな影響力をもったものと考えられる。田中は、教育勅語それ自体は依然として公教育上有益な文書であり、戦前の誤りは教育の淵源を教育勅語のみに求めたことにあると考え、今後は聖書、仏典、論語などの聖典なども参考にすべきとし、その際の一つに教育勅語も含まれるとしたのであった。

②教育勅語処理の遅延と教育宣言としての教育基本法
　教育勅語の処理については、米国教育使節団報告書でも触れられなかったことから、この問題の解決も教育刷新委員会に委ねられることとなり、その具体案は第一特別委員会で審議された。第一特別委員会では、新教育勅語の奏請は行わないこととし、教育勅語を直接否定するのではなく、日本国憲法の公布式典における天皇の「お言葉」の中でこれからの教育は憲法による旨を入れるよう政府に申し入れる、という案で一致し、総会でも承認された。しかし、この案は閣議了解を得ることができず、実現しなかった。このため、教育刷新委員会自身が教育勅語に代わる教育宣言について考えざるをえなくなり、それを教育基本法に求めることとなった。それゆえ、教育基本法には法律としては異例とも言える教育の目的と方針が法文化されることとなった。これが教育基本法が「教育宣言」と言われる理由である[7]。

③帝国議会における教育勅語と教育基本法

　教育刷新委員会の内部では、教育勅語が戦後の新教育の理念としては不適切または不十分になったという認識では広範な合意ができていたが、教育勅語自体の評価については、合意が形成されていなかった。また、政府が教育基本法を帝国議会に提案する際、文相は田中から高橋誠一郎に交代していたが、高橋は田中の見解を基本的に踏襲していた。

　かくして、教育刷新委員会レベルでは、教育基本法は教育勅語に代わるものとして提案されたのであるが、政府案レベルでは、教育勅語は有益な思想の一つという見地をとっていたことから、国会における高橋文相の答弁は、教育基本法と教育勅語とは併存するとか、矛盾しないとか、いま一つ歯切れの悪いものだった。このことを以て、教育基本法の立法者意思においては教育勅語と教育基本法は相補的な役割が期待されていた、などと解釈する説もある。しかし、それらは、教育勅語から教育基本法への理念的転換期における過渡的現象であったとみるべきである。

④国会における二つの決議

　日本国憲法・教育基本法が施行された後に、なお教育勅語が公教育の指導原理の一つであるかの如き疑念を残すことは、国際世論が許さざるところであった。このことを憂慮したGS（連合国軍最高司令官総司令部民政局）は、衆参両院に働きかけて教育勅語の最終処理を促した。かくして1948年6月19日、衆議院では「教育勅語等排除に関する決議」が、参議院では「教育勅語等の失効確認に関する決議」がそれぞれ採択された。衆議院の決議では、「思うに、これらの詔勅の根本理念が主権在君並びに神話的国体観に基づいている事実は、明らかに基本的人権を損ない、且つ国際的真義に対して疑点を残すものとなる」と教育勅語等の理念的本質を端的に指摘している。また、参議院の決議では、日本国憲法・教育基本法制定の結果として教育勅語等は既に廃止・失効しているのであるが、「しかし教育勅語等が、あるいは従来の如き効力を今日なお保有するかの疑いを懐く者あるをおもんばかり、われらはとくに、それが既に効力を失っている事実を明確にするとともに、政府をして教育勅語その他の諸詔勅の謄本をもれなく回収せしめる」と憲法・教育基本法と教育勅語等との

法的関係を明示している(8)。

(3) 教育憲法——旧教育基本法の準憲法的性格

　旧教育基本法は、全11条から成るが、第11条（補則）を除き、1条から10条までの全ての条文は日本国憲法と密接な関連があった。すなわち、1、2条は憲法前文及び23条（学問の自由）、3条（教育の機会均等）は憲法14条1項（法の下における平等）及び憲法26条1項（教育を受ける権利）、4条（義務教育）は憲法26条2項（義務教育の無償）、5条（男女共学）は憲法14条1項（法の下における平等）、6条（学校教育）は憲法89条（公金と公の支配）及び15条2項（全体の奉仕者）、7条（社会教育）は憲法前文、8条（政治教育）は憲法前文及び憲法21条（集会・結社、言論の自由）、9条（宗教教育）は憲法20条（信教の自由）、10条（教育行政）は憲法15条1項（公務員の選定・罷免）、というように各々関連づけられていた(9)。このように、教育基本法は教育の理念を網羅的に規定したものではなく、日本国憲法と関連する限りで限定的に定められたものであり、換言すればこれらの条項は日本国憲法から直接導き出され、あるいは響き合っているものであって、まさに教育憲法と呼ぶにふさわしいものだった(10)。また、教育基本法11条（補則）にあるとおり、教育基本法を源としてより具体的な教育立法が導き出されることを予定していた。このため、教育基本法は、形式的には法律ではあるが、憲法に準ずるものとしてできる限り後続の教育立法は教育基本法と整合的であることが求められる。このことは、教育基本法の準憲法的性格と呼ばれる(11)。

2　新教育基本法の成立

(1) 教育基本法改正の道程——「なし崩し改正」と「解釈改正」

　教育基本法のような理念法は、一般に「なし崩し改正」「解釈改正」「明文改正」の三つの改正形態があると言われる。このように、「明文改正」以前にも、実質的な「改正」がありうることを踏まえておくことが肝要である。

① 教育綱領論
　第3次吉田茂（民主自由党）内閣（1949年2月―1950年6月）が発足すると、文教審議会（1949年6月17日、第1回会合）が立ち上げられ、教育勅語に代わる「教育綱領又は教育宣言」の作成が図られた[12]。

② 国民実践要領
　第3次吉田内閣の第1次改造において文部大臣に就任した天野貞祐（1950年5月6日―1952年8月12日在任）は、国民道徳の基準を公にする必要性を論じ、「国民実践要領」を文部大臣の肩書きで提案しようとした。これに対しては「天野綱領」と世論の反発が強く、天野が「国民実践要領」を公表したのは、文相を辞して後、私人としてであった[13]。

③ 臨時教育制度審議会設置法案
　1955年に保守合同が行われ、憲法改正を綱領に掲げる巨大保守党としての自由民主党が結成された。その下で、1956年の第24回国会に臨時教育制度審議会設置法案が閣法として提出された。これは、内閣直属の教育関係審議会として設置することを意図したもので、そこでは教育基本法の改正が取り上げられる予定であった。しかしながら同法案は、当時の国会情勢から廃案となった。

④ 期待される人間像
　「天野綱領」はひとまず挫折したが、中央教育審議会答申「後期中等教育の拡充整備について」（1966年10月31日）の中で、「別記」として「期待される人間像」が提示された。「期待される人間像」は、驚くほど上記「国民実践要領」と似ている。その理由の一つは、これを審議した中教審第19特別委員会の主査・高坂正顕が天野貞祐（同委員会委員）と親密な関係にあったことであろう。

⑤ 臨時教育審議会
　熱烈な改憲論者であった中曽根康弘首相（1982年11月27日―1987年11月6日）の下で、内閣直属の法定教育関係審議会として臨時教育審議会（1984年8

月21日―1987年8月20日）が設置された。しかしながら、その設置法案の審議過程で、「教育基本法（昭和22年法律第25号）の精神にのっとり」（臨時教育審議会設置法1条）という枠が嵌められたため、明文改正提言への道は閉ざされた。そこで、教育基本法と教育勅語は矛盾しない、などという、旧教育基本法制定時の政府答弁などが蒸し返され、臨時教育審議会として独自の教育基本法解釈が試みられた。そこでとくに注目されることは、「国を愛する心」と「自己責任」などが強調されたことである。前者は、旧来の教育基本法改正論の流れを汲むものであるが、後者は新しい内容で新自由主義の思想を表現している。

（2）教育改革国民会議報告から教育基本法改正へ
① 教育改革国民会議の教育基本法改正論
　臨時教育審議会の諸答申は、時期尚早な新自由主義教育改革提案として、必ずしも十分な効果をあげることができなかった[14]。しかし、1990年代半ば以降のいわゆる「橋本六大改革」の一つとしての教育改革は、新自由主義的教育改革を推進し、教育格差を広げるなど「教育の病理」をもまた拡大させることとなった。このような国民の不満に一定程度対応しつつ、新自由主義的・新保守主義的改革の促進を意図して設けられたのが教育改革国民会議（2000年3月24日―2001年4月2日）であった。同会議は、小渕恵三首相の私的諮問機関（法定外諮問機関）であったが、任期途中で小渕首相が斃れた後は、これに代わった森喜朗首相が継いだ。森首相は自民党文教族の中でもとくに熱心な教育勅語賛美論者であり、教育基本法改正論者でもあった。このため、教育改革国民会議の主要論題として教育基本法改正論が浮上し、同会議報告に盛り込まれることとなった。

②中央教育審議会における教育基本法改正論
　2001年11月26日、教育改革国民会議報告を受ける形で遠山敦子文部科学大臣は中央教育審議会に対し、「新しい時代にふさわしい教育基本法の在り方について」を諮問した。
　中央教育審議会は2003年3月20日、「新しい時代にふさわしい教育基本法

と教育振興基本計画の在り方について」を答申した。そこでは、1947年教育基本法を貫く「人類普遍の原理」に加えて、「21世紀を切り拓く心豊かでたくましい日本人の育成を目指す観点」が求められるとし、「日本の伝統・文化の尊重、郷土や国を愛する心と国際社会の一員としての意識の涵養」などが改正の視点とされた。

③密室における法案作成

中央教育審議会答申が出されたにもかかわらず、教育基本法改正案は直ちには成案を得ることができなかった。これは、時の政府が自民党・公明党・保守党の連立内閣で、とりわけ公明党が従来教育基本法改正に積極的ではなかったことが関係していた。このため、2013年5月に設けられた「与党教育基本法に関する協議会」で与党協議が行われ、2006年4月13日に「教育基本法に盛り込むべき項目と内容について（最終報告）」が取りまとめられた。同報告は、法案要綱の形式をとっており、ほぼそのまま改正案となった。このように、3年近くに渡って与党間で密室協議が行われたことは異例の経緯というほかはない[15]。なお、この間の与党間協議における焦点の一つは「愛国心」をめぐるもので、結果的には、中教審答申で示された「国を愛する心」というような端的な表現ではなく、「伝統と文化を尊重し、それらをはぐくんできた我が国と郷土を愛する……態度」とやや曖昧な表現となったが、「愛国心」条項であることに変わりはない。

④政府案と民主党の対案

教育基本法改正の政府案は、2006年4月28日に第164回通常国会へ提出された。同法案は、前文と4章18条より成り、全部改正の形式を採るものであった。法案の特徴は、一言で言えば、日本国憲法との密接的な関連性が薄められ、準憲法的な理念法から政策推進法へとその重心を移した点にある。

ところで、政府案とは別に民主党が「日本国教育基本法案」を対案として提出した。民主党案は、「学ぶ権利」（2条）を明示するなどの特色は持つものの、「日本を愛する心を涵養」（前文）などと愛国心教育を端的に盛り込んでおり、法案全体は政策推進法の性格が強く、政府案と大同小異であった。

⑤新教育基本法の成立

　教育基本法改正案は、第164回通常国会で継続審議となり、第165回臨時国会の衆議院において2006年11月16日に採決された。この間の衆議院での審議時間は、総計104時間10分であった。なお、衆議院本会議の採決は与党のみの単独採決であった。

　衆議院で議決された改正案は、参議院に送付され、85時間20分の審議を経て12月15日に本会議で採決され、賛成131・反対99で可決・成立した。

　旧教育基本法が帝国議会において全会一致で可決されたことに比すると、重要教育法案の審議・採決のあり方としては、禍根を残したと言わざるをえない(16)。

3　新教育基本法の立憲的解釈の喫緊性

(1) 第1次安倍内閣と教育三法

　教育基本法改正案が国会で成立したのは、第1次安倍晋三内閣（2006年9月26日—2007年8月27日）の時であった。安倍内閣は、教育基本法改正後を見通しながら2006年10月10日に閣議決定により教育再生会議（2006年10月10日—2008年1月31日）を設置した。教育再生会議は、2007年1月24日に第1次報告、6月1日に第2次報告を安倍首相に提出した 。これと並行する形で、中央教育審議会は、2007年2月6日に文部科学大臣からの諮問を受け、3月10日に「教育基本法の改正を受けて緊急に必要とされる教育制度の改正について（答申）」を提出した。中教審の審議では、約1ヵ月間にわたり、①学校の目的・目標の見直しや学校の組織運営体制の確立方策等（学校教育法の改正）、②教員免許更新制の導入等（教育職員免許法等の改正）、及び③教育委員会の在り方や国と地方の役割分担（地方教育行政の組織及び運営に関する法律の改正）を集中的に審議したとされるが、これらはいずれも教育再生会議第1次報告に含まれるものであった。

　この中教審答申を受ける形で、次の「教育再生関連三法」（教育三法）が提出され、2007年6月27日に成立・公布した。

　まず、学校教育法改正により、学校の目的・目標が改正教育基本法に合わさ

れたほか、学校の運営組織において従来のフラット型に代わる明確なピラミッド型が目指され「副校長・主幹教諭・指導教諭」という職が新設された。

次に、地方教育行政の組織及び運営に関する法律の改正では、教育行政における首長の権限が強められて、スポーツ・文化行政は首長部局で行い得るものとされた。また、文部科学大臣の教育委員会に対する是正要求の方式が定められ、教育委員会に対する是正指示が明記されるなど、国の権限が強められた。

最後に、教育職員免許法の改正により、教員免許更新制が導入された。教員免許更新制とは、免許の有効期間を原則10年間とし、更新手続きを必要とすることとしたもので、そのために期限の終了前に講習を受けることを義務づけたものである。当初は、不適格教員の排除とリンクさせる構想もあったが、専ら資質向上目的に限定されることとなった。このこととも関連して、教育公務員特例法が改正され、指導が不適切な教員については「免職その他の措置」を取り得るものとされた。

（2）第2次安倍内閣と教育再生実行会議

2000年代における長期政権となった小泉純一郎内閣に続く安倍内閣・福田内閣・麻生内閣はいずれも短命内閣に終わり、2009年の総選挙において民主党が衆議院で過半数（308議席）を得、政権交代が行われた。これは、小泉構造改革によって貧困と格差が拡大したことに対する国民の不満が、福祉国家的政策を前面に押し出した民主党を支持するという形で現れたものとみることができる。

しかしながら、民主党のマニュフェスト政治が中途に終わり、公約違反とも言える消費税増税や、公約になかったTPP交渉へ進む姿勢を見せたことにより、民主党の支持は崩れて、2012年総選挙では自民党が政権を奪還した。こうして、第2次安倍内閣が成立した。時あたかも経済は回復基調にあり、安倍内閣はアベノミクスの宣伝によって高い支持を得つつ、2013年参議院選挙でも圧勝し、いわゆるねじれ国会をも解消して、憲法改正を目指すこととなった。

教育政策では、教育再生実行会議（2013年1月15日閣議決定）を設置し、矢継ぎ早に提言を行った（「いじめの問題等への対応について（第1次提言）」2013年2月26日、「教育委員会制度等の在り方について（第2次提言）」2013年4月15日、

「これからの大学教育等の在り方について（第3次提言）」2013年5月28日、「高等学校教育と大学教育との接続・大学入学者選抜の在り方について（第4次提言）」2013年10月31日、「今後の学制等の在り方について（第5次提言）」2014年7月3日、「『学び続ける』社会、全員参加型社会、地方創生を実現する教育の在り方について（第6次提言）」(2015年3月4日))。これらの提言については、形式上は中央教育審議会の答申を俟つものもあったが、既にいじめ防止対策推進法の制定（2013年6月28日公布）、教育委員会制度の独立性・自主性を大きく後退させた地方教育行政の組織及び運営に関する法律改正（2014年6月20日公布）、大学における教授会の諮問機関化を図る学校教育法改正（2014年6月27日公布）、国立大学の学長選考を学長選考会議に集権化する国立大学法人法改正（2014年6月27日公布）などが行われている。また、「道徳の教科化」は学校教育法施行規則の改正（2015年3月27日）で実施された。小中一貫校の構想も9年制の「義務教育学校」が学校教育法改正（2015年6月24日）で新たな学校の種類として設けられた。

　これらは、総体として教育内容・方法への国家的介入をシステム化するものであり、「不当な支配」の誹りを免れない。また、学校制度や入試制度の改革は新自由主義に基づいており、競争の教育に拍車をかけ、教育格差を拡大することが懸念される。

（3）新教育基本法の立憲的解釈
　教育委員会制度の実質的解体や大学における自治的教授会の解体など、旧教育基本法の下では考えられなかった政策が、新教育基本法の下で進められている。ここで、改めて立憲主義[17]の立場から問題を整理しておこう。
　およそ近代憲法は国家権力の規制を目的としており（憲法97条の基本的人権の不可侵性、及び同条の憲法の最高法規＝法の支配）、憲法の遵守義務は国家権力を行使する者の側にある（憲法99条）。同様に、教育憲法の性格をもつべき新教育基本法は、立憲主義の立場に立ってこそ、その意義が見えてくる。教育基本法は、端的に言えば教育行政の任務と限界を定めた法律と言うことができる。それはまた、教育と教育行政を区別し、教育行政による教育の「不当な支配」を禁じたものである。かの第一次米国教育使節団報告書で述べられたように、

「教師の最善の能力は、自由の空気の中においてのみ十分に現わされる。この空気をつくり出すことが行政官の仕事であって、その反対の空気をつくることではない」のである。教育行政の役割は、ここに明らかであり、教育基本法はこのような立場から教育行政を規制・拘束すべき法律である。

　新教育基本法は、準憲法的な理念法の性格を薄め、立案過程では「教育行政に対する不当な支配」という表現さえ現れた。そして、旧法10条の教育行政の「不当な支配」の禁止の自覚に続く「教育条件整備義務」の規定は削除されて、代わりに「この法律及び他の法律の定めるところにより行われるべきもの」という文言が加えられた。あたかも法律によりさえすれば、教育行政は何事でもできるかの如きである。しかし、新教育基本法といえども、日本国憲法秩序の下にある。旧教育基本法が憲法と不即不離の関係にあったとすれば、たとえ改正されたとしても、旧教育基本法の下で深められてきた「教育条理」は、依然として有効性を失ってはいない。従来の憲法・教育基本法制の下で培われてきた解釈論は、新教育基本法になったからとて霧散するものではない。むしろ、これまでの蓄積を踏まえ、より精密な立憲的解釈論が構想されねばならないであろう[18]。

注
(1) 市川昭午『教育基本法改正論争史―改正で教育はどうなる―』教育開発研究所、2009年、35-37頁、参照。
(2) 教育基本法の自主制定性については、鈴木英一『戦後日本の教育改革3　教育行政』（東京大学出版会、1970年）、及び同『日本占領と教育改革』（勁草書房、1983年）に詳しい。
(3) 矢川徳光「憲法＝教育基本法体制の現代的意義」五十嵐顕編『講座　現代民主主義教育　第1巻　現代社会と教育』青木書店、1970年、参照。
(4) 前掲、鈴木英一『日本占領と教育改革』「第4章　CIEの新教育勅語論」ほか参照。
(5) 田中耕太郎学校教育局長「地方教学課長会議での訓示要旨」（1946年2月21日）、鈴木英一・平原春好『資料　教育基本法50年史』勁草書房、1998年、所収、105頁、参照。
(6) 発秘第三号（二一・一〇・八、直轄公私立大学高等専門学校長宛、文部次官）

勅語及詔書等の取扱について
(7) 教育法令研究会『教育基本法の解説』国立書院、1947年、40-41頁、参照。
(8) 三羽光彦「教育勅語の廃止決議」『教育』No.468、1986年7月、参照。
(9) 「教育基本法案帝国議会への提出の件」枢密院決議　1947年3月12日（鈴木英一・平原春好編『資料　教育基本法50年史』勁草書房、1998年、299-301頁所収）。
(10) 前掲、教育法令研究会『教育基本法の解説』41-42頁、参照。
(11) 有倉遼吉「教育基本法の準憲法的性格」有倉遼吉編『教育と法律』新評論、1961年、参照。
(12) 前掲、市川昭午『教育基本法改正論争史』11-12頁、参照。
(13) 天野貞祐が「国民実践要領」を公にしたのは、『心』第6巻第1号（1953年1月）においてであった。
(14) 原田三朗『臨教審と教育改革―その矛盾と挫折―』三一書房、1988年、参照。
(15) 佐貫浩『教育基本法「改正」に抗して―教育の自由と公共性―』花伝社、2006年、14-15頁、参照。
(16) 教育基本法改正の経緯と各条文の解釈を文部科学省の立場から論じているものに、田中壮一郎監修・教育基本法研究会編『逐条解説　改正教育基本法』（第一法規、2007年）がある。
(17) 立憲主義、または近代立憲主義憲法は「個人の権利・自由を確保するために国家権力を制限することを目的」（芦部信喜・高橋和之補訂『憲法　第五版』岩波書店、2011年、13頁）としている。
(18) 立憲主義と新教育基本法の問題については、世取山洋介「新教育基本法の国会審議の分析―その立憲主義的解釈の基礎作業として―」（教育学関連15学会共同公開シンポジウム準備委員会編『新・教育基本法を問う』学文社、2007年）、佐藤広美「教育の目的と立憲主義」（『改定教育基本法　どう読む　どう向き合うか』かもがわブックレット164、2007年）などを参照。

参考文献
井深雄二「教育基本法と立憲主義―新旧教育基本法の歴史的本質―」『奈良教育大学紀要』第64号、2015年11月。

■コラム2
君が代・日の丸
――たかが1分されど1分――

　卒業式が近付くと、あの時の光景がよみがえる。時は1990年代、当時勤務していた公立高校では卒業式で君が代斉唱が行われていた。その学校では、高校紛争以降、教員と生徒で卒業式準備委員会を組織して卒業式の案を作成する慣行があり、君が代については生徒との合意事項として敢えて議論を避けてきた。ところが、ある年、生徒から「君が代斉唱」削除の修正案が出された。私の担任クラスでも討論の末、修正案賛成でまとまった。委員会の出した結論は、「『君が代斉唱』削除」であった。

　国旗国歌の指導義務化が盛り込まれた1989年の学習指導要領との齟齬で、その後の職員会議は大激論となった。学年の教員は「生徒の意思を尊重して欲しい」と次々発言した。「生徒の意見はとるに足らないものにすぎない」「そもそも君が代に反対」……長時間の議論の末の結論は「生徒の意思を尊重する」であり、式次第から「君が代斉唱」の文字は消えた。

　しかし、卒業式当日、卒業生の入場が終わると同時に「起立」の号令がかかり、「開式に先立ちまして君が代の演奏をします」との発声により君が代が流された。あの時の生徒からの「『やらない』って言ったのに……」という声と視線は忘れられない。

　「歌いたくない」と言ってきた在日韓国人の生徒も混じっていた。式次第の一部であろうと、式の前であろうと生徒には関係ない。生徒の意思を尊重することはできず、自分が権力の末端にすぎないことを痛感した。

　有名になった所沢高校のみならず、同時期には全国各地で類似のことが起こっていただろう。1999年の国旗国歌法制定により、2000年から全国的に実施率が高まった。国会でも議論となったように生徒に対して斉唱を直接強制できない。代わりに教員に対する強制が強化された。教員の起立斉唱を求めた東京都の2003年通達は、大量の処分者を出した。愛国心教育を盛り込んだ2006年の教育基本法改正を受け、大阪では2011年以降、国旗国歌条例、教育基本条例などにより、強制が進められている。

　ピアノ伴奏事件最高裁判決（2007年2月27日）では伴奏は外部的行為であり、思想良心の自由を侵害しないとされた。その後の君が代訴訟でも起立斉唱を教職員に命じた職務命令を違憲性とする主張は退けられている。職務命令違反に対する処分の違法性も、秩序の確保や職務の公共性を理由に斥けられている。それぞれの処分について、教委の裁量権の妥当性が問われたが、一部の停職や減給処分を重すぎると判断しているのみである。その後も同様の訴訟は提起されているが、大幅な判例変更は期待できない。

　教員への強制が、権力への批判を封じる人々を育成することが目的だとしたら、民主主義を受け継いでいくべき子どもたちへの影響は計り知れない。たった1分間の君が代への教員としての忸怩たる思いが、本来は門出としてハレの日であるべき卒業式への足取りを重くしている。

第3章
教育を受ける権利と義務教育

　現代日本の教育制度においては、子どもたちが小学校や中学校に通うことは、当たり前のことであるように感じられる。しかし、現実には、「不登校」という現象にみられるように学校に行きたくても行けない子どもが数多くいる。また、貧困や虐待といった問題によって、学校に行けない状況に追い込まれている子どもも存在する。学校制度の再編や学校統廃合により、義務教育を支える教育の諸条件が平等に保障されにくい状況も生じている。義務教育のあり方は自明ではない。本章では、教育を受ける権利の保障が直面する義務教育の課題について検討する。

1　義務教育法制の基礎

(1) 義務教育の法規定

　教育を受ける権利と義務教育に関する規定は、日本国憲法26条を基本としている。

> 第二十六条　すべて国民は、法律の定めるところにより、その能力に応じて、ひとしく教育を受ける権利を有する。
> 2　すべて国民は、法律の定めるところにより、その保護する子女に普通教育を受けさせる義務を負ふ。義務教育は、これを無償とする。

　戦前、教育は兵役・納税とならび国家に対する国民の義務とされたが、戦後

は国民の権利となった。義務教育における義務は、その権利を保障するために国・地方公共団体へ課されるという仕組みに大きく転換した。保護者の義務は、「就学義務」として機能しており、保護者が子どもの就学を妨げることを禁じている。

　義務教育の内容は、教育基本法（以下、教基法）・学校教育法（以下、学校法）に具体的に示されている。そこでは、国民が保護者として子どもに普通教育を受けさせる義務を負っており（学校法5条）、国や地方公共団体がそのための条件整備の義務を負うことを示している（小中学校の設置義務：学校法38、49条）。2006年の教基法改正では、義務教育の目的が「各個人の有する能力を伸ばしつつ社会において自立的に生きる基礎を培い、また、国家及び社会の形成者として必要とされる基本的な資質を養うこと」（同5条2項）であると示された。

　義務教育の期間は、従前では旧教基法が規定していたが、「時代の要請に迅速かつ柔軟に対応するため」、同法の改正以降は、学校法16条で定められることとなった（2007年6月改正、翌年4月より施行）。

　　第十六条　保護者（子に対して親権を行う者（親権を行う者のないときは、未成年後見人）をいう。以下同じ。）は、次条に定めるところにより、子に九年の普通教育を受けさせる義務を負う。

　国民には外国人（日本国籍を有しない者）は含まれないため、外国人には就学義務を課せられない。しかし、在日外国人が希望する場合には、教育委員会は入学を許可し、授業料の不徴収等の扱いは日本人同様になされている[1]。学校法17条では、保護者が子どもを小学校・中学校（または特別支援学校の小・中学部）に就学させる義務について具体的に規定している。

　　第十七条　保護者は、子の満六歳に達した日の翌日以後における最初の学年の初めから、満十二歳に達した日の属する学年の終わりまで、これを小学校又は特別支援学校の小学部に就学させる義務を負う。ただし、子が、満十二歳に達した日の属する学年の終わりまでに小学校又は特別支援学校の小学部の課程を修了しないときは、満十五歳に達した日の属する学年の

終わり（それまでの間において当該課程を修了したときは、その修了した日の属する学年の終わり）までとする。
2　保護者は、子が小学校又は特別支援学校の小学部の課程を修了した日の翌日以後における最初の学年の初めから、満十五歳に達した日の属する学年の終わりまで、これを中学校、中等教育学校の前期課程又は特別支援学校の中学部に就学させる義務を負う。
3　前二項の義務の履行の督促その他これらの義務の履行に関し必要な事項は、政令で定める。

　就学義務は、「課程主義」ではなく「年数主義」を採用している。このため、小中学校の在学中に病欠等の理由により修学年限を超えた場合、引き続き在学は可能ではあるが、卒業する前であっても就学義務自体はその時点で終了する。義務の履行に関しては、同法施行令が定めており、これに従って市町村の教育委員会は学齢簿の編製等の就学事務を行う。同法施行令5条は、教育委員会による学校の指定について規定している。障害児の場合は、その障害の状況に照らして就学先が判断される。学校選択制の導入も、市町村教育委員会の判断に委ねられている。
　学校法18条には、病弱等による就学義務の猶予又は免除についての規定がある。

　　第十八条　前条第一項又は第二項の規定によつて、保護者が就学させなければならない子（以下それぞれ「学齢児童」又は「学齢生徒」という。）で、病弱、発育不完全その他やむを得ない事由のため、就学困難と認められる者の保護者に対しては、市町村の教育委員会は、文部科学大臣の定めるところにより、同条第一項又は第二項の義務を猶予又は免除することができる。

　子どもが「病弱、発育不完全その他やむを得ない事由のため、就学困難と認められる」場合には、保護者の義務が猶予又は免除される。「病弱、発育不完全」とは、特別支援学校における教育にもたえることができない程度であると

考えられている⁽²⁾。「その他やむを得ない事由」には、経済的事由は含まれず、児童生徒の失踪、児童自立支援施設又は少年院に収容された時が、それに当たる。ただし、児童自立支援施設では地域の学校に通学させたり、少年院においても小中学校で必要とする教科を授けたりすることになっている。

保護者の願出がない場合には猶予・免除は行われない。障害児の教育を受ける権利を阻む場合があることから、学校法18条による猶予や免除の扱いは慎重でなければならない。同時に、その規定中の猶予や免除が、特別支援学校を含む学校での障害児への対応そのものを「猶予」「免除」するようなことがないよう留意する必要がある。特殊教育から特別支援教育への概念の転換以降、十分な公的支援がないままに、学校独自の努力で、児童生徒の個別の教育ニーズに応えることが求められる傾向にある。すべての子どもに教育を受ける権利がある、という前提から考えれば、就学の可能性を高めるように、国や地方公共団体が障害児に対して条件整備の義務を果たすことが求められる。

学校法19条では、経済的理由により就学困難な場合、市町村が保護者に援助することとされている。

　　第十九条　経済的理由によつて、就学困難と認められる学齢児童又は学齢生徒の保護者に対しては、市町村は、必要な援助を与えなければならない。

国は、市町村の就学援助の所要経費である学用品又はその購入費、通学費、修学旅行費、医療費、給食費等の一部を補助する。20条では、年少労働による就学の阻害を防止している。

　　第二十条　学齢児童又は学齢生徒を使用する者は、その使用によつて、当該学齢児童又は学齢生徒が、義務教育を受けることを妨げてはならない。

新聞配達や映画・演劇の子役など、労働基準法の例外として認められる場合の労働も、修学時間を確保するような制限が課されている。

（2）義務教育の目標

学校法21条は、次のように「義務教育の目標」を示している。

第二十一条　義務教育として行われる普通教育は、教育基本法（平成十八年法律第百二十号）第五条第二項に規定する目的を実現するため、次に掲げる目標を達成するよう行われるものとする。
一　学校内外における社会的活動を促進し、自主、自律及び協同の精神、規範意識、公正な判断力並びに公共の精神に基づき主体的に社会の形成に参画し、その発展に寄与する態度を養うこと。
二　学校内外における自然体験活動を促進し、生命及び自然を尊重する精神並びに環境の保全に寄与する態度を養うこと。
三　我が国と郷土の現状と歴史について、正しい理解に導き、伝統と文化を尊重し、それらをはぐくんできた我が国と郷土を愛する態度を養うとともに、進んで外国の文化の理解を通じて、他国を尊重し、国際社会の平和と発展に寄与する態度を養うこと。
四　家族と家庭の役割、生活に必要な衣、食、住、情報、産業その他の事項について基礎的な理解と技能を養うこと。
五　読書に親しませ、生活に必要な国語を正しく理解し、使用する基礎的な能力を養うこと。
六　生活に必要な数量的な関係を正しく理解し、処理する基礎的な能力を養うこと。
七　生活にかかわる自然現象について、観察及び実験を通じて、科学的に理解し、処理する基礎的な能力を養うこと。
八　健康、安全で幸福な生活のために必要な習慣を養うとともに、運動を通じて体力を養い、心身の調和的発達を図ること。
九　生活を明るく豊かにする音楽、美術、文芸その他の芸術について基礎的な理解と技能を養うこと。
十　職業についての基礎的な知識と技能、勤労を重んずる態度及び個性に応じて将来の進路を選択する能力を養うこと。

これらは、教基法2条が定めている教育の目標と、同5条が定める義務教育の規定に対応している。中央教育審議会答申「新しい時代の義務教育を創造する」(2005年10月26日)では、「国際的に質の高い教育の実現のためには、義務教育の目的に照らし、今日のグローバル社会、生涯学習社会において、義務教育段階の学校教育で具体的にどのような資質能力を育成することが求められるのかを明らかにすること、すなわち、義務教育の到達目標を明確化することが必要」であり、「このため、義務教育9年間を見通した目標の明確化を図り、明らかにする必要がある」とされていた。

　これらの目標条項には、学校法における従前の小中学校の教育目標を整理した上で、教基法が規定した教育の目標である「伝統と文化の尊重」や「国と郷土を愛する態度」などがつけ加えられた。これらは、「教育を行う者にとっての目標であって、教育を受ける児童生徒が達成することを義務付けられた目標という意味での到達目標ではない」[3]。小学校では基礎的な程度において、中学校では完成段階として、ここでの目標を達成するように教育が行われる。これらの目標を踏まえて、小中学校の学習指導要領が示される。

　目標に向かう取り組みについて、従前では「目標の達成に努めなければならない」(18、36条)という努力規定だったものが、改正学校法では「目標を達成するよう行われるものとする」(30、46条)と、結果が重視されることとなった。

(3) 権利としての義務教育

　教基法5条では、義務教育の目的が新しく示された。教育の機能は、個人の能力の伸長という側面と社会化としての知識や規範の伝達という側面から二つの枠組みで説明される。教基法5条2項が示すような二つの目的もまた対立軸として、特に義務教育の領域では常に問題とされてきた。1970年代には、教育内容を決定する権能をめぐって、「国家の教育権論」と「国民の教育権論」の対立図式として現れた。

　教科書裁判第二次訴訟の東京地裁判決(1970年7月17日、いわゆる杉本判決)は、子どもの固有の人権としての子どもの学習権を認めた。また、憲法23条の学問の自由から教員の教育の自由に言及し、国による教育内容の介入を限定

し、国民の教育権論の理論的支柱となった。

　北海道学力テスト事件最高裁判決（1976年5月21日）では、憲法26条の「教育を受ける権利」の理解について、教育の原理に基づく一定の「学習権」説を示した(4)。法制上、教育の内容を決定する権能の帰属については、いわゆる「国家の教育権論」「国民の教育権論」の両方を極端かつ一方的なものであるとして、どちらも採用することはできないとした。判決では、憲法26条の「教育を受ける権利」の規定には、すべての国民が成長、発達するために必要な学習をする権利を有する前提があるという考え方を採用している。子どもの教育が、教育をする側の権能の問題よりも、「子どもの学習する権利に対応し、その充足をはかりうる立場にある者の責務に属するものとしてとらえられている」と、学習権の重要性を述べた。教授の内容と方法においては、普通教育における教師には一定の範囲における教授の自由が認められるが、教育の機会均等をはかる上で、完全な教授の自由は認められないとの判断を示した。必要な範囲内においては、国が内容について決定できるが、子どもが自由かつ独立の人格として成長することを妨げるような国家的介入を厳しく戒めた。

　教基法改正以降の義務教育の目的・目標に関する法規定については、前述の最高裁判決の結論に則っているという見方もある。しかし、義務教育の目標の明示や規範意識や公共精神の強調、愛国心教育の強化に見られるように、従前に比べると、国による教育内容への介入が拡大され、結果として「強制される義務教育」（義務としての義務教育）の側面が強く打ち出されることとなった。

2　学習権保障と就学義務

（1）不登校児童生徒数の増加

　学校におけるいじめ、不登校、体罰などの問題状況は、義務教育の実施を危うくするものであるが、逆説的には、正当な義務教育のあり方を考えさせるきっかけとして注目されてきた。

　文部科学省の「児童生徒の問題行動等生徒指導上の諸問題に関する調査」によると、小学校及び中学校における不登校は、1980年代以降に増加している。2014年10月16日の同調査報告では、小学校24,175人、中学校95,442人とな

っており、義務教育段階での不登校児童生徒の割合は1.17％で、依然として大きな問題になっている。学校に行けない、教室に入れない、保健室登校など、状況には様々な態様がある。かつては、このような児童生徒の出席の取り扱いについてはあいまいな要素があった。出席日数が足りない場合、原級留置という措置も考えられるが、実際には校長の判断によって卒業が認められることも多かった。

　不登校の実態を考慮して、1991年からは年間の欠席日数をそれまでの50日以上から、30日以上の児童生徒を調査対象とすることになった。同年9月24日の文部省初等中等教育局長通知「登校拒否問題への対応について」（文初中330号）により、不登校児童生徒が学校外の公的機関である適応指導教室やフリースクール等の民間施設において相談・指導を受けている場合、一定の要件を満たし、当該施設への通所又は入所が学校への復帰を前提とし、かつ児童生徒の自立を助けるうえで有効・適切であると判断される場合に、校長は、それらの施設において相談・指導を受けた日数を指導要録上出席扱いとすることができることとされた[5]。

　文科省は、2003年5月16日には、前述の通知を見直し、「不登校への対応の在り方について」（文科初255号）を出した。この通知では、学校が不登校に対してきめ細かに対応するように種々の方策について解説するとともに、従来「適応指導教室」と呼んでいた学校復帰機関を「教育支援センター」と呼び換え、その整備指針を試案として提示した。また、不登校児童生徒を受け入れる民間教育施設と連携するために、民間施設についてのガイドライン（試案）を示した。

　2005年7月6日の文科省通知「不登校児童生徒が自宅においてIT等を活用した学習活動を行った場合の指導要録上の出欠の取扱い等について」（17文科初437号）では、自宅においてITによる学習を行った場合でも、「教育支援センター」と同様の条件によって出席と認められることになった。ただし、このような扱いは「学校に登校しないことを認める趣旨ではないので、IT等を活用した学習活動を出席扱いとすることが不登校状態の悪化につながることのないよう留意する」と留意事項に付記されている。

　学校への出席と認められる児童生徒の状況は、これまで徐々に緩和されてき

た。一方で、2003年の通知にも見られるように、それを認める要件については、むしろ厳格に示される方向にある。

（2）出席要件の緩和と就学義務
　親の就学義務にかかわって、不登校現象の拡大とともに、義務教育の内実を再検討する必要に迫られている。様々な事情により、小学校や中学校に行けない子どもたちが存在するが、とくにメンタルな事情により学校に行きたいけれども行けないというような子どもの場合、親が子どもを学校に行かせるという義務を果たすことができない。親が義務を履行しようとすると、子どもは学校に「行かなければならない」ということになってしまう。本来、権利であるはずの教育が、結果的に子どもにとっての義務になってしまうという矛盾である。こうして、子どもが「教育を受けない権利」は、事実上認めざるを得ないものであるが、法的な権利として保障されるものではない(6)。
　先述の出席要件の緩和は、「出席と見なす」という点において、「就学」の状態を広く捉えようとしている。不登校にかかわる親義務の問題を、従来の枠組みのなかで処理しようとする方策である。しかし、安易な出席要件の緩和は、子どもの教育を受ける権利の保障としては問題をはらんでいる。学校に通って学習するのと同等の条件整備を伴わない場で実行される学習活動の水準を「出席」とみなすことは、国や地方公共団体の責務が十分には果たされていない状況と考えることもできる。その点、通知により、学校外の関連施設についての水準を細々と規定しようとしたことは、その整合性を取ろうとしているようにも見える。
　同時に、より本質的な疑問として生じるのは、親の教育義務＝就学義務なのかという問題である。アメリカで広く見られるようなホームスクーリングも視野に入れると、子どもの教育を受ける権利を保障することが、即子どもを学校に行かせることを意味するわけではない。実際、たとえば、ITを利用した教育を一定水準で施すことができ、それが子どもにとって十分な教育を意味するのであれば、義務教育は就学の状態ではなく、むしろ子どもに対して保障される教育内容によって判断される可能性が生じる。現行の学校制度が、今のところ、多くの子どもたちに義務教育の機会を提供するのに適しているとしても、

「学校に通う」ということが保障のすべてに当てはまるかどうかは自明でなくなってきている。

しかし、小中学校で不登校になった児童生徒が途中から学校に復帰したり、高校や大学に進学して学んだりしているという場合も少なくないし、そのようなコースを歩む若者の存在は、学校の存在意義を示している。学校教育の価値そのものが否定されるわけではない。

(3) 子どもの権利をどう保障するか

問題は、通常の学校教育以外の選択肢を選んだ場合でも、教育を受ける権利が保障されていると見てよいか、一般に保障されるはずの義務教育段階の普通教育の内容を、どのようにして子どもたちは享受することができるか、というところにある。

義務教育段階の子どもの生活に対しては、親の意向が大きく反映される。子どもの権利条約が示すように、大人は子どもの主体性を重視し、意見を尊重する必要がある。具体的には、それを仕組みとしてどう実現していくのか、ということが問われている。私教育を含め、選択肢が拡大したなかで、何が子どもの最善の利益であるかを判断することは、なかなか難しい。

親義務の問題としては、事件性を帯びるような親の行動によっても、子どもの権利が侵害される状況が生じる。たとえば、特定の組織団体に属するために子どもが十分な教育を受けられない状況に陥るとか、虐待によって学校教育を受けさせないといった場合に、親権を停止させることで子どもの人権侵害をくい止める必要がある。

実際、子どもを取り巻く、貧困や虐待といった家庭の問題は、深刻な状況になっている。厚生労働省が2014年7月15日に公表した「国民生活基礎調査」の結果によると、17歳以下の子どもの貧困率は16.3%に達し、中でもひとり親世帯の貧困率は54.6%であった[7]。また、同省が2014年11月14日に公表した「居住実態が把握できない児童」に関する調査の結果によると、2014年10月20日時点で居住実態が把握できない児童(18歳未満の子ども)は141人で、内訳は義務教育就学前61人、小学生40人、中学生27人、義務教育修了後13人であった。

重要なことは、親の自由を制限することではなく、子どもが不利益を被るような状況をどのように回避するか、ということである。児童虐待のような状況でも、親から子どもを引き離すことが最終的な解決ではない。支援によって、家庭全体を救うことが求められる。近年、学校でスクールソーシャルワーカー（ＳＳＷ）の存在が注目されるようになっている。2015年2月末に川崎で起こった中学1年生の刺殺事件では、不登校状態になっていた被害者を救うためにＳＳＷが活用されるとよかったのではないかという見方もある[8]。就学事務は、危機的状況にある子どもの実態の把握に役立つ可能性もある。国の責務は、単に通知を出して基準外の措置を取り締まるのではなく、子どもの教育を受ける権利が十分に保障されるように、学校を支援することである。就学義務がもつ意義は、依然として大きい。

3　学校再編と義務教育制度

（1）義務教育の多様性

　公立小中学校の制度は、長く小学区制を採り、地域の学校に行くことになっていた。これは、公立学校には内容的な差がないことを前提としている。近年、いじめ問題への対処のため、学校法施行令に定める指定学校の変更（8条）や区域外就学（9条）の規定に沿って、就学すべき学校の指定の変更や区域外就学を認める措置を講じることが促進されてきた（文科省通知「児童生徒のいじめの問題に関する指導の充実について」1985年6月29日（文初中201号）、「いじめの問題に関する総合的な取組について」1996年7月26日（文初中386号））。国の規制緩和の流れを受けた1997年1月27日の通知「通学区域制度の弾力的運用について」（文初小78号）によって、学校選択が進められることにもなった。

　学校選択制度は、必ずしもうまく行っているとは言えない。「地域との関連が希薄になった」「通学距離が長くなり安全の確保が難しくなった」「入学者が大幅に減少し、適正な学校規模を維持できない学校が生じた」などの理由により、選択制を取りやめる自治体も出てきている[9]。それらの理由は、学校選択制を導入しない自治体にも共有されている。

　子どもの教育を受ける権利を保障する観点で、義務教育制度におけるフリー

スクールの位置づけをどうするか、という問題も残されている。フリースクールは、不登校の子どもを受け入れる場所として機能している。文科省では、2014年11月24日に「全国フリースクール等フォーラム」を実施し、2015年1月からは「フリースクール等に関する検討会議」が置かれ、議論が始まっている。先に示した文科省通知との関連を見ると「当該施設への通所又は入所が学校への復帰を前提とし」ていない（たとえばフリースクールのみに通う）場合は、そこでの学習の実態を籍がある学区の指定学校での出席と見なすことは難しいと考えられる。しかし、不登校の子どもへの登校刺激が、当人にとって望ましいものではない場合も多い。

　すでに文科省は、不登校児童生徒を対象にして運営している学校に対して、不登校児童生徒等を対象とした特別の教育課程の編成を可能にしている[10]（2005年7月6日文科省通知「学校教育法施行規則の一部を改正する省令の施行等について」（文科初485号））。ただし、通知では、「不登校児童生徒等以外の児童生徒については特別の教育課程の対象にはなり得ないこと」と縛りをかけている。

　フリースクールや「一条学校の義務教育の制度」以外を選択したいと希望する場合、それをどのように考えるとよいだろうか。「行きたくても行けない」ということではなく、積極的にフリースクールを選ぶような場合、いわば「義務教育を受けない権利」を想定することになる。不登校児童生徒が出ない学校があることを見ると、原則としては、通常の小中学校の枠組みでフリースクール的な要求が吸収されれば望ましいとも考えられる。

（2）学校制度改革と義務教育年限の延長問題
　中教審答申「子供の発達や学習者の意欲・能力等に応じた柔軟かつ効果的な教育システムの構築について」（2014年12月26日）を受けて、小中一貫教育を行う新たな学校の種類の制度化が進められている。学校教育制度の多様化及び弾力化を推進するため、学校法等の一部を改正し、小学校から中学校までの義務教育を一貫して行う「義務教育学校」が設置されることとなった（法の施行は2016年の4月）。「義務教育学校」には、施設一体型・施設分離型の2タイプがあり、9年の修業年限は小中学校の学習指導要領を準用するため前期6年と

後期3年の課程に区分される。連続性のあるカリキュラムで学習効果の向上を図り、中1ギャップの弊害を緩和し、指導を通して教職員の連携・協力と意識改革を進めることなどが目的とされている。

　一般にも、小中一貫の学校システムは始まってまだ間がないので、今後の動向を注視する必要がある。小中が同一設置者であることから、その実施は比較的スムーズに進行する可能性がある。また、過疎地域で、地域における小中が各1校の場合には、ほぼ事実上、小中一貫であるため、位置づけやすい。

　制度化に先行して、すでにいくつもの自治体で小中一貫の実践が展開している。教委や国は、小学校と中学校が連携協力を行うための支援をするべきである。しかし、それが新しいタイプの学校の設置となるかどうかは定かではない。小学校・中学校・中等教育学校に加えて義務教育学校という、複雑な学校体系になれば、選択肢は多様になるどころか狭められる危険性もある。小中一貫の学校が今後増えていくとすれば、すでに先行している中高一貫や、従来の分離した小・中との制度的な整合性をどのように考えるのか。中1ギャップのような不適応の問題は、すべての学校に共通の課題と考えられるにもかかわらず、それを一部の学校の設置で対応するというのは、原理的に整合性がない。

　高等学校における授業料負担の軽減は、政権の意向により制度が改変されてきたが、2014年4月より、新しい高校就学支援金制度が実施されている。公立学校では、一定の所得制限の下で授業料は不徴収であり、私立学校に通う場合は、高校就学支援金が支給され、これは家庭の収入に応じて加算される。

　第2次安倍内閣の私的諮問機関である教育再生実行会議の第5次提言（2014年7月3日）では、「今後の学制等の在り方について」の提案が行われた。小中一貫教育に加えて、3〜5歳児の幼児教育の無償化を段階的に推進し、より柔軟な新たな枠組みによる義務教育化を検討するよう提言された。

　無償化の議論は、常に財源の確保との兼ね合いが問題となる。義務教育年限の拡大は財政の苦しい状況下、実現は困難と見られている。しかし、国の教育予算は他のOECD諸国と比較しても低いレベルにある。小手先の制度改革ではなく、教育費の増加による本質的な教育の充実こそが求められる。

(3) 学校統廃合と義務教育

　文科省は、「公立小学校・中学校の適正規模・適正配置等に関する手引」（2015年1月27日）において、学校統廃合のための新しい基準を示し、1学年1学級以下の小中学校については、統廃合の適否を早急に検討することとした。学校の適正配置については、徒歩や自転車での通学距離を小学校で4km以内、中学校で6km以内、スクールバスを利用しての通学時間1時間以内を目安とした。町村合併などにより、小中学校の統廃合はすでに大幅に進んでいるが、少子化の影響による学校の小規模化から、統廃合を促進するための基準改訂に及んだものである。

　ただし、今回の手引きは、統廃合による地域解体の影響を懸念し、小規模校存置の場合の充実策を示すなど、無理な統合には慎重であるべきというスタンスも示している。また、学校統合によるスクールバス利用が、子どもたちの体力減退を引き起こすことへの対策なども考慮しようとする姿勢が見られる。スクールバスを利用した場合の乗車時間の有効利用や下車後の気持ちの切り替え、運動不足を補うための工夫、などについても言及した。

　しかし、子どもの生活をまもるために、統合方針にはいくつかの点で疑問がある。そもそも基礎となっている学級規模の見直しを検討していない。小規模では切磋琢磨する機会が足りないとしているが、それは都市部の活動を「標準」とする見方によるものではないのか。スクールバスの実際の運用については、紙面からは想像できない地域の事情がある。山間部での1時間のバス利用は相当な距離に及び、豪雨時などの登下校についての教員の判断にもかなりの困難が日常的につきまとう。往復で2時間のバス利用を毎日続けることは、大人でもかなりの生活の負担であり、子どもならなおさらである。地域の存続のためにも小規模校の維持を図り、人間関係における切磋琢磨、協力、交流の点では、時々他校との交流学習を実施することでその必要を補うほうが、毎日多くの子どもが長時間の通学をするより合理的であるとも言える。部活動を学校から切り離すことが可能であるなら、そのためだけに学校の規模を保つ必然性も生じない。

　地域との協働の価値が再認識されるなか、統廃合による義務教育再編は、学習活動のさらなる地域からの切り離しを生み、目に見える経費節減効果とは逆

に、目に見えにくい子どもの発達にとっての阻害要因を積み重ねることになりかねない。

注
(1) 鈴木勲編『逐条学校教育法』（第7次改訂）、学陽書房、2009年、120頁。
(2) 同上、170頁。
(3) 同上、194頁。
(4) 兼子仁編『教育判例百選（第三版）』（別冊ジュリスト118）、有斐閣、1992年、18-20頁。
(5) 1992年の学校不適応対策調査研究協力者会議報告「登校拒否（不登校）問題について」以降、それまで本人の性格傾向の問題を主と捉えて「登校拒否」と呼ばれていた現象は、誰にでも起こり得る問題として「不登校」と呼ばれるようになった。
(6) 内野正幸『教育の権利と自由』有斐閣、1994年、218頁。
(7) 相対的貧困率は、OECDの作成基準に基づいて算出しており、貧困線に満たない世帯員の割合をいう。貧困線とは、等価可処分所得（世帯の可処分所得を世帯人員の平方根で割って調整した所得）の中央値の半分の額をいう。（2014年7月15日公表「国民生活基礎調査の概況」用語の説明による）
(8) 毎日新聞、2015年3月8日「スクールソーシャルワーカー、学校現場で認知度低く 『要請待ち』転換の兆し」。
(9) 文部科学省「小・中学校における学校選択制等の実施状況について」（2012年10月1日現在）など参照。
(10) 八王子市立高尾山学園（2004年4月～）、東京シューレ葛飾中学校（2007年4月～）などがある。特区制度により始められたものが、2005年に全国化された。

■コラム3
幼児教育の義務化と無償化

　教育再生実行会議がその第5次提言（2014年7月）の中で、「幼児教育の無償化を段階的に進めるとともに、将来的な義務教育化も視野に入れ、質の高い幼児教育を保障すること」の必要性を提言して以来、その具体化に向けた議論が注目を集めるようになってきている。

　幼稚園・保育所・認定こども園という三つの制度をそのまま動かしながら、そこで展開される5歳児保育を「義務教育」として公教育制度に組み込もうというのである。2015年4月から本格実施された子ども・子育て支援新制度において、幼稚園・保育所・認定こども園の機能の内、3歳以上の幼稚園部分を「幼児教育」と呼び、それ以外を「保育」と呼ぶことが規定されているが、その「幼児教育」部分だけを無償化・義務教育化の対象にしようというのである。

　もちろん、実際に無償化しようとすればそれ相応の予算的裏付けが必要になるし、義務教育化ということになれば保育実践に対する管理・統制システムの大幅な変更が必要になってくる。公立学校を中心に整備されてきた義務教育制度と、私立・民間園を中心に拡大してきた保育・幼児教育制度とでは、国や自治体の責任の在り方が大きく異なっているのである。

　それにもかかわらずこうした改革案を提示した理由は、「小1プロブレム」といわれる現実が進行する中、幼児教育と小学校教育との接続関係を改善し、学校教育の効果を高める点にあると説明されている。「幼稚園教育要領について、子供の言葉の習得など発達の早期化等を踏まえ、小学校教育との接続を意識した見直しを行う」、つまり、幼小接続の視点から保育実践の在り方を見直していくというのである。問われているのは公教育として展開される保育・幼児教育の質ということだが、そこでイメージされているのはあくまでも就学準備教育として展開される幼児教育の質ということなのである。

　もちろん、幼児教育義務化が話題になったのは今回が初めてではない。最初は戦後改革期に教育刷新委員会の5歳児保育義務化案が出された時。そして2回目が1971年6月の中央教育審議会答申において、幼児教育と小学校低学年教育を一体化した「幼年教育」構想が提示された時である。

　戦後改革期にあっては、幼児教育として義務化することが強調されたが、中教審答申をめぐっては、幼年期の「早熟化に対応する就学の始期」を再検討することと、「早期教育による才能開発の可能性の検討」を柱に、幼小の接続関係構築の課題が議論の対象となった。

　国際的には就学準備教育としての幼児教育か、「かけがえのない子ども期」の子どもらしい学びと生活を保障する幼児教育かが問い直される中、21世紀前半の保育・幼児教育をどのようにデザインしていくかが問われているということなのである。そしてこうした議論を、学校教育の質を根本から問い直す議論に発展させていくことが求められているのである。

■コラム4
戦後初期のPTA構想

近年、教育政策において父母・住民と学校の連携が推進されている。しかし、学校運営のために父母・住民と学校が連携することは、すでに戦後教育改革期に構想されていた。そして、その役割を期待されたのは、PTAだった。

日本におけるPTAは、1946年にCIE（連合国軍最高司令官総司令部民間情報教育局）の働きかけを受けた文部省の呼びかけで、多くの学校に組織されることになった。PTAはそれまでの日本には存在していなかったため、文部省は1947年3月にパンフレット「父母と先生の会」を作成し、全国都道府県知事宛に送付して、PTAについて説明し意義を説いた。

このパンフレットを見ると、PTAがどのように構想されていたかわかる。

まず、PTA運営の中心にあるのは、子どもたちの福祉増進だった。そのため、父母と教師には、子どもたちの教育のために、それぞれ何ができるのかを理解し協力し合うことが求められた。PTAはこの理解と協力を増進するための組織だとされた。

つぎに、PTAには、学校教育と成人教育という二つの側面があるが、前者について言えば、父母はPTAの場で新教育について学びつつ、PTA活動を通じて学校教育への関心を高めることが期待された。また、PTAは学校教育の内容について決定権はなかったが、教育内容に関与することもPTAの権利の一つだと考えられていた。一方、教師にはPTAの場で子どもたちの生活について理解することが、よりよい教育実践のために求められていた。

このように、PTAは、父母と教師が互いを理解するための場であり、子どもたちの教育を共に創りあげていく場として構想されていた。これは、戦前の学校では父母を受け身的な立場に置いていたことへの反省に立って、これからは父母も子どもたちの教育と福祉への責任を自覚しつつ、学校教育に主体的・積極的にかかわっていく必要があるという考えに基づいていた。

ところで、現在PTAはどのような組織になっているだろうか。父母と教師が互いを理解し合う場として組織されているだろうか。子どもたちの教育について共に考える場になっているだろうか。残念ながら、そのようなPTAはあまり多くはない。しかし、戦後初期のPTA構想を振り返ると、PTAには父母・住民と教師を結ぶコミュニケーションの場となることを期待したい。

第4章

教職員の権利と責務

　教師の多忙化が叫ばれ、公務災害すら問題になるなか、教師の勤務条件と権利を確認し、日々の働き方を見直す作業が強く求められている。また、教師の仕事は国際条約によっても裏付けられた専門職であるが、学校は教員だけで成り立つものではなく、様々な職種の人々によっても支えられていることを忘れてはならない。このような教職員の仕事と専門性について探求していくことが本章の目的である。合わせて、養成・採用・研修という視点から、一人の「教師」の誕生と成長のプロセスにも目を向けていく。かつて、宗像誠也は、「よい教師はよい教師であるほど、教育行政の忠実な執行者たらんとする意識などとは縁遠くなり、ますます自己の良心に忠実であろうとし、ヒューマニズムにこそ忠実であろうとするのである。そして、権力の意志と教師の意志とは、一致することもあれば、背反することもあるのである。」(『教育行政学序説』) と述べたが、本章で考察する教師の「教育の自由」こそは、本書が『教育と教育行政』と名づけられている理由を解くキー概念であると言えよう。

1　教師という仕事

（1）教師の勤務条件

　公立の小・中学校の教員は、各市町村の公務員でありながら、給与等は都道府県が負担しており（市町村立学校職員給与負担法1条、ただし、その3分の1は国が負担：義務教育費国庫負担法2条）、県費負担教職員と呼ばれる。その任命権は都道府県教育委員会に属するが（地方教育行政法37条）、服務監督権は市

町村教育委員会にある（同法43条）。このような県費負担教職員の勤務条件は都道府県の条例で定められることになっているが（勤務条件条例主義：同法42条）、地方公務員である教員も憲法28条にいう労働基本権の対象であり、一部の適用除外の条文を除き（地方公務員法58条3項）、労働基準法がほぼ全面的に適用されるという事実が重要である。教師聖職論の考え方は戦後も依然根強いが、学校教師の労働条件や身分保障は、教師の人間としての生活条件であるとともに、子ども達が良い教育をうけるために必要な教育条件でもあることを忘れてはならない。特に教師の給与に関しては、1966年のILO・ユネスコ『教員の地位に関する勧告』（以下『勧告』、訳はすべて『教育小六法』学陽書房による）が、「教員に与えられる地位または尊敬」は「教員の置かれている経済的地位に依存するところが大きい。」（114項）と述べていることに注目したい。わが国の教育基本法9条2項に言う、教員については「待遇の適正が期せられる」という文言もこの意味に解される。

教員の勤務時間に関しては、「公立の義務教育諸学校等の教育職員の給与等に関する特別措置法」（「給特法」、1971年成立）をめぐって、今日、大きな問題が生じている。同法は、公立学校の教員について労働基準法37条を適用除外とする一方で、「教職調整額」（俸給月額の4％相当額）を支給し、時間外勤務を命じ得る場合を「臨時又は緊急のやむを得ない必要があるとき」を条件に、条例で定める限定4項目（生徒の実習、学校行事、職員会議、非常災害）に限るものであった。しかし、同法の制定以後も、上記項目以外の時間外勤務は増え続け、実際には拘束的であるにもかかわらず、教員が"自主的、自発的に行った"とされてしまうケースも多い（「京都市教組超過勤務事件」2011年7月12日最高裁判決参照）。このなかにあって、名古屋地裁（1988年1月29日判決）が、部活動に関わる休日勤務に関し、①教職員の自由意思を極めて強く拘束するような形態でなされ、②そのような勤務が常態化しているような場合は、当該労働に対する対価としての給与請求権は排除されない、と判示したことが注目される。文科省の2006年度教員勤務実態調査によれば、教員の1ヵ月当たり残業時間は平均34時間であり、「給特法」成立前（1966年度調査）の約8時間に比べて大幅に増加している。また、全日本教職員組合が2012年に行った調査（教諭等は5,880名回答）によれば、1ヵ月の平均時間外勤務時間が60時間以上

の割合は全体の57.1％にのぼる。さらに、OECD国際教員指導環境調査（TALIS 2013）によれば、週当たりの教員の労働時間は、各国の平均が38.3時間であるのに対し日本は53.9時間と参加国の中でも際立って長い。今や学校は他職種と比べても長時間勤務が常態化している職場になってしまった。教員の命と健康をまもる方向での「給特法」の早急の見直しが求められる。

（2）専門職としての教師

　上述のように、教員は労働者であるが、それとともに専門職でもある。教育職員免許法にもとづく教育職員免許状の保有が義務付けられていることもそれを裏付ける。また、先の『勧告』もその6項で次のように述べている。

　　「教育の仕事は、専門職とみなされるものとする。教育の仕事は、きびしい不断の研究を通して獲得され、かつ、維持される専門的知識および特別の技能を教員に要求する公共の役務の一形態である。」

　わが国の教育公務員特例法は、このような教師の専門職性を担保するために1948年に制定された重要な法律である。とりわけ、その19条・20条（現行21条・22条）の規定は教師の「研修権」を保障するものとして大きな意味を持っている。現行22条の条文は以下のとおりである。

　　第二十二条　教育公務員には、研修を受ける機会が与えられなければならない。
　　2　教員は、授業に支障のない限り、本属長の承認を受けて、勤務場所を離れて研修を行うことができる。

　上の2項にいう本属長とは校長をさすが、教育法学の通説では、この校長の「承認」は"裁量の余地なき行為"（き束行為）であり、法文の文字どおり、授業への支障の有無のみが判断の基準になるものと解している[1]。研修が権利であるがゆえの解釈と言えよう。

　ところが、行政当局は同法の立法趣旨と異なる扱いをし続け、2002年には研修の権利性を否定する通知が発令された（2002年7月4日付文科省初等中等局長通知「夏季休業期間等における公立学校の教育職員の勤務管理について」）。同通

知は、夏季休業中の研修自体を否定する趣旨ではなかったにもかかわらず、これにより夏季休業中の研修取得は激減し、教員の資質向上の貴重な機会が奪われている。教育公務員特例法の審議過程において、当時の文部省調査局長である辻田力が、「教育公務員がその職責を遂行するためには、当然研究と修養に努めなければならないのでありますが、それは単に教育に従事しておる者の義務としてのみではなく、権利としても研修をなし得るような機会をもたなければなりません。」(1948年12月9日第4回国会衆議院文部委員会)と明確に述べていた事実が想起されなければならない。

なお、教育公務員特例法は、私立学校や国立・公立大学法人附属学校の教員には適用されないが、同法の制定過程においては、その当初、私立学校教員をも含む「教員身分法案」が審議されていた事実から見ても、研修の性格については公立学校の教員と何ら異なるものではない。

2　学校組織と教師

(1) 学校を構成する人々

　学校は様々な職種の人々から成り立っている。学校教育法37条には次のような各職務権限が規定されている。

　「校長は、校務をつかさどり、所属職員を監督する」(4項)、「教頭は、校長を助け、校務を整理し、及び必要に応じ児童の教育をつかさどる」(5項)、「教諭は、児童の教育をつかさどる」(11項)、「養護教諭は、児童の養護をつかさどる」(12項)、「事務職員は、事務に従事する」(14項)。

　校長と教諭では「つかさどる」対象が異なっていることに注意したい。教育法学の通説では、上記11項に基づき、学校教育活動の権限は教諭にあり、校長がつかさどる「校務」にそれは含まれないと解している[2]。この解釈によれば、校長は教育活動については職務命令を発し得ないことになる。近年、東京都などでは、入学式や卒業式の「日の丸・君が代」の対応をめぐって、この職務命令の違法性が問題となっている[3]。

　教頭は「教育をつかさどる」こともできる。学校経営と教育活動の両方の担い手である点に教頭職の特質がある[4]。事実、これまで教頭は授業を行いな

がら子どもたちの様子を把握し、同時に教諭の相談役も務めつつ、実質的に学校経営の要としての役割を果たしてきた。しかし、後述する教員評価の導入によって「評価者」の立場に置かれたことにより、次第に性格を変えつつある。

養護教諭の職務に関しては、学校保健安全法上の健康診断や健康相談だけでなく、最近では、不登校への対応に加え、子どもの貧困や児童虐待に向き合うケースも増え、重要性を増している。同時にその負担も大きくなっており、複数配置が不可欠と言える[5]。

事務職員は、学校事務職としての専門性を持つ人々である。『新制中学校・新制高等学校／望ましい運営の指針』(1949年文部省) においても、事務職員は「事務に関する訓練とその上に教育に関する若干の訓練とを受けた者から選ぶことが大切」と記されている。この点、昨今、採用に関して一般行政職員との「任用一本化」の自治体が増えていることは問題である。事務職員の仕事は、学校徴収金等を通して保護者の私費負担の問題とも関わり、近年の子どもの貧困率の増大とともに、生活保護家庭や就学援助に関する事務の比重も増している[6]。その中で、学校事務の「合理化」も進みつつあるが、過度の合理化は教育条件整備行政の後退であり、教員の多忙化を通して子どもの学習権侵害を招く結果となることが認識されなければならない。

上記のほかにも、学校には、司書教諭（学校図書館法5条1項）あるいは学校司書、栄養教諭（学校教育法37条13項）、学校用務員（学校教育法施行規則65条）等の様々な職種が存在している。学校図書館に関しては、第186国会で学校図書館法が改正され（2015年4月1日施行）、6条1項として「学校には……学校司書を置くよう努めなければならない」との文言が加えられたことに注意したい。学校用務員については、上記施行規則に「学校の環境の整備その他の用務に従事する」ものと記されているが、環境整備に限らない子どもの見守りも含む役割を担っている点を鑑みれば、その職務は学校教育法の中に明記されるべきである。加えて、文科省「いじめの防止等のための基本的な方針」（2013年10月11日）に見られる通り、学校のいじめ防止対策組織のメンバーとしてスクール・カウンセラーの存在もあらためて注目されており、さらに、教育福祉的視点に立って、問題を抱える児童生徒が置かれた環境への働きかけや関係機関との連携・調整のコーディネート等を職務とするスクールソーシャルワー

カー（SSW）の配置事業も進められつつある。

　重要なことは、このような様々な専門職が、相互にその専門性を尊重し連携し合いながら、子どもの成長発達を保障していく組織をつくることである。

（2）教育官僚制の強化とその弊害

　しかし、近年のわが国は、こうした方向性とは反対のベクトルを持った政策が展開されつつあるように見える。学校組織における官僚制（職階制）のいっそうの強化がこれである。2006年の教育基本法の改正を受け、翌年、学校教育法のなかに次のような新たな職務が付け加えられた（同法37条）。

　「副校長は、校長を助け、命を受けて校務をつかさどる」（5項）、「主幹教諭は、校長及び教頭を助け、命を受けて校務の一部を整理し、並びに児童の教育をつかさどる」（9項）、「指導教諭は、児童の教育をつかさどり、並びに教諭その他の職員に対して、教育指導の改善及び充実のために必要な指導及び助言を行う」（10項）。

　「命を受けて」の文言により、全体として上意下達のピラミッド型の命令体系の確立が目指されていることがわかる。問題はその効果であろう。欧米では、このような官僚制の強化は教育に弊害を生み出すものとして捉えられ、その克服のために闘ってきた歴史がある。特に米国では、すでに1960年代から教育官僚制（school bureaucracy）の概念を用いながら、効果が上がらない官僚制組織の「病理」を除去する努力が積み重ねられてきた[7]。確かにOECDのいくつかの国々においては中間管理層の配備も見られるが、それらの国々では、①大規模で複雑な学校を中心にした配備であること、②"リーダーシップの分散"を伴って実施されていること、等がわが国とは決定的に異なっている。たとえば、人的リソースや財政的リソースに関しては校長が強いリーダーシップを持つ一方で、教科書を含むカリキュラムや教育内容に関しては教師のリーダーシップが強く、また重視されている[8]。米国の教育学者エルモア（Elmore, R.G.）によれば、命令への服従体制は教師から子ども・親との相互作用の力を奪い、教師がもつ問題解決能力への信頼をいっそう低下させてしまう[9]。1947年教育基本法は「教育は、不当な支配に服することなく、国民全体に対し直接に責任を負つて行われるべきものである」（10条1項）として、教育における

"直接責任性の法理"を明確にしていたが(10)、これは、教師に対し、官僚制原理ではなく専門職原理で行動すべきことを求めるものであった。学校を取り巻く環境がますます複雑化していることを考えれば、今日求められる学校組織は、職階制を強めて学校の外部から来る目標に過度に縛られるような組織ではなく、メンバーの専門性をより重視した子ども・保護者志向の緩やかな組織のあり方であると言えよう。

3　教師の誕生とその成長

(1) 教員養成

　よく知られる通り、戦後の教員養成は、「開放制」と「大学における教員養成」の二大原則とともに出発した。これは、戦前の小学校教員養成が大学より一段下の階梯に位置付けられる師範学校によって行われるものであったのに対し、戦後においては、一般大学において教職課程を履修することで教員免許の取得ができるようにしたものである(11)。しかし、特に1990年代に入ると、教師には、教科学力以上に「いじめ」や「不登校」「学級崩壊」などの教育問題への対応能力がより強く求められることになり、1998年には、教育職員免許法の改正により「教職に関する科目」の増加がはかられた。この動きは2000年代に入ってさらに加速し、2006年7月11日付中央教育審議会答申（「今後の教員養成・免許制度の在り方について」）では、「教職実践演習」や「教職大学院」の創設などが新たに提案されるところとなった。こうした動きは、現実に生起している教育上の諸問題に実践的に対応できる力を学生たちにつけさせるという点では意味があるが、戦後の開放制は、基本的に教科教育を中心とした教員養成を前提として成り立つものであったことを考えれば、教員養成を再び閉鎖的な戦前体系へと戻してしまう恐れがないとはいえない。

　同時にまた、2000年以降、各地で始まった教育委員会主導の教員養成（教師塾等）についても「大学における教員養成」の観点からの再吟味が必要である。困難さを増す教育状況の下、即戦力に期待する学校現場や採用側の意図は理解できるが、養成においてはスキル以上に将来の教師生活の基盤の形成こそがめざされなければならない。このことは、大学にも、原点に立ち返った本質

的な議論と実効的なカリキュラムづくりを求める意味をもつ。

（2）採用
　教員免許制度は、「教員の資格を法的に規定することによって、教員の資格を一定水準に保持しようとする制度」であり[12]、教員免許を取得していれば教員としての適格性はあると言ってよい。しかし、教師は、資格があっても医師や弁護士とは異なり、採用されなければ教壇に立つことができない。それゆえ、採用のあり方もまた、教員の質に直結することになる。
　採用は、公立学校の場合は都道府県ないし政令指定都市の教育委員会が行い、私立学校の場合は各学校が行うが、前者においては、一般公務員のような競争試験ではなく、教育長による「選考」によるものであることに注意を要する（教育公務員特例法11条）。これは、教職の持つ専門性ゆえの方法であると言えるが、一方で、選考の基準がいま一つ明確でないという問題も指摘される。

（3）研修
　教員の優れた資質は上記のプロセスのみによって確保されるわけではなく、教員になってからの研修がきわめて重要であることは言うまでもない。教育公務員特例法21条が「教育公務員は、その職責を遂行するために、絶えず研究と修養に努めなければならない」と定めるのもその理由による。すでに述べたように、教員の研修は本来自主研修が基本であるが、その性格を大きく変化させたものに、1988年の法改正により始まった1年間の初任者研修があげられる（教育公務員特例法23条）。教育実習以外に教壇に立つ機会がない初任者にとって一定の研修は必要であろうが、現行制度に果たして問題はないであろうか。以下、三点その課題をあげておきたい。
　一つ目は、初任者は、特に小学校では学級担任となることも多く、研修によって多忙化に拍車がかかることである。研修を実施するならば、まず初任者にゆとりのある労働条件・教育条件が与えられてしかるべきであろう[13]。
　二つ目は、初任者の身分保障の問題である。教育基本法9条2項には、「教員については、その使命と職責の重要性にかんがみ、その身分は尊重され」とあるが、条件附採用であることを理由に初任者が分限免職となり、裁判で争わ

れるケースも起きている(14)。
　三点目は、初任者は、指導教員だけでなく、幅広い同僚との交流の中でこそ成長していくという原点の確認である。失敗もまた成長の糧となる。それをフォローする同僚性が職場に存在していることこそが重要であろう。
　教員免許更新制度についても一言しておきたい。2007年6月に教育職員免許法が改正され、普通免許状は、「その授与の日の翌日から起算して10年を経過する日の属する年度の末日まで……効力を有する」ものとなり（9条1項）、「免許状更新講習の課程を修了した者」に限って更新が可能であるものとされた（9条の2第3項）。この制度は、もともと「不適格教員」の排除の視点から提案されたものである。2002年2月の中教審答申（「今後の教員免許制度の在り方について」）では「導入することは、なお慎重にならざるを得ない」と結論づけられながら、2006年7月の中教審答申（「今後の教員養成・免許制度の在り方について」）においては「教員として必要な資質能力を担保する制度」であるとして導入が肯定されることになった。ほぼ同じ中味の提案が短期間のうちに理由だけ変えて認められるということであれば、中教審自体の資質能力が疑われよう。この制度の導入によって、多大な努力と資力を費やして取得する教員免許状も10年限定のものになってしまった。これで果たして教職が魅力ある仕事として学生たちに映るであろうか。わが国全体の資格制度や公務員制度とのバランスから見ても、本制度の速やかな廃止ないし抜本的見直しが必要である。

4　「教育の自由」と教育政策

（1）教師の「教育の自由」の法的根拠

　親の教育権は自然権ないし憲法上の権利と考えられているが(15)、教師の教育権は法的にどのように捉えられるのか。教育法学においては、教師の教育権は、子どもの教育を受ける権利保障（憲法26条）の一環を成すという意味で教育人権性を有しているとの見方が有力であるが、憲法学の立場からは、教師は学校教育制度という一定の制度の枠組みにあるかぎりで権限を有し義務を持つにすぎないがゆえに、権利というよりは実定法上の権限であるという見解も示

されている(16)。とは言え、後者の論者も、教師が憲法上の市民的自由を有していることを否定するものではなく、事実、憲法23条の「学問の自由」を根拠として教師の「教育の自由」を論ずる学説は多い(17)。旭川学力テスト事件最高裁大法廷判決（1976年5月21日）も、憲法23条の「学問の自由」には「教授の自由」が含まれ、初等中等教育機関の教師にもそれが認められることを判示している。また、先述のILO・ユネスコ『勧告』が、その61項で、「教職にある者は、専門的職務の遂行にあたって学問の自由を享受するものとする。教員は、生徒に最も適した教具および方法を判断する資格を特に有しているので、承認された計画の枠内で、かつ、教育当局の援助を受けて、教材の選択および使用、教科書の選択ならびに教育方法の適用にあたって、不可欠の役割を与えられるものとする。」と述べていることも重要である。

　このような教師の「教育の自由」は、しかし、教師の独善を意味するものではない(18)。先に述べた親の教育権は、教育条理上、学校教師に対する教育要求権を含むものと解されている。教師には、それに対する応答義務が存在する。上記『勧告』も、その68項（1）で、「学校または教員に対して苦情を有する父母は、最初に、校長および当該教員との話し合いの機会を与えられるものとする。」と記し、父母の苦情申立権を保障している。教師への苦情は「親の願い」でもある。これに適切に対応しつつ、自らの専門性を鍛え上げていくことは、教師の「教育の自由」の前提条件であると言えよう。

（2）教育政策と教職員団体

　日本は、現場の教師が教育政策の決定プロセスからほとんど排除されている特異な国である。教育改革の効果は当事者である教師自身がその立案・計画にかかわってこそ得られるものであろう。先のILO・ユネスコ『勧告』も、その10項（k）で、「教育政策およびその明確な目標を定めるため、当局、教員団体、使用者団体、労働者団体、父母の団体、文化団体および学術研究機関の間で緊密な協力が行われるものとする。」と定めている。ここで言う教員の団体は、わが国の場合、公立学校では地方公務員法上の「職員団体」として扱われているものであるが（地方公務員法52条）、教職員団体にあっては、その専門性の高さゆえに、勤務条件の維持改善のみならず、教育政策を積極的に提言してい

く使命も持っていると考えられる(19)。上記『勧告』でも、「教員団体は、教育の進歩に大いに寄与することができ、したがって、教育政策の決定に関与させられるべき勢力として認められるものとする。」(9項)と明確に規定している。

(3) 教員評価と教師
　上述との関連で言えば、近年、わが国の自治体に導入された教員評価制度(人事考課制度)は、その導入手続面から言っても大きな問題がある。ILO・ユネスコ共同専門家委員会(CEART)は、2003年『報告書』の中で、同制度は「教員団体との十分な協議の過程を欠いて」(31項)いるがゆえに、1966年『勧告』に抵触すると結論づけている。CEARTとはILO・ユネスコ『勧告』の適用を促進、監視する権限を委任された国際機関の名称(略称)であり、2003年『報告書』とは、2002年に全日本教職員組合(全教)が同委員会に対して行った申立てに対する第8回会議の報告を言う。
　とりわけ、近時の制度は、政府の公務員制度改革や民間企業の成果主義の考え方に強く影響を受けたものであることに注意が必要である。もとより、成果を外部から捉えることが難しい「反省的実践家」でもある教師を評価する作業には慎重さが求められる。ILO・ユネスコ『勧告』も、「教員の仕事についてなんらかの直接的評価が必要とされる場合には、その評価は客観的なものとし、かつ、当該教員に知らされるものとする。」(64項)と定めるが、わが国の現状は果たしてこの条件を満たしているであろうか。CEARTの第4次勧告(2008年)は、日本の評価システムには「多くの課題がまだ対処されないまま残っている」と述べ、「規模の大きな学校やより複雑な学習環境(特に特殊教育)において、校長や教頭が評価を行うのは困難である」と断じつつ、評価が相対的であることを問題にしている(21項)。
　加えて、この制度は効果の点でも疑わしい。同制度を2000年4月から一般教員に導入した東京都の公立学校に対するアンケート調査によれば、「人事考課制度によって、教員のもっとがんばろうという意欲が高まっているか」という質問への教員の肯定的な回答は8.9%にすぎず、否定的な答えが74.8%に達している。また、「人事考課制度は、教員の専門的な力量の向上(職能成長)に役立っているか」との質問に対しても、肯定的な答えをした教員は9.4%に

とどまり、否定的な回答が73.5％にのぼった[20]。

『ユネスコ第45回国際教育会議宣言：勧告2』(1996年10月5日)においては、教師の教育活動は「集団的専門性」の強い活動として捉えられており、実際にも教師はチームとして動く場面が多い。そのような活動の評価を個別的に行うことは難しく、ましてや、それを個々の教師の給与決定の基準とすることは適切ではない。あくまでも、自己評価と忌憚のない同僚評価こそが教師の真の職能成長につながる道であることを忘れてはならない。

注
(1) 兼子仁『教育法〔新版〕』有斐閣、1978年、324頁。これに対し、久保富三夫は、この解釈は今日の教育現場の実態にそぐわないとして、「授業その他の教育活動および校務に明白な支障がない限り」と解すべきことを主張しつつ、一方で、定期考査時の研修取得を否定した最高裁第三小法廷判決（1995年4月1日）に関し、それが「校務への漠然たる支障の可能性」を不承認の理由として認めていることを批判する（久保富三夫「逼塞する教員研修と制度改革の展望」全国教育法研究会編『全国教法研会報第81号』2011年、5-6頁）。
(2) 兼子、前掲書、460-461頁。
(3) 2012年1月16日最高裁第一小法廷判決は、「起立斉唱行為を命ずる旨の職務命令は憲法19条に違反するものでない」と判示しつつも、命令に従わない教職員の懲戒処分に関しては、「戒告を超えてより重い減給以上の処分を選択することについては……裁量権の範囲を超えるものとして違法の評価を免れない」と解している。一方、2006年9月21日東京地裁判決は、「教職員は……国旗に向かって起立し、国歌を斉唱するまでの義務、ピアノ伴奏をするまでの義務はなく、むしろ思想、良心の自由に基づき、これらの行為を拒否する自由を有している」と述べ、「懲戒処分をしてまで起立させ、斉唱等させることは、いわば，少数者の思想良心の自由を侵害し、行き過ぎた措置である」と断じている。
(4) 笠井尚（編）『教頭のフットワーク・ネットワーク』教育開発研究所、2013年、12-15頁参照。
(5) 子どもの貧困白書編集委員会編『子どもの貧困白書』明石書店、2009年、84-86頁参照。
(6) 任用問題に関しては、竹山トシエ「学校事務職員だからこそできること」藤本典裕・全国学校事務職員制度研究会編『学校から見える子どもの貧困』大月書店、2009年、221-222頁参照。子どもの貧困問題に関しては、荒井正則「学校

事務室から見える貧困・格差と子どもの育ち」同上書、59-80 頁参照。
(7) 松原信継『アメリカにおける教育官僚制の発展と克服に関する研究―歴史的・制度的視点から―』風間書房、2012 年、2-3 頁参照。
(8) OECD 編著・有本昌弘監訳『スクールリーダーシップ―教職改革のための政策と実践―』明石書店、2009 年、112-124 頁。
(9) Richard F. Elmore, "Backward Mapping: Implementation Research and Policy Decisions," *Political Science Quarterly*, Vol. 94, 1979, pp.608-610.
(10) 坪井由実「教育基本法 10 条と教育委員会制度改革―直接責任性の法理と教育統治機構論―」日本教育学会『教育学研究』(第 65 巻第 4 号)、57-60 頁参照。
(11) 藤枝静正・木内剛・岩田康之「教師への道を選ぶ」日本教師教育学会編『教師をめざす―教員養成・採用の道筋をさぐる―』〔講座 教師教育学第Ⅱ巻〕学文社、2002 年、24-32 頁。船寄俊雄「師範教育と戦後教師教育」日本教師教育学会編『教師とは―教師の役割と専門性を深める―』〔講座 教師教育学第Ⅰ巻〕学文社、2002 年、145 頁。
(12) 北神正行「教員免許はなぜあるのか」同上書、210 頁。
(13) とりわけ、初任者の担任にとって保護者対応のプレッシャーは大きい。2006 年、東京都新宿区と西東京市で相次いで新任の女性教員の命が失われたが、これは、超過勤務時間がひと月に 100 時間を超えるという劣悪な労働状況もさることながら、両件とも保護者とのトラブルが大きな要因になって引き起こされたものであった(久冨善之・佐藤博『新採教師はなぜ追いつめられたのか―苦悩と挫折から希望と再生を求めて―』高文研、2010 年、12-51 頁)。
(14) 2009 年 6 月 4 日大阪高裁判決では、京都市によって行われた分限免職処分の取り消しが認められた。同判決においては、教育委員会による分限免職処分が裁量の範囲内にあると言えるためには、教員としての適格性を欠くという判断が「客観的で合理的なものであること」、さらに、「適切な指導・支援体制の存在と本人が改善に向けて努力する機会を付与されたこと」等の要件が必要であるとし、一般公務員に比べてより厳格な分限免職の審査基準を示している。
(15) 奥平康弘「教育を受ける権利」芦部信喜編『憲法Ⅲ　人権 (2)』有斐閣、1985 年、393-400 頁。石田文三「親権とは何か」日本子ども虐待防止学会編『子どもの虐待とネグレクト』第 12 巻第 2 号、2010 年 8 月、248-249 頁。実定法上では、民法 820 条に「親権を行う者は、子の利益のために子の監護及び教育をする権利を有し、義務を負う」とある。
(16) 奥平康弘、前掲書、416-420 頁。
(17) 芦部信喜『憲法学Ⅲ人権各論 (1)』有斐閣、2008 年、216-218 頁。憲法 23 条以外にも、憲法 26 条、13 条、21 条等を根拠として教師の「教育の自由」を憲法上の人権として捉える諸説が存在する(広沢明「『教育の自由』論」日本教育法学会編『講座現代教育法Ⅰ―教育法の展開と 21 世紀の展望―』三省堂、

2001 年、133-135 頁参照)。
(18) 近年の憲法論の中には、教室内の子ども達を「囚われの聴衆」と捉える考え方もある（佐藤幸治『日本国憲法論』成文堂、2013 年、221-222 頁、370-371 頁参照）。しかし、「政府言論」が強要されつつある現状においては、逆に、教師の「教育の自由」の保障こそが「囚われの聴衆」から子ども達を解放し得るという議論も成り立ち得よう。
(19) 教職員団体に所属する「教員の一人ひとりは、じかに毎日問題にぶつかっており、それが児童生徒、ひいては国民生活の問題にほかならないことを痛切に知っている」からこそ、行政当局とは異なる視点からの政策提言が可能となるのである（宗像誠也「教育研究法」『宗像誠也教育学著作集第 1 巻』青木書店、1974 年、47-49 頁参照)。
(20) 浦野東洋一教授が 2001 年 12 月から 2002 年 1 月に実施した「『開かれた学校』づくり等についてのアンケート調査」（回答数：2118)。勝野正章『教員評価の理念と政策―日本とイギリス―』エイデル研究所、2004 年、26-30 頁参照。

■コラム5
中学校の部活動と教員の職務

　ほとんどの中学校では部活動が行われ、約65％の生徒が運動部活動に参加している。部活動は「生徒の自主的、自発的な参加」により行われるもので、「学校教育の一環として、教育課程との関連が図られるよう留意すること」(『中学校学習指導要領』)とされている。
　部活動に関しては指導者による「体罰」がしばしば問題とされるが、同時に、教員が顧問を務めることからくる超過勤務が昔から問題として指摘されている。部活動の顧問は、建前上は「教員の自主的、自発的活動」とされているが、実際は事実上の校務分掌の一環として校長の包括的職務命令のもとで行われている。平日の勤務時間終了後の部活動指導は無給で、休日の指導に関しても僅かな手当が支給されるのみである。
　2013年に中学生転落死事件が起きた名古屋市立A中学校の2014年度の全教職員（35名）の時間外在校時間の総合計は3万6,742時間であり、一人当たり月84.5時間が事実上の残業である（全教名古屋の調査による）。これは過労死ラインを超える数値である。その原因の多くは平日および休日の部活動指導である。
　「公立の義務教育諸学校等の教育職員を正規の勤務時間を超えて勤務させる場合等の基準を定める政令」は、教員には「原則として時間外勤務を命じない」ものとし、「時間外勤務を命ずる場合」として4項目を規定しているが、部活動指導は含まれていない。「政令」によれば部活動指導のための時間外勤務命令はできないことになっている。それゆえ教育委員会等は、部活動の顧問は教員の「ボランティア活動」という虚構の論理を組み立てて矛盾を教員に押し付けている。
　学習指導要領は、部活動は「学校教育の一環」という。それであるならば、部活動の指導にも専門性が担保されなければならない。しかし中学校の教員の専門性は教育学と各担当教科に基づくものである。その活動の「素人」を顧問に任命することは教育機関として無責任である。
　部活動は文化的、体育的活動を全ての中学生に保障しようとするもので教育的な価値が認められるものである。しかし、現在の中学校教育の一環として実施するのであれば大幅な見直しが求められる。
　第一は、勤務時間外の教員による部活動指導の規制である。教員の本務は教科および生徒指導等を通じた生徒への指導である。本務に支障を来す部活動の指導は規制されるべきである。
　第二に、専門家による部活動指導の原則の確立である。これには教育行政による指導者の配置の推進が求められる。
　これらが実現する経過措置として教員に部活動指導を求めるのであれば、法律を改正して超過勤務手当を支給することが必要である。
　また現行の部活動の在り方が教育的であるかどうか、その過熱化の実態も同時に検討されるべきである。
（あいち県民教育研究所教育への権利部会「小中学校の部活動の見直しを求める提言」2015年5月31日参照）

第 5 章

公教育の無償制と教育財政

　現代日本の教育財政構造は、OECD（経済開発協力機構）諸国と比較した場合、極めて特異な様相を呈している。それは、端的に言えば、国内総生産（GDP）に対する学校教育費の比率が全般的に低位で、かつ公財政支出も低位にある一方、私費負担は高位にある点である。これは、公財政支出の不足を私費負担によって補っていることを意味する。このような教育財政構造は、国際人権規約や子どもの権利条約に示されている教育財政規範には明らかに反するものである。本章では、このような現代日本の教育財政を、公教育の無償制原則という観点から検討する。

1　公教育費の負担原則と無償制

（1）公教育における公費と私費

　第二次大戦後の教育財政改革においては、公教育の無償制が理想とされた。それ故、学校教育法6条では「学校においては、授業料を徴収することができる。ただし、国立又は公立の小学校及び中学校における義務教育については、これを徴収することができない」と規定したのである。この場合、前段は単に後段を導き出すための形式的規定ではない。この点は、戦前の専門学校令11条の「公立専門学校ニ於テハ授業料ヲ徴収スヘシ（以下、略）」という規定と比較すれば明瞭であって、日本の経済力が充実すれば無償制を義務教育段階以外にも漸次拡大することを予定していたと解することができる[1]。

　今、この観点から今日における日本の公教育における公費・私費の負担構造

を見てみよう。2009年度における日本の国内総生産（GDP）に対する学校教育費の比率は5.2%（OECD平均6.3%）であるが、その内訳を公私負担別に見ると、GDPに対する公財政支出学校教育費の比率は3.6%（OECD平均5.4%）と最低レベルにあり（図5-1）、他方私費負担の割合は1.7%（OECD平均0.9%）と高位にある（図5-2）。

日本の教育費を考える場合、公教育以外に支出される教育費についても見ておく必要がある。「子どもの学習費調査」によれば、小中学校では、私費負担の学校教育費以上に学校外活動費支出（学習塾・お稽古事など）が多い（表5-1）。今日では、このような学校外活動費が学校教育それ自体の水準を維持する上で不可欠になっているものと言える。換言すれば、公教育費にこうした学校外活動費の私費負担分を上乗せすることで、初めてOECD諸国並みの教育費水準になるということであり、公教育・私教育にわたる私費負担（家計負担）の重さが見えてくる。

（2）公教育の機会均等原則と無償性原則

日本国憲法26条は、1項で国民の「教育を受ける権利」を、2項で義務教育の無償を規定している。これを受けて、教育基本法4条で教育の機会均等と国及び地方公共団体の奨学義務が規定され、5条で国公立の義務教育諸学校における授業料の不徴収が規定されている。

①教育の機会均等と選別主義

公教育における機会均等の核心問題は、経済的地位による差別の禁止である。この場合、一つの問題になるのが、教育基本法4条1項の「能力に応じた教育を受ける機会」の解釈である。従来、「能力に応じた」との文言に能力の優劣による機会の差を認める解釈と、これを「発達の必要に応じた」と解釈する立場とが対立してきた。そこで問題になるのが教育基本法4条3項の「能力があるにもかかわらず、経済的理由によって修学が困難な者に対して、奨学の措置を講じなければならない」という規定の意味である。ここで「能力があるにもかかわらず」の規定を日本学生支援機構の奨学金制度に則して見れば、「経済的理由」に加えて成績優秀などが奨学金貸与の制約条件になっている。換言す

図5-1　国内総生産に対する公財政支出学校教育費の比率

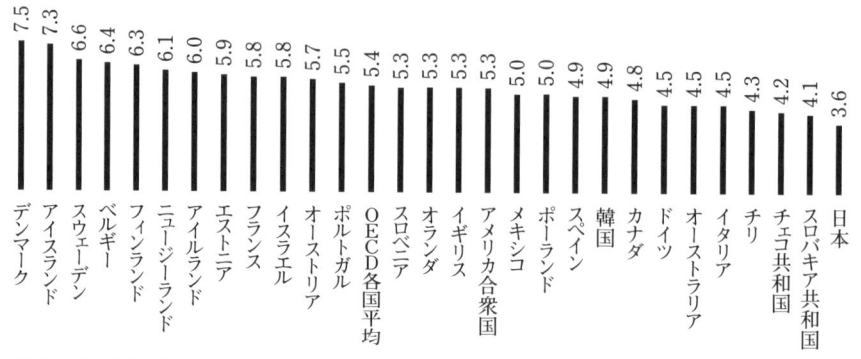

国	比率
デンマーク	7.5
アイスランド	7.3
スウェーデン	6.6
ベルギー	6.4
フィンランド	6.3
ニュージーランド	6.1
アイルランド	6.0
エストニア	5.9
フランス	5.8
イスラエル	5.8
オーストリア	5.7
ポルトガル	5.5
OECD各国平均	5.4
スロベニア	5.3
オランダ	5.3
イギリス	5.3
アメリカ合衆国	5.3
メキシコ	5.0
ポーランド	5.0
スペイン	4.9
韓国	4.9
カナダ	4.8
ドイツ	4.5
オーストラリア	4.5
イタリア	4.5
チリ	4.3
チェコ共和国	4.2
スロバキア共和国	4.1
日本	3.6

出所：文部科学省『教育指標の国際比較　平成25年度』40頁の表を元に作成。
　　　数値は2009年度のもの。

図5-2　国内総生産に対する私費負担学校教育費の比率

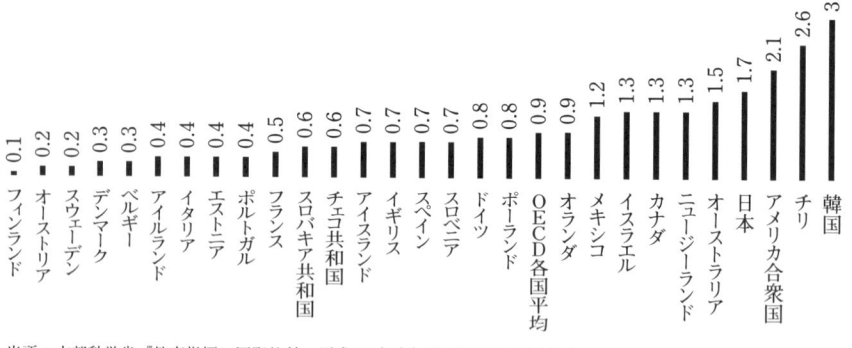

国	比率
フィンランド	0.1
オーストリア	0.2
スウェーデン	0.2
デンマーク	0.3
ベルギー	0.3
アイルランド	0.4
イタリア	0.4
エストニア	0.4
ポルトガル	0.4
フランス	0.5
スロバキア共和国	0.6
チェコ共和国	0.6
アイスランド	0.7
イギリス	0.7
スペイン	0.7
スロベニア	0.7
ドイツ	0.8
ポーランド	0.8
OECD各国平均	0.9
オランダ	0.9
メキシコ	1.2
イスラエル	1.3
カナダ	1.3
ニュージーランド	1.3
オーストラリア	1.5
日本	1.7
アメリカ合衆国	2.1
チリ	2.6
韓国	3.1

出所：文部科学省『教育指標の国際比較　平成25年度』40頁の表を元に作成。
　　　数値は2009年度のもの。

れば、奨学金制度は二重の意味で選別主義に立っているのである。

　ここで、日本の奨学金制度について一言すれば、諸外国では給付制の奨学金制度を持っているところも少なくない。ところが、日本の場合、大学などの高等教育の授業料などの修学費が高いのに加えて、日本学生支援機構の奨学金が貸与制のため、事実上経済的な理由により高等教育進学を諦めざるをえない青年が多数にのぼっていると推測されている。

　以上の問題点を考えると、奨学金制度は選別主義から普遍主義に転換を図る

表5－1　学校（公立）種別学習費

区　分	幼稚園	小学校	中学校	高等学校 （全日制）	高等学校 （私立）
学校教育費 （構成比）	131,624 57.2%	55,197 18.0%	131,534 29.2%	230,837 59.7%	722,212 74.7%
学校給食費 （構成比）	17,920 7.8%	42,035 13.7%	36,114 8.0%	―	―
学校外活動費 （構成比）	80,556 35.0%	208,575 68.2%	282,692 62.8%	155,602 40.3%	244,604 25.3%
学習費総額	230,100	305,807	450,340	386,439	966,816

出所：文部科学省『平成24年度　子供の学習費調査報告書』（2014年）8頁より作成。

ことと、貸与制に替わり給付制にしていくことが求められていると言えよう[2]。

②公教育の無償制

　教育の機会均等を実質的なものにしていくためには、公教育の無償制を拡大していくことが肝要である。現行制度のもとでは、公教育のうち、無償制が法的に確保されているのは義務教育（小学校、中学校、義務教育学校、中等教育学校の前期課程、特別支援学校の小学部・中学部）のみである。

　この点、国際人権規約（社会権規約、1966年12月16日の第21回国際連合総会採択、1976年発効）の13条では次のように無償制の拡大を謳っている。

　第13条　1　この規約の締約国は、教育についてのすべての者の権利を認める。締約国は、教育が人格の完成及び人格の尊厳についての意識の十分な発達を指向し並びに人権及び基本的自由の尊重を強化すべきことに同意する。更に、締約国は、教育が、すべての者に対し、自由な社会に効果的に参加すること、諸国民の間及び人種的、種族的又は宗教的集団の間の理解、寛容及び友好を促進すること並びに平和の維持のための国際連合の活動を助長することを可能にすべきことに同意する。

　　2　この規約の締約国は、1の権利の完全な実現を達成するため、次のことを認める。

(a) 初等教育は、義務的なものとし、すべての者に対して無償のものとすること。

　(b) 種々の形態の中等教育（技術的及び職業的中等教育を含む。）は、すべての適当な方法により、特に、無償教育の漸進的な導入により、一般的に利用可能であり、かつ、すべての者に対して機会が与えられるものとすること。

　(c) 高等教育は、すべての適当な方法により、特に、無償教育の漸進的な導入により、能力に応じ、すべての者に対して均等に機会が与えられるものとすること。

　(d) 基礎教育は、初等教育を受けなかった者又はその全課程を修了しなかった者のため、できる限り奨励され又は強化されること。

　(e) すべての段階にわたる学校制度の発展を積極的に追求し、適当な奨学金制度を設立し及び教育職員の物質的条件を不断に改善すること。

　　以下、略　　　　　　　　　　　　　　　　　　（外務省訳）

　この規約について、日本政府は批准書を寄託した際に、同規約13条2（b）及び（c）の規定の適用に当たり、これらの規定に言う「特に、無償教育の漸進的な導入により」に拘束されない権利を留保していた。しかし、2012年9月11日に至ってようやく留保を撤回した[3]。

　また、子どもの権利条約の28条1項にも同様の規定がある。

　第28条　1. 締約国は、教育についての児童の権利を認めるものとし、この権利を漸進的にかつ機会の平等を基礎として達成するため、特に、

a. 初等教育を義務的なものとし、すべての者に対して無償のものとする。

b. 種々の形態の中等教育（一般教育及び職業教育を含む。）の発展を奨励し、すべての児童に対し、これらの中等教育が利用可能であり、かつ、これらを利用する機会が与えられるものとし、たとえば、無償教育の導入、必要な場合における財政的援助の提供のような適当な措置をとる。

c. すべての適当な方法により、能力に応じ、すべての者に対して高等教育を利用する機会が与えられるものとする。

d. すべての児童に対し、教育及び職業に関する情報及び指導が利用可能であり、かつ、これらを利用する機会が与えられるものとする。
e. 定期的な登校及び中途退学率の減少を奨励するための措置をとる。

(日本ユニセフ協会訳)

なお、高等教育については「無償教育の導入」の文言がないが、「すべての適当な方法」の中にはそれが入るものと解釈されている。このように、国際条約で確認された国際標準では、義務教育のみならず全ての段階の公教育において無償制を導入することを締約国の政府の責務としているのである。

ところで、公立高等学校については、高等学校等就学支援金の支給に関する法律（2010 年法律第 18 号。旧名称：公立高等学校に係る授業料の不徴収及び高等学校等就学支援金の支給に関する法律）により公立高校の授業料が不徴収となり、私立高等学校についても支援が拡充された。しかし、2014 年度から公立学校授業料不徴収に所得制限が加えられるようになった。これは、公教育の無償制の拡充という理念からすれば、後退であったというほかない。

③義務教育無償の範囲

公教育の無償制に関わって、どこまでを無償の範囲とするかという問題がある。わが国に即して言えば、憲法 26 条 2 項に定められている義務教育の無償の範囲に関する学説には、学習費一切無償説、無償範囲法定説、授業料無償説がある。

学習費一切無償説とは、およそ義務教育の学習に要する経費、すなわち授業料はもちろん教科書・教材費、修学旅行費、遠足・社会見学費、通学費など全ての経費を無償とするのが憲法的要請であるとするものである。この説は、義務教育無償の常識的理解に近い点に特徴がある。

無償範囲法定説とは、憲法の規定は一義的に無償の範囲を定めておらず、具体的には法律に委ねられているとするもので、具体的には教育基本法 5 条（授業料の不徴収）と義務教育諸学校の教科用図書の無償に関する法律が該当する。この説は、今日の憲法状態にはよく合致しているが、法律が制定されなければ憲法の規定が空文化しかねないという批判がある。

授業料無償説とは、憲法上で国民に保障されているのは授業料に限られるというもので、最高裁判例はこの説を採用している[4]。なお、この問題と関わって、憲法26条は請求権であるか否かという論点がある。戦後初期の文部省『あたらしい憲法のはなし』(1947年)では、これを請求権として解説していたが、今日の行政解釈では政策的努力義務規定（プログラム規定）とされている。

2 教育財政の基本法制

(1) 教育費と教育財政

今日の教育活動は、それが社会的に行われる場合には、通常教育サービスの供給と消費という形態をとる。それ故、社会的な教育活動は教育費によって媒介されることになる。

この場合、社会的な教育活動であっても、「公の支配」（日本国憲法89条）に属するものとそれ以外のものとに分けて考えることが、教育財政を論じる上では肝要である。前者には文部科学省が所管する学校教育法上の学校教育及び社会教育法上の社会教育が含まれ、後者には家庭教育のほか学習塾やカルチャーセンターなどの教育サービス産業における教育、及び企業内教育などが含まれる。これらの教育活動は、ともに教育費によって媒介される点では変わりはないが、国又は地方公共団体が関わる財政の対象になるのは「公の支配」に属する教育事業である。公の支配に属する教育とは、換言すれば公共性を有する教育、すなわち公教育であり、それ以外の教育は私教育である。したがって、教育財政とは、公教育に要する経費を対象とする国又は地方公共団体の財政活動を意味するものと言うことができよう。

なお、公教育の発達は近・現代教育における基本的特徴の一つであり、その公教育組織を制度的に整備する働き（役務＝事務）が教育行政である。旧教育基本法10条が、教育行政の基本的任務を教育の目的（人格の完成）を実現するために必要な諸条件の整備に求めていたのも、そのゆえといえよう。この場合、教育条件の基本的性格はいわゆる「教育の外的事項」であると考えられ、公教育に要する人的・物的条件を整備することが中心課題となる。したがって、教育行政は、教育財政の裏付けを必須としている。その意味では、教育財政の

充実こそが教育行政の本来的任務とさえ言い得る。

（2）設置者管理主義と設置者負担主義

　学校教育法5条では、学校の管理はその学校の設置者が行い、学校経費については法令に特別の定のある場合を除き、設置者が負担すべき旨の原則が定められている。通例、前者は「設置者管理主義」、後者は「設置者負担主義」の原則と称される。

　これらの原則は、一般社会の常識に照らしてみた場合、当然の事柄であるようにも思われる。しかし、同法の成立過程を振り返ってみると重要な歴史的意義が込められていることがわかる。

　戦前においては、学校の管理権限は国家が占有し、学校の経費負担責任のみが学校の設置主体に課せられていた。つまり、戦前における学校教育は国家の事業とされていたのであり、学校経費の地方負担原則は、いわば国家の経費負担責任を地方に転嫁するものであったと言い得る。これに対して、第二次大戦後の教育改革においては、教育の分権化（教育の地方自治）が目指され、教育は基本的に地方の事務とされた。設置者管理主義は、このことの確認であったと言える[5]。そして、設置者負担主義はこの学校管理原則を財政的に担保する意義が与えられたものと解される。

（3）設置者負担主義の例外と義務教育費国庫負担制度

　このような財政原則は、学校のみに限られていた訳ではない。日本国憲法の第8章で示された地方自治の本旨はあらゆる分野で実現が図られたと言ってよく、これを踏まえた地方自治のあり方は地方自治法（1947年）で、地方財政のあり方は地方財政法（1948年）で示された。

　この場合、留意されるべきことは、設置者負担主義には例外規定が付されていることである[6]。ここには、資本主義的経済発展に伴う地方間の財政力不均衡の拡大を是正するという現代的課題が反映されていたものと言うことができる。学校教育法の成立時点で言えば、当時存在した設置者負担主義の例外は、公立義務教育学校の教職員給与の都道府県負担（＝支弁）とその給与の半額国庫負担であった。前者は、県費負担教職員制度と称され、その法的根拠は市町

村立学校職員給与負担法（1948年、それ以前は勅令）で与えられている。後者は義務教育費国庫負担制度と称され、その法的根拠は義務教育費国庫負担法（1940年）で与えられていた。ただし、義務教育費国庫負担制度は、戦後の一時期廃止され、現行制度は1952年に復活した負担法によって基礎づけられている。

（4）教育補助金と地方交付税交付金

設置者負担主義の立て前からすれば、その例外が多いのは好ましいことではない。なぜなら、教育補助金等の財政的措置は設置者管理主義の形骸化につながる可能性があるからである。しかしながら、戦後教育改革の見直しが進んだいわゆる「55年体制」下においては、各種の教育補助金が創設された。

一般に補助金と言う場合、地方財政法上では負担金と補助金に区別されている。負担金とは、国と地方公共団体相互の利害に関係がある事務のうち、国が進んで経費を負担する必要があるとされるもので、教育費に関わっては以下のようなものが挙げられている（地方財政法10条及び10条の3）。

- ◎義務教育職員の給与（退職手当、退職年金及び退職一時金並びに旅費を除く。）に要する経費
- ◎義務教育諸学校の建物の建築に要する経費
- ◎職業能力開発校及び障害者職業能力開発校の施設及び設備に要する経費
- ◎特別支援学校への就学奨励に要する経費
- ◎高等学校等就学支援金の支給に要する経費
- ◎学校の災害復旧に要する経費

この負担金に関しては、義務教育費国庫負担法（1952年）、公立養護学校整備特別措置法（1956年、後に義務教育費国庫負担法に統合）、義務教育諸学校等の施設費の国庫負担等に関する法律（1958年。旧名称：義務教育諸学校施設費国庫負担法）などの諸法律が制定されている。

これに対して補助金とは、国がその施策を行うため特別の必要があると認めるとき又は地方公共団体の財政上特別の必要があると認めるときに限って交付

第 5 章　公教育の無償制と教育財政

されるものである（地方財政法 16 条）。ただし、このような負担金と補助金の区別は多分に観念的なもので、国の教育費政策に依存しているという点では共通した性格のものと言えよう(7)。

　教育補助金の他に、教育費に充てられる財源として国から交付されるものに、地方交付税交付金がある。地方交付税制度は、地方団体の自主性を維持させつつ地方団体間の財政的不均衡の是正を目的としたいわゆる地方財政調整制度で、標準的な行政サービスを提供するのに必要な経費額（基準財政需要額）をその地方団体の財政力（基準財政収入額）が下回る場合に、使途を定めずに差額相当分を予算の範囲内で国が交付する制度である。したがって、財政力の高い地方団体の場合には、地方交付税交付金は受けない（不交付団体）。基準財政需要額の算定にあたっては、種々の補助金との整合性が計られることから、地方交付税交付金は補助金の裏財源という評価もあるが、その制度理念からすれば、設置者負担主義とも整合する教育費財源の保障制度とみることができよう。

（5）高等教育財政

　かつて国立大学の運営費は、国立学校特別会計より交付されてきたが、国立大学法人法（2003 年）の成立により、国立大学法人が国立大学を設置し、その経常費は国の一般会計より運営費交付金として交付されることとなった。この運営費交付金により、国立大学の教育研究組織を自由に設計できる度合いが高くなったとされる。しかしながら、行政改革が叫ばれる中、その水準は低く抑えられ、かつ毎年度 1％の減額措置が講ぜられている。このため、外部資金を潤沢に導入可能な一部の国立大学を除けば、スクラップアンドビルドによる以外、新たな経営展開はきわめて困難となっている(8)。

　こうした中で、各国立大学法人の第 2 期中期計画中に「ミッションの再定義」なるものが文部科学省よりすべての国立大学に向けて要請された。折しも、2012 年 12 月には政権再交代があり、自民党・公明党の連立による第 2 次安倍内閣が発足した。「アベノミクス」と喧伝されるその経済政策の中で成長戦略の鍵は高等教育にあるとされ、これに呼応して立ち上げられた教育再生実行会議における「これからの大学教育等の在り方について」（第 3 次提言）（2013 年 5 月）では、「国立大学は、年俸制の本格導入や学外機関との混合給与の導入

などの人事給与システムの見直し、国立大学運営費交付金の学内における戦略的・重点的配分、学内の資源配分の可視化に直ちに着手し、今後3年間で大胆かつ先駆的な改革を進める。これらの取組を踏まえ、国は、教育や研究活動等の成果に基づく新たな評価指標を確立し、第3期中期目標期間（2016年度～2021年度）のあり方を抜本的に見直す旨の提言が行われた。この国立大学運営費交付金の在り方の抜本的な改革の方向としては、国立大学の改革の度合いに応じて運営費交付金を傾斜配分する方式などが伝えられており、財政面から大学の自治を揺るがすことになりかねないことが憂慮されている。

（6）私学助成

　私立学校については、私立学校振興助成法（1975年。以下、私学助成法）と日本私立学校振興財団法（1975年）を根幹とする私学助成制度が機能している。

　私学助成に関しては、憲法89条の公の財産の支出利用の制限規定と関わって、私立学校が果たして「公の支配」に属する教育事業であるか否かが問われるという原理的問題が存在する。これを、さらに踏み込んで言えば、私学への財政的補助は私学の経営や教育活動の統制につながるという、私学の自由の問題とも関連してこよう。しかしながら、戦後のとくに高度経済成長期に設置された私立学校は、高等教育と後期中等教育が主体で、国・公立学校整備の遅れを補完し、国民の「教育を受ける権利」を実現していく上で重要な役割を果たしてきたものと言える。こうした事実の重みが、私学助成法を議員立法という形で実現させたものとみることもできよう。

　私学助成法の成立以前の私学助成は、当初貸付事業が主体で、その後施設整備補助金が加えられるようになっていたが、経常費の補助については、1970年度から予算措置で実施されるに止まっていた。この点をさらに拡充する道を拓いたのが私学助成法等で、①国は大学及び高等専門学校を設置する学校法人に対して教育又は研究に係る経常費についてその二分の一以内を補助できること、②都道府県が幼稚園、小学校、中学校、義務教育学校、高等学校、中等教育学校、又は特別支援学校を設置する学校法人に対して、その教育に係る経費の補助を行う場合に、その一部を国が補助できること、③国の補助は日本私学振興財団を通じて行うこと、などが定められている。

こうして本格化した私学への経常費補助は、一時期に私立大学経常費の29.5％（1980年度）を占める水準にまで進み、私学経営の安定化に大きく貢献したが、その後一貫した抑制策が採られ、今日では10％前後にまで圧縮されている。なお、2015年度の私立大学等経常費補助の当初予算額は3,181億円で、対前年度比50億円の減額になっている。

3　財政危機下の教育財政

（1）財政危機の昂進

日本の財政は、均衡財政主義（健全財政主義）を採用しており、財政法4条は「国の歳出は、公債又は借入金以外の歳入を以て、その財源としなければならない」と規定している。これには「建設国債」は認めるという例外があるとは言え、経常費の補填を目的とする「赤字国債」は禁止されていると解されている。このため、「赤字国債」の発行には、その都度財政法の特例法を必要とする（「特例国債」）。しかしながら、「建設国債」が景気対策などに利用されてきた結果、今日では両者の区別はほとんど意味を失っている。

日本における財政危機は、1965年度に戦後初めて「赤字国債」を発行した時に萌芽し、1970年代に至って財政赤字が恒常化したことで、1980年代以降財務省を中心に叫ばれ続けてきた。それにもかかわらず、1980年代後半のバブル崩壊後その規模は拡大し続けている（図5－3）。

（2）文教予算の動向

財政危機下で、国の文教予算に対しても歳出削減圧力が続いている（表5－2）。1980年度以降今日に至る期間に、いわゆる一般歳出予算（政策経費予算）は、30.4兆円から57.4兆円と約1.9倍になったが、文教費は4.6兆円から5.4兆円と約1.2倍になったに過ぎない。その内訳について見ると、先ず義務教育費国庫負担金が2000年度をピークに減少に転じ、2015年度にはほぼ半減していることが目に付く。これは、地方分権の名の下に、2006年度より従来の2分1国庫負担から3分の1負担となったこと、児童生徒数の減少に伴う教員定数の自然減などによるものである。なお、財務省は文部科学省に対して、児

図5－3　一般会計における歳入・歳出の状況

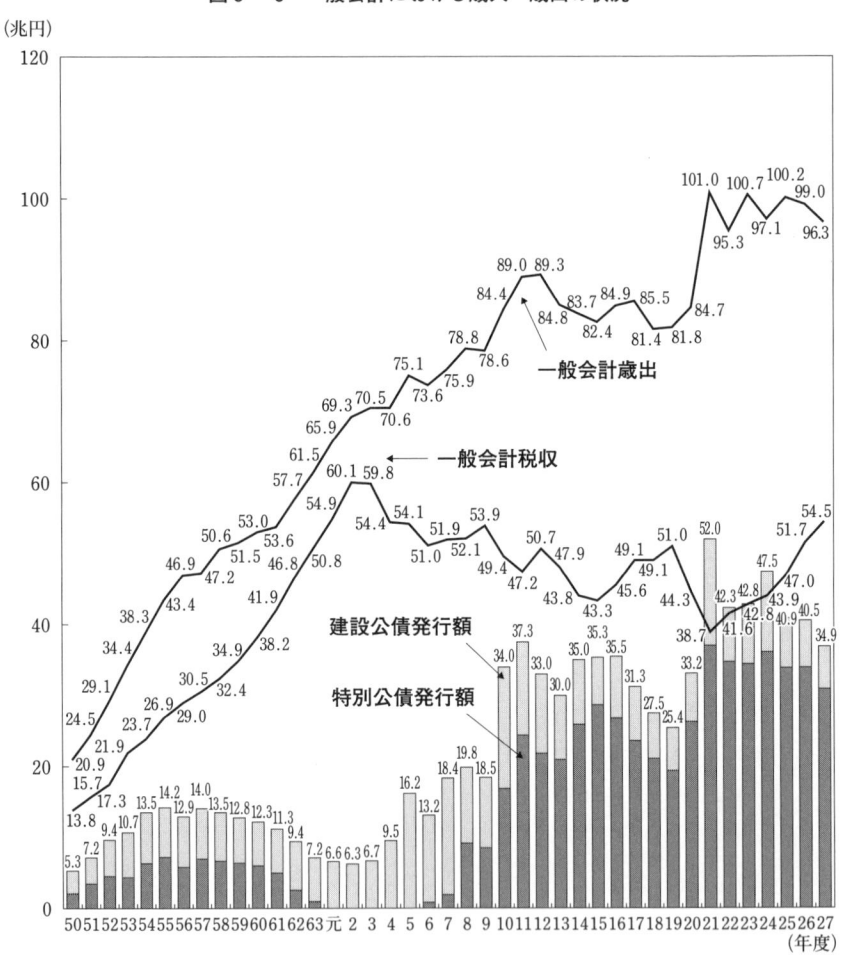

(兆円)

注1：平成25年度までは決算、平成26年度は補正後予算、平成27年度は予算による。
注2：公債発行額は、平成2年度は湾岸地域における平和回復活動を支援するための財源を調達するための臨時特別公債、平成6～8年度は消費税率3％から5％への引上げに先行して行った減税による租税収入の減少を補うための減税特例公債、平成23年度は東日本大震災からの復興のために実施する施策の財源を調達するための復興費、平成24年度、25年度は基礎年金国庫負担2分の1を実現する財源を調達するための年金特例公債を除いている。
出所：財務省『財政関係資料　2015』

第 5 章　公教育の無償制と教育財政

表 5 － 2　我が国の文教予算の推移（1980 〜 2015 年　補正後予算）

(単位：10 億円)

年　　度		1980	1985	1990	1995	2000	2005	2010	2015
一般会計歳出総額 a		43,681	53,223	69,651	78,034	89,770	86,705	96,728	93,342
国債費 b		5,492	10,181	14,449	12,857	21,446	19,620	20,236	23,451
地方交付税交付金等 c		7,829	9,690	15,931	12,302	14,915	15,923	18,407	15,536
一般歳出（政策予算）d－a－(b＋c)		30,361	33,352	39,271	52,875	53,409	51,162	58,085	57,355
内文教及び科学振興費	義務教育費国庫負担金	2,024	2,415	2,643	2,762	2,980	2,086	1,594	1,528
	国立学校特別会計へ繰入	981	1,075	1,264	1,889	1,713	—	—	—
	科学技術振興費	352	375	474	944	1,146	1,284	1,442	1,286
	文教施設費	594	385	244	360	196	193	234	73
	教育振興助成費	570	570	650	745	650	2,084	2,424	2,371
	育英事業費	80	84	84	102	126	133	139	103
	計	4,601	4,904	5,360	6,802	6,812	5,779	5,833	5,361
参考	防衛関係費	2,266	3,170	4,259	4,652	4,934	4,896	4,800	4,980

出典：『国の予算』各年度より作成。
　　　2015 年度は当初予算。

童・生徒数の自然減を上回る教職員定数の削減を求めており、2014 年度以降文部科学省もこれに応じている。これは義務教育費削減に貢献する一方、無理な学校統廃合が促される可能性が指摘されている。

　最も伸びが大きいのが科学技術振興費で、0.4 兆円から 1.3 兆円と約 3.7 倍となっている。これに比すると、主として国公私立の大学に支出される国立学校特別会計への繰入（2004 年国立大学法人法の制定により教育振興助成費に合算）と教育振興助成費との合算額は、0.9 兆円から 2.4 兆円へと約 2.6 倍に止まっており、大学財政の困窮を反映しているものと言える。なお、防衛関係費が 2.3 兆円から 5.0 兆円と約 2.2 倍になって一般歳出以上に伸びていること、及びこのトレンドが続けば遠からず文教費を凌駕しかねないことを見るにつけ、改めて国の予算における文教費のあり方が問われているものと言えよう。

注
(1) 内藤誉三郎『学校教育法解説』ひかり書房、1947年、51-52頁、参照。
(2) 社団法人日本私学大学連盟学生部会『新・奨学制度論』開成出版、1991年、参照。
(3) 田中秀佳「国際人権法における教育の漸進的無償化—日本政府による社会権規約13条2項への留保撤回の意義—」(『日本教育法学会年報』第43号、2014年3月)参照。
(4) 憲法上の義務教育無償の範囲については、成嶋隆「公教育無償性原則の射程」(『日本教育法学会年報』第41号、2012年3月)、及び船木正文「公教育法制と義務教育」(日本教育法学会編『講座教育法2 教育権と学習権』総合労働研究所、1981年)参照。
(5) 設置者管理主義成立の意義については、平原春好『学校教育法』(総合労働研究所、1978年、110-112頁)参照。
(6) 設置者負担主義の例外については、井深雄二『近代日本教育費政策史—義務教育国庫負担政策の展開—』(勁草書房、2004年、383-392頁)参照。
(7) 負担金と補助金の区別と関連については、安嶋彌『地方教育費講話』(第一法規、1958年、10-11頁)参照。
(8) 高等教育費については、光本滋「国立大学の独立法人化」(佐貫浩・世取山洋介『新自由主義教育改革—その理論・実態と対抗軸—』大月書店、2008年)を参照。

第6章

教育行政の原理と教育委員会制度の理念

　日本には未だに、国や地方公共団体の教育行政機関が学校教育のあり方を詳細に定め、学校や教職員に対する管理・監督を徹底しないかぎり、学校教育を適切に成り立たせられないといった観念が強く残っている。しかし、学習・教育はほんらい、国民各自の基本的人権に属し、国民の自主性に委ねられるべきもので、国や地方公共団体はその自主性を尊重しつつ、教育条件整備を目的とする教育行政に徹することが基本である。本章では、教育と教育行政の本来あるべき関係を確認しつつ、教育行政の原理と現実を考える。

1　教育と教育行政

(1) 教育を受ける権利・学習権と教育行政

　日本国憲法には基本的人権の一つとして教育を受ける権利（26条）が定められている。教育行政は、公教育を通じてこの権利が適切に保障されるよう必要な条件整備を行うことを任務としている。

　教育を受ける権利の具体的意味は、第一に、すべての国民が無差別平等に教育を受ける機会を保障されるということである。人種・信条・性別・社会的身分・門地の別なく、また経済的地位の差異が教育機会の格差につながらないよう国・地方公共団体が必要な措置を講じ、さらに一人ひとりの能力の発達の必要に応ずるという意味で「能力に応じて」、学習・教育の機会が保障されなければならない。子どもの権利条約では国籍による差別的取扱も禁止しており、締約国である日本は国内に在住する外国人に対しても教育を保障する責務を負

っている。教育制度上、これを「教育の機会均等」原理という（教育基本法4条）。

この意味で、教育を受ける権利は、生存権（日本国憲法25条）、勤労権（同27条）、労働基本権（同28条）とともに、社会権の一つである。これら社会権規定は、社会・経済的地位の違いにかかわらず、すべての国民に人たるにふさわしい人生・生活を保障するため、国・地方公共団体に対して必要かつ適切な施策を積極的に講ずる責務を課している。教育を受ける権利は、国・地方公共団体に対して、積極的な教育条件整備を要請するものである。

第二に、「教育を受ける権利」は、公教育が「権利としての教育」と呼ぶにふさわしく、国民一人ひとりの成長・発達に資する目的・内容・方法で実施されることを求めている。教育基本法1条にも「教育は人格の完成をめざし」と定められているように、公教育は時々の政治・経済の利害に左右されることなく、国民一人ひとりの人間としての成長発達の保障を目的に行われなければならない。したがって、国家が学校教育や社会教育を通じて国民に一方的な知識や価値観を注入するようなことがあってはならないし、公教育がもっぱら経済産業界の労働力需要に対応する人材養成の場になってはならないのである。このため、教育を受ける権利は、その自由権的側面として学習の自由や教育の自由を含んでおり、国・地方公共団体による学習・教育の支配統制を禁止していると解される。

最高裁判所は、北海道学力テスト事件裁判の判決（1976年）で、教育を受ける権利の背後には、「国民各自が、一個の人間として、また、一市民として、成長、発達し、自己の人格を完成、実現するために必要な学習をする固有の権利を有する」との観念が存在することを認め、国民には生まれながらの権利として学習権が保障されていることを確認し、とくに子どもには「学習要求を充足するための教育を自己に施すことを大人一般に対して要求する権利」が保障されると述べた。また、この判決では、「子どもの教育は、教育を施す者の支配的権能ではなく、何よりもまず、子どもの学習をする権利に対応し、その充足をはかりうる立場にある者の責務に属する」とも述べている。これは、教育に携わる保護者や教員に対する戒めであるだけでなく、むしろそれ以上に公教育を管理する立場にある教育行政の在り方を示したものと解されている[1]。

（2）教育の自主性尊重と教育条件整備義務

　公教育とは、国民の教育を受ける権利の充足を目的とする社会的・共同的な事業の総体であり、今日では国の公教育制度として編成されている。そして、公教育を組織しかつ継続的・安定的に維持管理する業務もまた、国・地方公共団体の機関が担っている。公教育を管理する業務を教育行政と呼び、それを担う機関（文部科学省や教育委員会など）を教育行政機関と言う。

　ここで、「公教育を管理する」とは、どういうことを言うのだろう。教育委員会の学校教育に関する所掌事務は、公立学校の設置管理、教育課程基準の設定、教科書の検定・採択、教員人事、教育財政、私立学校の設置認可などに及んでいる。そして、文部科学省や教育委員会は、これらについて、規制（学校設置基準の設定、教科書検定など）、助成（義務教育費の国家負担、私学助成など）、指導助言（教育課程基準など）、実施（国公立学校の設置、教職員研修の企画実施など）といった手段を用いて、教育行政を行っている。

　たとえば、学齢に達した子どもが確実に就学できるようにするため、市町村教育委員会は、学齢児童生徒について学齢簿の調製、就学時検診、就学指導、保護者への就学通知、就学校の指定・変更などの事務を行う。その際、障害をもつ子どもについては、都道府県教育委員会と連絡しつつ、必要があれば保護者に特別支援学校への就学を指導する。また、経済的に就学困難な児童生徒の保護者に対しては、就学援助（自治体によっては就学奨励と言う）を給付する。また、公立小中学校で用いる教科書に関する教育行政は、文部科学大臣による教科書検定や教育委員会による教科書採択といった権力行政と、教科書の無償給与・無償給付といった給付行政で構成される。

　しかし、教育行政が公教育の管理を担当しているからといって、教育行政機関が国民の学習・教育を違法・不当に制限したり、教育機関（学校、公民館、図書館など）の教育活動を不当に規制したりすることは許されない。公教育は国民の教育を受ける権利の保障を目的としているから、その管理を任務とする教育行政もまた、教育の目的に適うように行動しなければならない。このため、教育行政機関が教育機関や教師の教育活動を違法・不当に制限することは、「不当な支配」（教育基本法16条）に該当するものとして禁じられる[2]。つまり、教育行政は、①国民の学習権保障を目的とし、②学習権保障に直接携わる教師

の教育専門性とそれに基づく自律性を尊重しつつ、③教育条件整備を通じて国民の学習・教育活動を守り支えるものでなければならないのである。

かつて文部省（当時）が「教育機関とは、教育、学術および文化に関する事業……を行なうことを主目的とし、……管理者の管理の下にみずからの意思をもつて継続的に事業の運営を行なう機関である」と説明したとおり（初中局長回答、昭三二・六・一一季初一五八）、学校等の教育機関は、教職員や保護者・児童生徒の合意を通じて形成した意思をもって、教育専門的事項（とくに教育内的事項）については管理者である教育委員会からも相対的に独立して、自律的に運営されるべきものである。教育の自主性と教育の地方自治を尊重しつつ、国の教育条件整備の仕組みとして活用されるならば、教育振興基本計画は教育を受ける権利の保障を目的とする教育条件整備の制度として機能するだろう。

しかし、現実の教育と教育行政は、こういった原理で動いているわけではない。現実の教育行政は、時の政権の政治的意図によって左右され、国民の人間的成長よりも経済産業界からの要求を重視する傾向にある。また、国民の学習要求や教育の自主性・自律性が教育行政機関によって制限され、学問的真実や文化的諸価値の享受が妨げられることも少なくない。このため、教育政策や個々の教育行政活動をめぐってさまざまな教育紛争が生じ、その幾つかは教育裁判や政治問題に発展している。

（3）法律主義と法律万能主義

第二次世界大戦前の教育制度は、明治天皇が発した「教育ニ関スル勅語」（1890年）を教育の基本理念とし、学校教育はすべて天皇の勅令という形式で定められた。これを勅令主義という。教育は天皇大権に属するとされ、帝国議会の関与さえ許されず（教育財政に関する事項を除く）、文部官僚が公教育を掌握したのである。この背景には、国民（臣民）にとって教育を受けることは天皇・国家に対する義務であり、教育の究極的目的は「一旦緩急アレハ義勇公ニ奉シ天壌無窮ノ皇運ヲ扶翼」（教育勅語）する国民を育てること（国家の非常時には天皇と国家を守るために一身を捧げよ）にあるという考えがあった。

敗戦後、日本は平和的な文化国家を建設すべく国家・社会の諸制度の改革に取り組んだ。教育及び教育制度も、日本国憲法の基本原理（国民主権、基本的

人権の尊重、平和主義）に則って、根本的な改革が試みられた（戦後教育改革）。そのなかで、新しい教育の理念と教育制度の基本原理を定める法律として教育基本法（旧法、1947年3月―2006年12月）が制定され、教育勅語とそれに基づく教育は全面的に排除された。これにより、勅令主義も否定され、教育に関する事項は、日本国憲法及び教育基本法に基づき、国会が制定改廃する法律で定めることとされた（旧教育基本法11条）。したがって、法律の根拠なく教育行政機関が規則を定めたり、法律に反する行政活動を行ったりすることはもはや許されない。これを法律主義と呼び、今日も教育基本法18条に継承されている。

法律主義の根底には「法の支配」原理がある。「法の支配」とは、国民主権・基本的人権尊重の原理に立って、国・地方公共団体の行政権の行使を国民の意思＝法で縛り、国民の権利自由を確保するという原理である。教育行政もまた、学習権・教育を受ける権利をはじめとする基本的人権の保障を目的に、国民主権・住民自治の下で国民・住民の教育意思を実現すべく行われなければならない。

ただ、法律主義はしばしば「法律万能主義」と混同・曲解され、国会内の政治的多数派の考え次第で教育制度をいくらでも改変できると主張されることがある。しかし、たとえ法律をもってしても、国の最高法規である日本国憲法に定める教育を受ける権利や学習権を制限することは許されない（立憲主義）。また、学習・教育という事柄の本質を基盤とする条理（教育条理）に反して法令を制定改廃することも不当な立法行為として退けられるべきものである。

2　教育の地方自治と教育委員会制度

（1）憲法原理としての地方自治・住民自治

日本国憲法は、その基本原理の一つとして国民主権原理を掲げている。これは、君主制や天皇主権と異なって、国民自身が国政の主人公であり、国民の総意に基づいて国政を運営しようとする原理である。さらに、国民主権原理は、地方自治の場面では住民自治原理として登場し、地方公共団体ごとの地方自治の基盤となっている。つまり、地方自治は、住民自治原理に基づいて、各地方

自治体の住民が、自ら居住する地域の自治に参加し、住民の基本的人権を保障するとともに、自らの手で福利の増進をはかられるようにすることを目的・内容とする原理である。

このため、地方自治は、国民主権を地域の行政に生かそうとするものとして、日本の統治構造の基本原理の一つとされている（日本国憲法8章）。日本国憲法には、国の統治機構として国会（立法）・裁判所（司法）・内閣（行政）を掲げるとともに、それらからは独立した統治機構として地方公共団体（地方自治）が定められている。前者は立法・司法・行政の三権分立により、国家権力の一極集中を排除して、民主主義的な国政を確保しようとしたものであり、後者は中央－地方間での権限分散（地方分権）により、権力の中央集中による弊害を防止しようとしたものである。

このため、自律性をもって政治・行政を行う地域的単位として編成された地方公共団体は、「地方自治の本旨」（住民自治と、それを基盤とする団体自治）に基づいて組織・運営され、「住民の福祉の増進を図ることを基本として、地域における行政を自主的かつ総合的に実施する役割を広く担う」（地方自治法1条の2）ものでなければならない。このため、地方公共団体には「その財産を管理し、事務を処理し、及び行政を執行する権能を有し、法律の範囲内で条例を制定する」（日本国憲法94条）権限が付与されている。

日本国憲法は、国民に都道府県・市区町村を単位とする地方自治を保障するとともに、国・都道府県・市区町村が対等な立場で相互に連携して国民・住民の福祉を増進することを期待しているのである。

地方自治原理は教育・教育行政にも適用され、教育の地方自治と呼ばれている[3]。教育の地方自治は、戦後教育改革における最も重要な改革原理の一つであった。

1950年代後半以降は、「教育の地方自治」原理に対応する制度の多くが形がい化した。戦後教育改革期における中央政府の教育行政改革＝文部省改革が不徹底だったため、それを切り口にして戦後教育改革の成果が切り崩されたのである。しかし、最高裁判所は、北海道学力テスト事件判決（第1節参照）において、「戦前におけるような国の強い統制の下における全国的な画一的教育を排して、それぞれの地方の住民に直結した形で、各地方の実情に適応した教育

を行わせるのが教育の目的及び本質に適合するとの観念に基づくものであって、このような地方自治の原則が現行教育法制における重要な基本原理の一つをなすものであることは、疑いをいれない」と判示し、教育の地方自治が日本の教育制度の基本原理であることを確認した。

（２）公選制教育委員会制度（1948 － 1956 年）
　日本では戦前、文部省が「日本の精神界を支配してきた人々の、権力の中心」（第一次教育使節団報告書、1946 年）として君臨し、真理の価値を軽視する一方で、学校教育を国民に国家主義・軍国主義を注入する手段として利用していた。このため、戦後における教育の再建のためには、教育改革のみならず、教育行政改革が不可欠と考えられた。
　そこで、戦後教育改革の推進役であった教育刷新委員会は、第一回建議（1946 年）で、①従来の官僚的画一主義と形式主義の是正、②教育における民意の尊重、③教育の自主性尊重と教育行政の地方分権化、④学校階梯を超えた学校相互間及び社会教育との連携、⑤教育に関する調査研究の重視、⑥教育財政の整備、を提言した。これを地方教育行政制度として具体化したものが、1948 年の教育委員会法により創設された公選制教育委員会制度である。
　公選制教育委員会制度は、旧教育基本法 10 条に定める教育と教育行政の関係原理（教育の自主性尊重＝教育に対する不当な支配の禁止と、教育条件整備義務）の上に、①教育の民衆統制、②教育行政の地方分権化、③教育行政の一般行政からの独立という三つの原則に立って設計された[4]。このため、教育委員会法には、教育委員会制度創設の意義について、「教育が不当な支配に服することなく、国民全体に対し直接に責任を負つて行われるべきであるという自覚のもとに公正な民意により、地方の実情に即した教育行政を行うために、教育委員会を設け、教育本来の目的を達成する」（1 条）と明記されていた。
　教育の民衆統制は、住民自身及びその代表である教育委員が地方教育行政に参加することで、地域の教育を民主主義的・住民自治的に管理する原理である。学校教育は教職員の高い教育専門性の上に成立するものであるため、教職員の専門的自律性が尊重されなければならないが、保護者や地域住民が大枠において公教育の在り方をコントロールしようとするのが、教育の民衆統制の考え方

である。このため、5名の教育委員のうち議会選出の1名を除き、他の4名は住民の直接公選によって選ばれた。

　教育行政の地方分権化とは、戦前文部省が独占していた教育行政権を地方公共団体に移譲し、地方教育行政を地方公共団体とその住民に委ねることを言う。これにより、公立学校・図書館・公民館などの教育機関は地方自治的に管理運営することになった。「地方分権」という言葉は近年、地方公共団体の首長への権限移譲または首長の権限強化とほぼ同義に使われる傾向にあるが、本来は住民自治を基盤とする地方自治を意味する言葉であった。

　教育行政の一般行政からの独立は、地方公共団体における教育行政を首長から独立した執行機関である教育委員会に委ね、一般行政の長である首長の教育への関与を抑制しようとすることを意味する。そのため、教育委員は住民の直接選挙で選出され、教育委員会は独立行政委員会として首長と対等な地位に置かれた。そして、首長が一般行政を、教育委員会が教育行政をそれぞれ独立して遂行するよう所掌事務・職務権限が区分された。

　戦後教育改革は、国民の権利としての学習・教育を保障し、民主主義に立脚し民主主義を支える教育の実現を目指すものであり、教育委員会制度の創設はこの理想と不可分の関係にあった。

(3) 教育的価値実現を志向する教育行政制度

　教育委員会は、「教育の目的を遂行するに必要な諸条件の整備確立を目標として行われ」（旧教育基本法10条2項）るべき教育行政を所掌する行政機関として創設されたという経緯を踏まえれば、教育委員会は教育的価値実現への志向性をその存在意義に深く組み込まれた行政機関として創設されたと考えることができる[5]。

　ここで「教育的価値の実現」というのは、子ども・若者一人ひとりの状況とニーズに応じた教育を通じて子ども・若者の成長と発達を保障し、その現在と未来におけるしあわせの礎を築くことを言い、日本国憲法や国際教育法規に定められた学習権・教育を受ける権利・教育への権利の保障と言い換えることもできる。そして、教育的価値の実現という社会的任務を直接担うのは、教育機関（学校、図書館、公民館など）とその職員（教員、司書、社会教育主事など）で

あり、教育委員会は教育条件整備を通じて教育的価値の実現を支える任務を負っている。

しかし、教育委員会による教育行政の実態は、教育的価値の実現とは言いがたい事実にあふれている。では、教育委員会が教育的価値実現を阻害しているとしか言いようのない実態がなぜ生まれるのか、あるいは教育委員会の本質的要素として組み込まれた教育的価値実現志向性の発現を阻害する要因は何なのかと問い返すことが課題だろう。

注
(1) 兼子仁『教育法[新版]』有斐閣、1978年、170-171頁。
(2) 同上書、293-295頁。
(3) 平原春好編『概説 教育行政学』東京大学出版会、2009年、73-75頁。
(4) 鈴木英一・川口彰義・近藤正春編『教育と教育行政―教育自治の創造を目指して―』勁草書房、1992年、39-50頁。
(5) 中嶋哲彦『教育委員会は不要なのか―あるべき改革を考える―』岩波書店、2014年、22-23頁。

■コラム6
指定管理者制度

　指定管理者制度は、今日の社会教育のありようを根底から揺さぶっている動きの一つである。

　指定管理者制度とは、公の施設の管理を、条例により地方公共団体の指定を受けた「指定管理者」に代行させる制度であり、2003年の地方自治法一部改正によって導入されたものである。そこでは、指定管理者に制限はなく、株式会社など営利事業者にも、公の施設の管理を委託することが可能になった。この制度の導入によって、地方教育行政の組織及び運営に関する法律において教育委員会が設置・管理する教育機関として明確に規定されているはずの公民館、図書館、博物館など社会教育施設が、営利事業者も含む民間団体に管理委託される事態が進んでいる（詳しくは、辻浩「社会教育施設の民営化」日本教育法学会編『教育法の現代的争点』法律文化社、2014年を参照）。

　指定管理者制度をめぐっては、第三セクター、協同組合やNPO、地域団体、営利事業者がそれぞれの強みを生かして競争することを通して、効率的な施設管理、質の高いサービスが可能になるとの見解もある。しかし、指定管理者制度には、見過ごせない重大な問題がある。それは大きく次のようにまとめることができよう。

　第一に、住民の学習権保障が侵されかねない事態が生じうることである。指定管理者によって管理される施設では、低く見積もられた指定管理料のもとで、効率的に管理費用を確保し、あるいは営利をあげるために、地域の切実な課題よりも集客効果の高い事業が優先されたり、利用料・講座受講料などが高く設定されるおそれがある。また、受託期間が限られ、施設職員の労働条件も不安定になりやすいため、施設職員の力量形成に支障が出て、結果として施設での社会教育実践の質が低下しかねない。

　第二に、社会教育施設職員の労働条件が悪化するおそれが強いことである。指定管理者は、効率的な施設管理という条件のもと、プロポーザル方式や総合評価方式で選定される。そのため、指定管理料を低く見積もる「価格競争」が起こりやすくなり、結果、指定管理者で働く施設職員の雇用が不安定で低賃金になりかねないのである。

　2008年の社会教育法改正のさい、衆議院文部科学委員会において全会一致で採択された附帯決議には、「国民の生涯にわたる学習活動を支援し、学習需要の増加に応えていくため、公民館、図書館及び博物館等の社会教育施設における人材確保及びその在り方について、指定管理者制度の導入による弊害についても十分配慮し、検討すること」という文言がある。ここには、指定管理者制度が持つ問題が国民に幅広く共有されていることが示されている。民間同士の競争ではなく、住民の参加・協働による社会教育施設管理が今求められている。

第7章

教育委員会制度と教育行政改革

　教育委員会制度は、戦前の中央集権的・官僚主義的教育行政に対する反省に立ち、教育の自主性を尊重しつつ、教育の目的を達成するための教育条件整備を任務として発足した地方教育行政制度である（第6章参照）。しかし、今日、教育委員会は、学校・教職員の教育活動に対してあまりにも制約的であり、強引な学力向上策や学校統廃合などにより、学校教育を劣化させかねない。教育委員会制度の理念と原理そして現実を学び、教育委員会制度のあるべき姿を考えてみよう。

1　教育委員会制度の概要

（1）教育委員会の所掌事務・職務権限

　教育委員会は、都道府県及び市区町村に必置機関として設置されているほか、必要に応じて地方公共団体の組合（教育組合）に設置されることもある。ここでは、教育委員会の行政機関としての地位と所掌事務・職務権限に関して、三つのことを確認しておこう。

　第一に、教育委員会は、選挙管理委員会や公安委員会と同様、独立執行機関として、首長の指揮命令系統から独立している。また、教育委員会は、首長のような独任制の行政機関とは異なって、教育長及び教育委員の合議に基づいて教育事務を管理執行する合議制行政機関である。教育委員会を合議制独立行政委員会として設置するのは、教育行政を一般行政から独立させ、教育の自主性・自律性と政治的中立性を確保するためである。

第二に、教育委員会の職務権限の範囲は法律によって限定的に定められ、教育委員会による教育行政活動はその範囲に限定されている。行政機関の活動を民主主義的に統制するため、その所掌事務や職務権限は法律で定められており、法的根拠なしにはいかなる行政行為も行うことはできない。

　地方教育行政法 21 条には、教育委員会の「職務権限」が 19 項目にわたって網羅的に列挙されている。それらは次のように分類整理できる。

　　(a) 学校その他の教育機関の設置管理、教育財産の管理、教育委員会及び教育機関の職員の人事に関する事項
　　(b) 学校教育に関する事項（学齢児童生徒の就学、児童生徒幼児の入学・転学・退学、学校の組織編制・教育課程・学習指導・生徒指導・職業指導、教科書・その他の教材、施設設備、校長・教員等の研修、保健・安全・厚生・福利、環境衛生、学校給食）
　　(c) 社会教育及びスポーツに関する事項
　　(d) 文化財保護に関する事項
　　(e) ユネスコ活動に関する事項
　　(f) 教育に関する法人に関する事項
　　(g) 教育の調査統計に関する事項
　　(h) 広報及び教育行政相談に関する事項

　行政解釈は、教育委員会には上記 (a) ～ (h) について包括的な権限が付与されていると解している。しかし、同条は教育委員会の所掌事務の範囲を抽象的・一般的に列挙しているだけで、職務権限規定としては具体性・明確性に欠けている。むしろ、21 条は、首長の所掌事務の範囲を定めた 22 条とともに、地方公共団体の教育行政に関する首長と教育委員会それぞれの所掌事務の範囲を定め、教育行政における両者の関係を明確にしたもの（行政組織法）であって、具体的な権限を与えたもの（行政作用法）ではないと考えるべきだろう。

　第三に、教育内的事項に関する教育行政は指導助言を基本とし、教育行政機関による教育機関や教師に対する指揮監督は原則として許されない。学界の通説は、不当な支配禁止（教育基本法 16 条）＝教育の自主性尊重を重視して、教

第7章　教育委員会制度と教育行政改革

図7-1　教育委員会制度の変遷

		教育委員会法 1948	地方教育行政法 1956	1999年改正 (地方分権改革)	2007年改正 (2006年教育基本法改正)	2014年改正 (首長の教育行政関与)
教育委員・教育長		教育委員公選制	首長による教育委員任命制	〈廃止〉		
			教育長任命承認制			
				教育委員への保護者選任義務		
					教育委員数の弾力化	
					教育長による教育委員会権限の明示 (実際に、広範な委任が可能であることを明確化)	首長による教育長任命、教育長に対する指揮監督権廃止
		教育委員会による教育長の任命・指揮監督				
		教育委員長：教育委員会の代表				教育委員会による総理・代表
		教育委員長：教育委員会の指揮監督を受けて教育事務を執行				
首長		首長による教育条例案・教育予算案を送付	首長による教育条例案・教育予算案の作成			首長による教育大綱の策定
				文化・スポーツの首長部局化容認		教育総合会議で協議・調整
文部科学省等			措置要求権	是正要求権・是正指示権 〈地方自治法〉	是正要求権・是正指示権 〈地方自治法・地方教育行政法〉	是正指示権の範囲拡大 〈地方教育行政法〉
			調査権			
			基準設定権（都道府県教委）	〈廃止〉		
体制強化					教育委員会の点検評価制度	
					教育委員会の共同設置促進	
					指導主事設置の努力義務	
学校				2000　学校評議員　〈学校教育法〉		
				2004　学校運営協議会		

89

育の目的・内容・方法に関する事項（内的事項）と施設設備の整備など（外的事項）を区別したうえで、内的事項に関連する教育行政には指揮・命令・監督などの強制的な手段を用いるべきではなく、指導・助言・援助によらなければならないと考えている（内外事項区分論）[1]。他方、行政解釈は、学習指導要領に基づく教育課程や授業内容に対する指揮監督、教科書採択や副教材選定の制約などによる教育内容統制、学校行事・儀式における日の丸掲揚・君が代斉唱の強制などは可能と解しているため、内的事項に関する権力行政が横行している。

（2）教育委員会・教育長・事務局

　教育委員会は、通常、教育長1名と教育委員4名で構成される。ただし、各地方公共団体の条例により、都道府県及び市は委員を5名以上とし、町村は2名にまで減ずることができる。教育長は教育委員会の会務を総理し、教育委員会を代表し（13条）、教育委員会の会議を招集し主宰する。

　教育長及び教育委員の任免権は首長に属し、①教育長は首長の被選挙権を有する者（都道府県は30歳以上、市区町村は25歳以上）で「人格が高潔で、教育行政に関し識見を有するもの」のうちから、②教育委員は首長の被選挙権を有する者で「人格が高潔で、教育、学術及び文化に関し識見を有するもの」のうちから、議会の同意を得て首長が任命する（地方教育行政法4条1項）。ただし、同一政党に属する者が委員の過半数を占めることになってはならず（同条4項）、年齢・性別・職業に著しい偏りが生じないように配慮し、児童生徒の保護者が含まれるようにしなければならない（同条5項）。

　教育長の職務は従来、「教育委員会の指揮監督の下に、教育委員会に属するすべての事務をつかさどる」（旧法17条）こととされていた。しかし、2014年地方教育行政法改正では、従来の教育委員長と教育長の職務を統合して、①教育委員長は「教育委員会の会務を総理し、教育委員会を代表」することとされ、②教育委員会の会議招集権をもち、③教育委員会の指揮監督を受けることなく、教育委員会の事務を事務局に処理させる権限が与えられた。これにより、教育委員会内部での教育長の権限が強化され、従前より教育長主導と批判された教育委員会の運営体制に法的な裏付けが与えられる形になった。

教育委員会にはその権限に属する事務を処理させるため事務局が置かれ（同法 17 条）、指導主事、事務職員、技術職員などの職員が配置される（同法 18 条）。このうち、指導主事(2)については、「上司の命を受け、学校における教育課程、学習指導その他学校教育に関する専門的事項の指導に関する事務に従事する」（同法 18 条 3 項）と規定し、教育内的事項に関して「専門的事項の指導」に従事させることが予定されている。なお、教育委員会は公立学校の教員を指導主事として勤務させることができ（同条 4 項）、これを一般に「充て指導主事」と呼ぶ。

（3）教育行政における首長の権限

　教育委員会制度発足当初の教育委員会法（1948 ― 1956 年）では、地方公共団体における教育事務の大部分が教育委員会の所掌に属していたが、1956 年地方教育行政法（1956 年―）により首長の権限が強化され、2014 年同法改正では首長の権限がさらに強化されるとともに、教育行政に対する首長の意向反映を可能とする仕組みが取り入れられた。

　まず、1956 年の地方教育行政法では、第一に、教育委員公選制を廃止して首長による任命制を導入するとともに、教育委員会の首長に対する教育条例案・教育予算の原案送付権を廃止することで、教育行政の一般行政からの独立性が弱められた。第二に、同法 22 条に、首長の職務権限として、①大学に関すること、②私立学校に関すること、③教育財産の取得及び処分、④教育事務に関する契約の締結、⑤教育予算の執行、の五つが定められた（2015 年の地方教育行政法改正により「幼保連携型認定こども園に関すること」が追加された。）。このうち、教育予算執行権の首長への移譲は、教育行政の一般行政からの独立性を弱める要因となった。

　2014 年の地方教育行政法改正では、首長の役割・権限として、①教育長の任命・罷免、②教育、学術及び文化の振興に関する総合的な施策の大綱（教育大綱）の策定、③総合教育会議における教育事務の管理執行の協議・調整、が新たに規定された。これらは首長が教育事務の管理執行に自らの意向を反映させるべく教育委員会に働きかける手段として利用される可能性があり、首長による教育・教育行政に対する不当な支配介入を招く危険性が指摘されている。

2　文部科学省とその権限

　国の教育行政権は文部科学大臣に属し、文部科学省設置法により文部科学省が設置されている。

　文部科学省は文部科学大臣を長とし、副大臣・大臣政務官各2名及び事務次官1名が置かれている。また、文部科学省には、事務機構として、大臣官房、生涯学習政策局、初等中等教育局、高等教育局、科学技術・学術政策局、研究振興局、研究開発局、スポーツ・青少年局がある。また、審議機関として、文部科学省設置法により科学技術・学術審議会、宇宙開発委員会、国立大学法人評価委員会、放射線審議会、独立行政法人評価委員会が置かれ、文部科学省組織令により中央教育審議会、教科用図書検定調査審議会、大学設置・学校法人審議会が置かれている。

　文部科学省の主たる任務は「教育の振興及び生涯学習の推進を中核とした豊かな人間性を備えた創造的な人材の育成、学術、スポーツ及び文化の振興並びに科学技術の総合的な振興を図る」ことにあり、文部科学省の所掌事務は同法4条に97項目にわたって列挙されている。ただし、公立学校の設置管理などの地方教育行政は各地方公共団体の自治に委ねられており、文部科学大臣・文部科学省の役割・権限は教育の振興に関する企画及び立案並びに援助及び助言に留まることに留意しなければならない。

　このため、地方公共団体の権限に属する教育事務（自治事務）の管理執行に文部科学大臣が教育委員会に働きかけようとするときは、地方自治法に定める関与のルール（245条～250条の6）に基づいて行わなければならない。また、地方教育行政法には地方自治法の特例として、文部科学大臣による関与の方法が次のように定められている。

①道府県・市町村に対して、教育事務の適正な処理を図るために必要な指導、助言又は援助を行うこと（48条1項）
②町村教育委員会に対する指導、助言又は援助に関して、都道府県教育委員会に必要な指示をすること（48条3項）

③都道府県または市町村の教育委員会による教育事務の管理執行に法令違反または怠慢があるとき、または教育を受ける権利の侵害があるときは、都道府県教育委員会に是正を要求すること、及び都道府県教育委員会に対して市町村教育委員会に是正を要求するよう指示すること（49条）
④都道府県または市町村による教育事務の管理執行に法令違反または怠慢があって、児童生徒等の生命又は身体の保護のために緊急の必要があるときで、他の措置によっては是正を図ることが困難である場合は、都道府県・市町村教育委員会に対してその是正を指示すること（50条）

ただし、文部科学大臣が地方自治法や地方教育行政法に基づいて、教育委員会に何らかの関与を行うときも、地方公共団体の教育事務は当該地方公共団体の自治事務であり、教育委員会の所掌事務・職務権限に属するものとして地方自治的に処理することが基本であるため、文部科学大臣による関与は最小限に留められなければならない（地方自治法245条の3）。

他方、法律でとくに授権された場合は、文部科学大臣は教育や教育行政について規則や基準を定め、教育委員会や学校の活動を規制することができる。たとえば、学校教育法3条により文部科学大臣は学校設置基準を定める権限を与えられており、地方公共団体や学校法人等が学校を設置しようとするときはこの基準に準拠しなければならない。これは教育制度的基準として学校設置の最低条件を定め、教育の機会均等とその質を保証しようとするものであるかぎりにおいて、教育の機会均等と教育水準の維持向上を図る任務（教育基本法16条）に照応するものとして是認される。

他方、行政解釈によれば、文部科学大臣が公示する学習指導要領は学校の教育課程編成や教育委員会による教育課程行政に対する法的拘束力のある基準であるとされるが、学界では学習指導要領には法規性は認められず、法的拘束力を伴わない指導助言文書としてのみ是認されるとの見解が有力である[3]。

また、国（文部科学大臣）は義務教育費国庫負担法により公立義務教育諸学校（小学校、中学校、義務教育学校、中等教育学校の前期課程、特別支援学校の小学部・中学部）の職員の給与の3分の1を負担し、義務教育諸学校等の施設費の国庫負担等に関する法律（旧名称：義務教育施設費国庫負担法）により公立義

務教育諸学校の施設費の2分の1を負担している。これらは地方公共団体における義務教育の実施を国として担保し、教育の機会均等と教育の質の維持向上を図ろうとするものである。地方公共団体による就学援助に対する国の財政援助、理科教育振興法・産業教育振興法・へき地教育振興法による地方公共団体への財政援助にも、同様の意義が認められる。ただ、国庫負担金・補助金の支出にあたって、国は学校教育の目的・内容・方法を実質的に統制したり、教育委員会による教育条件整備を過度に規制したりする傾向がある。

3　教育委員会制度の変質と課題[4]

（1）1956年地方教育行政法と教育委員会の形骸化

　日本の教育委員会制度は、戦後教育改革の一環として、1948年に制定された教育委員会法に基づいて創設された（第6章参照）。しかし、その後70年間に教育委員会制度には幾多の改変が加えられ、創設当時の理念とは大きな隔たりが生まれている。

　それは、1955年に保守合同で誕生した自由民主党が国会内外の反対を押し切って強行した、1956年の教育委員会法廃止＝地方教育行政法の制定に始まる。

　この教育委員会制度改革のねらいは、①教育行政と一般行政の調和、②教育の政治的中立と教育行政の安定確保、③国・都道府県・市町村一体の教育行政制度の樹立にあると説明され、戦後教育行政改革の3原則（教育の民衆統制、地方分権、教育行政の一般行政からの独立）を否定しようとするものだった。

　地方教育行政法は、住民自治的・教育的価値実現志向的教育行政の担い手として創設された教育委員会を、文部省を頂点とする中央集権的教育行政制度の末端組織に変質させることをねらった法律だった。しかし、教育が地方公共団体の固有事務（現在の自治事務）であることを否定して教育を国家事務化することはできず、また地方教育行政の首長部局化も選択されなかった。そのかわり、教育委員会を地方教育行政の執行機関とする地方分権的教育行政の外形を残し、それを利用する形で中央集権的教育行政の復活が図られた。つまり、1956年の地方教育行政法による教育委員会制度改革は、教育委員会を形骸化させつつ、教育長・事務局を中央集権的教育統制を支える教育官僚機構に取り

込むことを目標とするものであった。

その際、形式上は教育委員会を執行機関とし、教育長・事務局をその補助機関としたうえで、現実には国－都道府県－市町村を縦に貫く教育官僚機構に組み込まれた教育長・事務局が地方教育行政の主導権を掌握する仕組みが作られ、教育委員会を形骸化させた。また、中央集権的教育行政の下で、地方教育行政は地域のニーズや実情に即して自ら創造的に教育施策を立案・実施することなく、中央からの指示を待ってそれに従うという行動様式が生み出された。これもまた、教育委員会の形骸化を促進する要因になった。

教育委員会形骸化の原因を、教育委員が非常勤であることや、教育行政の素人であることに求める議論もあるが[5]、形がい化の本質的原因は教育委員会が中央集権的教育行政体制に組み込まれ、教育の民衆統制・地方分権・一般行政からの独立を基本に自律的に機能する行政機関であることを否定されたことに由来すると考えるべきだろう。

(2) 地方分権改革・教育基本法改正と教育委員会制度

二つめの改革は、地方分権改革の一環としての地方教育行政制度改革である。

1999年の地方分権一括法は、地方自治法をはじめとする475本の法律を一挙に改正するものであり、地方教育行政法も地方分権推進の方針に沿って大幅な改正が行われた。その主な内容は、①教育長任命承認制の廃止、②文部大臣及び都道府県教育委員会の措置要求権の廃止、③都道府県教育委員会の基準設定権の廃止だった。これらはいずれも、文部大臣や都道府県教育委員会が、市町村教育委員会の教育長人事や個々の教育事務の管理・執行に関して、あたかも上級行政機関のように介入することを許すものだったから、これらの廃止は地方分権改革の推進のために避けて通れないものだった。しかし、学級編制や県費負担教職員の勤務条件に関する基準設定権などは温存され、また中央追随型行動様式が強固に定着していたため、中央集権的教育行政体制はほとんど動揺しなかった。

三つめの改革は、2006年の教育基本法改正と、2007年の地方教育行政法改正による一連の改革である。

2006年の教育基本法改正では、教育と教育行政の関係を定めた旧10条が改

正され、教育振興基本計画の策定・実施が法制化された。具体的には、第一に、旧10条（新16条）から教育の自主性と直接責任制を意味する文言が削除され、教育行政機関が教育内的事項を管理統制できると解する余地のある条文に変えられた。第二に、総合的教育施策の策定実施を国の役割とすることで、中央主導で教育内的事項への介入をさらに強化する余地が生まれた。第三に、地方公共団体には国の教育振興基本計画を参酌して教育振興基本計画を策定する努力義務を課した。これにより、地方教育行政や学校教育活動に対する中央主権的統制・誘導手段として機能する恐れがある。

　2007年の地方教育行政法改正は、2006年の教育基本法改正の趣旨を地方教育行政制度に関して具体化するものであった。その主な改正事項は、①教育委員会の責任体制の明確化（教育委員会の点検評価制度導入、教育委員会が教育長に委任できない事項の明確化）、②教育委員会の体制の充実（教育委員会の共同設置促進、指導主事設置の努力義務、教育委員の研修）、③教育における地方分権の推進（教育委員数の弾力化、教育委員への保護者の選任義務、文化・スポーツの首長部局化容認）、④教育における国の責任の明確化（教育委員会に対する文部科学大臣の是正指示権、是正の要求における講ずべき措置の内容の明示）、⑤私立学校に関する教育行政における教育委員会の役割の明確化などである。

　しかし、その実態は、第一に、「教育委員会が教育長に委任できない事項の明確化」により教育委員会が自ら管理執行すべき事項を明確にしたというが、実際にはほとんどすべての教育事務の管理執行が教育長に委任可能であることが明確にされ、教育長主導の教育委員会運営が正当化された。第二に、教育委員会に対する是正要求権及び是正指示権を文科大臣に付与したことは地方分権改革以前の是正要求権の復活であり、これにより教育委員会の自主的・自律的な取り組みをいっそう萎縮させた。第三に、自己点検・評価の実施とその公表・改善努力の義務づけは、教育委員会を成果主義的目標管理システムに巻き込んだ。全国学力テストの平均正答率公表が学力向上一辺倒の教育行政を促進しているのはこの典型である。要するに、2007年の地方教育行政法改正は、①地方教育行政における教育長主導性強化、②地方教育行政に対する文部科学省の統制強化、③教育委員会評価による目標管理型教育行政体制づくりを目標にするものであった。

（3）教育委員会廃止論と 2014 年地方教育行政法改正

　四つめの大きな改革は、2014 年 6 月の地方教育行政法改正であり、これは 1956 年の地方教育行政法制定以降、最も大きな教育委員会制度改革であった。主な改正事項は次の三つである。

　①首長の教育行政への関与ルートを拡張：総合教育会議における協議・調整、教育学術及び文化の振興に関する総合的な施策の大綱（以下、教育大綱）の策定、教育長の任命。
　②教育委員会内部における教育長の地位と権限の強化：教育長による教育委員会の総理・代表、教育長に対する教育委員会の指揮監督権の廃止。
　③文部科学大臣の教育委員会に対する是正指示権の実質的拡張。

　この法改正は、教育委員会による教育事務の管理執行に首長の意向を反省させられるようにするもので、その手立てとして①首長による教育長任命、②首長による教育大綱策定、③教育総合会議での協議・調整などの仕組みが定められた。
　ところで、この法改正は当初、教育委員会制度の廃止を目指し、地方教育行政の執行機関である教育委員会制度を実質的に廃止し、首長が任命する教育長を実施責任者とする地方教育行政制度、いわば首長－教育長制を創設しようとするものだった。2013 年 12 月に公表された中央教育審議会答申「今後の地方教育行政の在り方について」では、次に整理するとおり地方教育行政を首長部局化する改革案が提言された。

　①地方教育行政の執行機関は首長とする。首長は自らの補助機関として教育長を任命。教育委員会は「首長の特別な附属機関」。
　②首長が「教育に関する大綱的な方針」（以下、大綱）を策定。教育長は大綱に基づいて教育事務を執行。
　③首長は教育長に「日常的な指示」は行わないが、教育長の事務執行が著しく適正を欠く場合等は「指示」できる。「指示」によっても事態が改善しないときは、首長は教育長を罷免できる。

④教育委員会は地域の教育の在るべき姿や基本方針について審議。首長または教育長の教育事務の管理執行が大綱に反するときは、教育委員会は必要な勧告を行うことができる。

　中教審のこの改革提言は採用されず、教育委員会を地方教育行政の執行機関とする制度は存続した。また、文科省は2014年改正法の解釈運用に関して次のような見解を示し、首長の教育・教育行政への介入に対しては抑制的である。

　　①教育大綱に記載する事項としては、予算や条例等の首長の有する権限に係る事項に関する目標や方針が想定されており、首長の権限に関わらない事項（教科書採択の方針、教職員の人事の基準等）については記載事項として想定されていない。
　　②教育委員会の所管に属する事務については、教育委員会が自らの権限と責任において管理執行すべきものであり、首長の教育大綱策定権は、教育委員会の権限に属する事務を管理し、執行する権限を地方公共団体の長に与えたものではない。
　　③総合教育会議においては、教科書採択、個別の教職員人事等、とくに政治的中立性の要請が高い事項については協議題にすべきでない。
　　④総合教育会議で協議・調整の対象とすべきか否かは、当該予算措置が政策判断を要するような事項か否かによって判断すべきものであり、少しでも経常費を支出していれば、日常の学校運営に関する些細なことまで総合教育会議において協議・調整できるという趣旨ではない。

　しかし、この改正により、首長が教育大綱の策定や教育総合会議を活用して教育長・教育委員会をコントロールしたり、自らの考えや政策を学校に押し付けたりすることが懸念されている。

（4）新自由主義的地方教育行政改革の背景
　2014年の地方教育行政法改正により、首長の教育行政に対する影響力が強化されたため、首長の政治的イデオロギーや個人的信念が学校教育に持ち込ま

れる危険性があると懸念されている。とくに、教育行政基本条例が制定された大阪府・市では教育への政治介入が問題となっている。

　他方、この20年ほどの間に、経済・産業だけでなく、社会福祉や医療の分野での新自由主義改革が急速に進められている。国は新自由主義改革を地方公共団体にも強いており、地方公共団体内部では首長主導で新自由主義改革が進められている。

　このため、社会福祉の分野では、年金制度の劣化、保育園の整備基準の劣悪化、生活保護の水準引き下げなど、ナショナル・ミニマムの引き下げが急速かつ徹底して進められている。他方、公教育分野の新自由主義的改革はこれまでのところ緩慢にしか進んでいない。

　これは、初等中等教育に関する行政は地方自治体の自治事務として教育委員会が担当しているため、首長主導の新自由主義的改革の波が及びにくく、新自由主義改革の波からある程度守られてきたことによる。教育事務の管理執行を教育委員会が首長から独立して担っていることが、教育分野における新自由主義的改革を押しとどめ、進行ペースを緩慢にしてきたのである。このため、教育委員会制度は新自由主義的改革の障害物と見なされ、新自由主義的教育改革を加速化するために、教育行政の首長部局化が目指されたと考えられる。2014年改正では、教育委員会制度は温存されたものの、教育大綱や総合教育会議を通じて、公教育領域の新自由主義改革が推し進められる可能性は否定しがたい。

　学界においては、近年、教育委員会制度が教育ガバナンス改革の観点から論じられる傾向にあるが、政府や経済・産業界の教育構想や国家戦略に照らして、教育改革や地方教育行政改革を分析する視点をもつことが重要だろう。

注
(1) 兼子仁『教育法[新版]』有斐閣、1978年、350-353頁。
(2) 鈴木英一・川口彰義・近藤正春編『教育と教育行政：教育自治の創造を目指して』勁草書房、1992年、162-163頁。
(3) 兼子仁、前掲書、380-381頁。
(4) 平原春好編『概説 教育行政学』東京大学出版会、2009年、79-89頁。
(5) 新藤宗幸『教育委員会―何が問題か―』岩波書店、2013年。

■コラム7
社会教育行政の首長部局化

　1949年に制定された社会教育法では、社会教育が「学校の教育課程として行われる教育活動を除き、主として青少年及び成人に対して行われる組織的な教育活動（体育及びレクリエーションの活動を含む。）」（2条）と定義され、学校教育以外の機会・場所においても、国民の教育を受ける権利が保障されることが示されている。社会教育行政は、戦前の社会教育の国家統制的性格への強い反省から、社会教育の自由の確保を基本原則として、国民の自主的な学習・教育活動への環境醸成を基本任務としている。しかし、近年、こうした原則が揺さぶられるような動きが進みつつある。その一つが、社会教育行政の首長部局化である（詳しくは、中山弘之「社会教育行政の一般行政化」日本教育法学会編『教育法の現代的争点』法律文化社、2014年を参照）。

　この動きは、2001年の全国市長会「学校教育と地域社会の連携強化に関する意見」が一つの大きなインパクトとなった。その後、とくに内閣府・総務省サイドから、首長が自治体行政を総合的に推進すべきだ、地方教育行政が中央集権的・閉鎖的で地域住民の意思を反映していないなどとの理由から、教育委員会の首長部局化や任意設置が求められるようになり、その先鞭として社会教育行政の首長部局化が位置づけられるようになった。その結果、2007年には地方教育行政の組織及び運営に関する法律が改正され、社会教育行政のうち、スポーツ（学校体育を除く）と文化（文化財保護を除く）に関する事務については、首長部局への移管が可能となっている。こうして、社会教育行政の首長部局化が進みつつある。

　確かに、社会教育の範囲は地域住民の生活全般に関わるため、福祉やまちづくりといった首長部局が行う行政と社会教育行政との協力関係は大切である。しかし、社会教育行政を首長部局に移行するということは、社会教育が首長の管理下に置かれるということであり、社会教育が首長の意向に左右されることはほぼ確実である。つまり、民意の多様性を踏まえる首長ならば、住民の意思を反映し、住民の生活課題に結びついた社会教育も展望できるが、逆の場合は首長という権力による「不当な支配」が進むおそれがあるのである。

　また、現状の地方教育行政が中央集権的・閉鎖的であることも確かであろう。しかし、その大きな原因は、公選制教育委員会制度が1956年に任命制に転換させられたことにあると考えられる。教育委員会制度そのものに致命的な欠陥があるとは言い切れないのではないだろうか。

　こうした問題点を踏まえると、社会教育行政に課題があることは確かだが、その打開策として首長部局化が適当であるかどうかについては、慎重な検討が必要である。社会教育の自由をいかに確保するのかという視点から、社会教育行政の位置づけを再検討することが、今日求められている。

第 8 章
教育課程行政の仕組みと課題

　学校で行われる日々の教育実践を体系的に示すものが教育課程である。「教育課程」という用語は「カリキュラム（curriculum）」を翻訳したものである。「カリキュラム」の語源は、「人生の競争」(vitae curriculum) というラテン語であり、学生がそれに沿って進んでいかなければならない課程であるとともに、完了しなければならない課程という意味で使用され始めた、と言われている(1)。戦前日本では「教科課程」（小学校）、「学科課程」（中等学校・専門学校）と呼ばれ、主に学校で教えられる教科や教育内容を組織した教育計画と考えられていた。戦後は、「教育課程」は子どもたちが学校でもつところの学習経験の総体と広くとらえられるようになった(2)。
　『小学校学習指導要領解説総則編』（2008 年 8 月）では、教育課程について次のように説明をしている。

> 「学校において編成する教育課程とは、学校教育の目的や目標を達成するために、教育の内容を児童の心身の発達に応じ、授業時数との関連において総合的に組織した学校の教育計画であると言うことができる。学校において編成する教育課程をこのようにとらえた場合、学校の教育目標の設定、指導内容の組織及び授業時数の配当が教育課程の編成の基本的な要素になってくる。」

　教育課程は教育目的、教育目標を具体化するもので、小学校、中学校、高等学校、特別支援学校などに関しては学習指導要領が全国的な基準を示すものと

されている。一方で教育実践は多様な子ども・青年たちを相手に行われ、彼らの学習権を保障する実践を可能とするためには教師の教育活動上の自由が最大限求められるものである。

　本章では、教育課程行政の仕組みを概説し、さらに今日の教育課程行政をめぐる問題を考えていく。

1　教育課程行政の仕組み

(1) 教育目的・目標の法定

　教育課程は「学校教育の目的や目標」を達成するものであるから、どのような目的、目標が設定されているかが問題となる。

　日本国憲法は、国民主権、平和主義、基本的人権の尊重などを謳っているが、憲法全体の精神が「教育に対する大方針」である[3]。1947年に制定された教育基本法（以下、旧教基法）は1条で「教育の目的」を示した。1条（教育の目的）では、「教育は、人格の完成をめざし、平和的な国家及び社会の形成者として、真理と正義を愛し、個人の価値をたっとび、勤労と責任を重んじ、自主的精神に充ちた心身ともに健康な国民の育成を期して行われなければならない」と教育が「人格の完成」を目的とすることを謳った。同条には「平和」も教育目的として重視されている。このように旧教基法は戦前の軍国主義、極端な国家主義教育に対する強い批判の意味を込めて教育目的を設定した。

　2006年に全面改正された教育基本法（以下、教基法）では、1条で「教育の目的」を定め、2条で「我が国と郷土を愛する」といった具体的な5項目の教育の目標を定めている。5条2項では義務教育として行われる普通教育の目的を定めている。

　学校教育法（以下、学校法）は、教基法5条2項に規定する目的を実現するために21条で義務教育の目標を10項目にわたり定めている。さらに学校の種別ごとに目的を定めている（幼稚園：22条、小学校：29条、中学校：45条、高等学校：50条、中等教育学校：63条、特別支援学校：72条、大学：83条、大学院：99条、短期大学：108条、高等専門学校：115条、専修学校：124条）。幼稚園、小学校、中学校、高等学校、中等教育学校に関しては「目標」も定められている。

さらに学校法の2007年改正で、学力の要素として「基礎的な知識及び技能」「思考力、判断力、表現力その他の能力」「主体的に学習に取り組む態度」（30条2項）が定められ、「学力観の法制化」も行われた。

　法で教育目的、目標さらには学力観までが定められており、国が学校教育の内容に強い影響力を及ぼしていることが日本の教育課程行政の一つの特徴である[4]。

（2）教育課程編成の主体

　教育課程をだれがどのように編成するかについて『小学校学習指導要領』は第1章総則で「各学校においては、教育基本法及び学校教育法その他の法令並びにこの章以下に示すところに従い、児童の人間として調和のとれた育成を目指し、地域や学校の実態及び児童の心身の発達の段階や特性を十分考慮して、適切な教育課程を編成するものとし、これらに掲げる目標を達成するよう教育を行うものとする」と記載し、「各学校」が教育課程編成の主体であることを明記している。

　『小学校学習指導要領解説総則編』では、「学校において教育課程を編成するということは、学校教育法第37条第4項において『校長は、校務をつかさどり、所属職員を監督する。』と規定されていることから、学校の長たる校長が責任者となって編成するということである。これは権限と責任の所在を示したものであり、学校は組織体であるから、教育課程の編成作業は、当然ながら全教職員の協力の下に行わなければならない」と教職員の役割を認めている。

　「教員の地位に関する勧告」（1966年、教員の地位に関する特別政府間会議採択）は61項で「教員は、職責の遂行にあたって学問の自由を享受するものとする。教員は、生徒に最も適した教具及び教授法を判断する資格を特に有しているので、教材の選択及び使用、教科書の選択並びに教育方法の適用にあたって、承認された計画のわく内で、かつ、教育当局の援助を得て、主要な役割が与えられるものとする」（政府、仮訳）と述べ、教育課程編成権を教師の職業上の自由の重要な一環として位置付けている。

　教育課程は教育専門職たる教職員集団が自主的・自治的に編成すべきものである。その際に保護者・住民の参加（協力）を求めることも必要である。学習

指導要領でいうところの「各学校」の意味するところは「教職員集団」と解され、校長はそれを対外的に意思表示するものである。

（3）教育委員会の権限

　教育委員会は地方教育行政の組織及び運営に関する法律（以下、地方教育行政法）21条で、その職務権限として、「5　学校の組織編制、教育課程、学習指導、生徒指導及び職業指導に関すること」を含んでいる。また同法33条で教育委員会は、法令又は条例に違反しない限度において、その所管に属する学校その他の教育機関の施設、設備、組織編制、教育課程、教材の取扱などについて必要な教育委員会規則を定めるものとされている。この規則に基づき、各学校は翌年度に実施する教育課程を教育委員会に届け出することになっている[5]。

　教育委員会は、法的には法令に違反しなく各学校の教育課程編成権を侵害しない限りにおいて、教育課程が地域の実情に即して各学校で編成できるように指導助言を行うことができる。ただし、教育委員会は学校に対して教育課程編成上の指揮監督権、変更命令権、代行権などは有していない。

（4）文部科学大臣の権限

　教育課程に関する文部科学大臣の権限を小学校を例にして示す。学校法33条は、「小学校の教育課程に関する事項は、第29条及び第30条の規定に従い、文部科学大臣が定める」と文科相の権限を明記している（中学校は48条、高等学校は52条、中等教育学校は68条、特別支援学校は77条で規定）。学校法で教育課程に関して文科相に認めている権限はこれのみである[6]。

　これに基づき、学校法施行規則第4章第2節教育課程で教育課程に関する規定を置いている。50条では教育課程を構成する領域（各教科、特別の教科である道徳、外国語活動、総合的な学習の時間並びに特別活動）、51条では授業時数の標準を、52条では「小学校の教育課程については、この節に定めるもののほか、教育課程の基準として文部科学大臣が別に公示する小学校学習指導要領によるものとする」と文科相に教育課程の基準を作成することを委任している。

　文科相はこの規定に基づき「学習指導要領」を作成し告示している。学習指導要領は「総則」で「教育課程編成の一般方針」「授業時数等の取扱い」等を

定め、「各教科」「特別の教科　道徳」「外国語活動」「総合的な学習の時間」「特別活動」について目標や内容を記述している。

2　学習指導要領の役割と法的性格

（1）学習指導要領の役割

学習指導要領とは何か、文科省のホームページでは次のように説明している。

> 「全国のどの地域で教育を受けても、一定の水準の教育を受けられるようにするため、文部科学省では、学校教育法等に基づき、各学校で教育課程（カリキュラム）を編成する際の基準を定めています。これを『学習指導要領』といいます。『学習指導要領』では、小学校、中学校、高等学校等ごとに、それぞれの教科等の目標や大まかな教育内容を定めています。また、これとは別に、学校教育法施行規則で、たとえば小・中学校の教科等の年間の標準授業時数等が定められています。各学校では、この『学習指導要領』や年間の標準授業時数等を踏まえ、地域や学校の実態に応じて、教育課程（カリキュラム）を編成しています。」[7]

文部科学大臣が教育課程・教育内容の全国的基準を定める理由については、①学校の公の性質、②教育の機会均等の保障、③教育目的・目標の実現、④教育水準の発展向上と説明されている[8]。

学習指導要領は教育課程の基準であるにとどまらず、教科書検定の基準としても用いられている。「義務教育諸学校教科用図書検定基準」によれば、教科書は、学習指導要領の総則に示す教育の方針や各教科の目標に一致していること、各教科等の学習指導要領に示す「目標」「内容」「内容の取扱い」に示す事項を不足なく取り上げていることなどが求められている。

文科省は、学習指導要領の「解説」も刊行し、学習指導要領の「記述の意味や解釈などの詳細」について説明している。これにより学習指導要領の趣旨の徹底が図られている。

学習指導要領は教科書検定の絶対的な基準となり、検定教科書を通して教育

現場でそれに準拠した教育実践が徹底されていくシステムが構築されている。学校の教育課程編成権及び教師の教育の自由との関係から学習指導要領の法的性格が問題となっている。

(2) 学習指導要領の法的性格

　そもそも学習指導要領はどのようなものであったのか。日本で最初の学習指導要領は1947年3月に刊行された「学習指導要領一般編（試案）」であった。同書は「序論」で「なぜこの書はつくられたのか」を述べている。まず「これまでの教育では、その内容を中央できめると、それをどんなところでも、どんな児童にも一様にあてはめて行こうとした。だからどうしてもいわゆる画一的になって、教育の実際の場での創意や工夫がなされる余地がなかった」と戦前の中央集権的教育課程行政を批判し、「この書は、学習の指導について述べるのが目的であるが、これまでの教師用書のように一つの動かすことのできない道をきめて、それを示そうとするような目的でつくられたものではない。新しく児童の要求と社会の要求とに応じて生まれた教科課程をどんなふうにして生かして行くかを教師自身が自分で研究して行く手引きとして書かれたものである」と、「教師のための手びき書」すなわち「指導助言文書」としての性格を明記している。これは占領軍で教育改革を担当した民間情報教育局が当時の文部省に教育課程に関する権限を与えることに強く反対したことの反映でもある。

　1946年3月に提出された「アメリカ教育使節団報告書」では、「中央官庁は教授の内容や方法、または教科書を規定すべきではなく、この領域におけるその活動を概要書、参考書、教授指導書等の出版に限定すべきである」と述べていた。「学習指導要領の解釈及び運用に関すること」（1947年7月25日発教110号）でも「本年度発行した学習指導要領は、その中にもしばしば述べてあるように、指導上の基準を示したのであって、その通りの実行を求めているわけではない」と述べていた。

　しかし、この「試案」という表記は、1955年の改訂から消え、1958年の小中学校学習指導要領改訂時には官報に告示されることになった。この改訂は道徳が教科とならぶ領域として位置付けられたこと、経験主義的な問題解決学習から系統学習が中心となったという大きな特徴を持つものであったが、学習指

導要領の性格にも大きな変容をもたらすものであった。これ以降、文部省関係者は、学習指導要領には法的基準性があるという主張を行うようになった。

学習指導要領の法的性格について、教育法学説では「大綱的基準」説、「外的条件」説、「学校制度的基準」説などがあるが、いずれも法的拘束力を否認している。一方で、行政解釈は、学習指導要領は、学校法の委任を受けた同法施行規則の再委任にもとづく文科省告示であり、教育課程の国家基準立法である法規命令として、事項により強弱はあるが全体として法的拘束力を有すると解釈している[9]。

（3）北海道学力テスト事件最高裁判決と学習指導要領

学習指導要領の法的性格について一定の法的結論を示したのが全国学力テスト反対運動の中で発生した1961年の北海道旭川市立永山中学校事件（北海道学力テスト事件）の最高裁判決である（1976年5月21日）。

北海道学力テスト事件の最高裁大法廷判決が、学習指導要領の「遵守すべき基準」について判示した部分を、長文になるが確認のために引用する。

　「思うに、国の教育行政機関が法律の授権に基づいて義務教育に属する普通教育の内容及び方法について遵守すべき基準を設定する場合には、教師の創意工夫の尊重等教基法一〇条に関してさきに述べたところのほか、後述する教育に関する地方自治の原則をも考慮し、右教育における機会均等の確保と全国的な一定の水準の維持という目的のために必要かつ合理的と認められる大綱的なそれにとどめられるべきものと解しなければならないけれども、右の大綱的基準の範囲に関する原判決の見解は、狭きに失し、これを採用することはできないと考える。これを前記学習指導要領についていえば、文部大臣は、学校教育法三八条、一〇六条による中学校の教科に関する事項を定める権限に基づき、普通教育に属する中学校における教育の内容及び方法につき、上述のような教育の機会均等の確保等の目的のために必要かつ合理的な基準を設定することができるものと解すべきところ、本件当時の中学校学習指導要領の内容を通覧するのに、おおむね、中学校において地域差、学校差を超えて全国的に共通なものとして教授され

ることが必要な最小限度の基準と考えても必ずしも不合理とはいえない事項が、その根幹をなしていると認められるのであり、その中には、ある程度細目にわたり、かつ、詳細に過ぎ、また、必ずしも法的拘束力をもつて地方公共団体を制約し、又は教師を強制するのに適切でなく、また、はたしてそのように制約し、ないしは強制する趣旨であるかどうか疑わしいものが幾分含まれているとしても、右指導要領の下における教師による創造的かつ弾力的な教育の余地や、地方ごとの特殊性を反映した個別化の余地が十分に残されており、全体としてはなお全国的な大綱的基準としての性格をもつものと認められるし、また、その内容においても、教師に対し一方的な一定の理論ないしは観念を生徒に教え込むことを強制するような点は全く含まれていないのである。それ故、上記指導要領は、全体としてみた場合、教育政策上の当否はともかくとして、少なくとも法的見地からは、上記目的のために必要かつ合理的な基準の設定として是認することができるものと解するのが、相当である。」

　国が「普通教育の内容及び方法」について基準を設定する場合は、「教育における機会均等の確保」「全国的な一定水準の維持」という目的のために「必要かつ合理的と認められる大綱的なそれにとどめられる」とまず示している。そして、学習指導要領が「必要かつ合理的な基準の設定として是認」されるための条件として、「教師の創意工夫の尊重」「教育に関する地方自治の原則」「地域差、学校差を超えて全国的に共通なものとして教授されることが必要な最小限度の基準」「教師による創造的かつ弾力的な教育の余地」「地方ごとの特殊性を反映した個別化の余地」「教師に対し一方的な一定の理論ないしは観念を生徒に教え込むことを強制するような点は全く含まれていない」ことをあげている。そして「本件当時の中学校学習指導要領」の内容には法的拘束力をもって強制するのにふさわしくないものも幾分含まれていると判断している。
　最高裁は無条件で当時の学習指導要領が「遵守すべき基準」としての性格を満たすことを認めたのではない。法的拘束力については言及していない。現行の学習指導要領に法的基準性が認められるかどうかは最高裁が示した基準で検証される必要がある。

3　教科書検定制度と教科書採択

　日本の小学校、中学校、高校の授業の多くは教科書をもとに授業が進められている。教師の教材研究の多くは教科書研究に割かれていると言ってもよい。どの会社のどの教科書を使用するかは教師が授業を進めるに当たって大きな影響を及ぼすものである。教科書とは「教育課程の構成に応じて組織配列された教科の主たる教材として、教授の用に供せられる児童又は生徒用図書であって、文部科学大臣の検定を経たもの又は文部科学省が著作の名義を有するもの」とされている（教科書の発行に関する臨時措置法2条1項）。そして学校法34条1項で「小学校においては、文部科学大臣の検定を経た教科用図書又は文部科学省が著作の名義を有する教科用図書を使用しなければならない」（中学校、高校、中等教育学校にも準用）と教科書の「使用義務」が課されている（教科書検定の仕組みについては図8－1を参照）。

　それでは各学校、各教師が使用する教科書はどのように選ばれているのだろうか（教科書採択の仕組みについては図8－2を参照）。地方教育行政法は教育委員会の職務権限として「教科書その他の教材の取扱に関すること」（23条6号）を規定しており、行政解釈ではこの条文から教育委員会に教科書採択権があるとしている。しかし義務教育諸学校の教科用図書の無償措置に関する法律（以下、教科書無償措置法）は、都道府県教育委員会は教科用図書採択地区を設け、採択地区ごとに一種の教科書を採択するよう規定している（12条、13条）。

　教科書採択をめぐり、文科省は、単独採択地区の場合は教育委員がみずから教科書を検討し採択するよう求めている。一方で、共同採択地区の場合は、採択地区協議会の結果に基づいて採択することになっている[10]。

　また現行法律上、教師が教科書採択に関与するルートは規定されておらず、小中学校では教科書は実際に使用する教師の意見が反映されないまま採択される場合もある。

　教科書に関しては採択をめぐる問題だけではなく、教科書検定の在り方も古くから問題となっている。その代表的なものが家永教科書検定訴訟であるが、最近では教科書検定基準をめぐる問題も起きている。2014年1月17日、文科

図8－1　教科書検定の手続

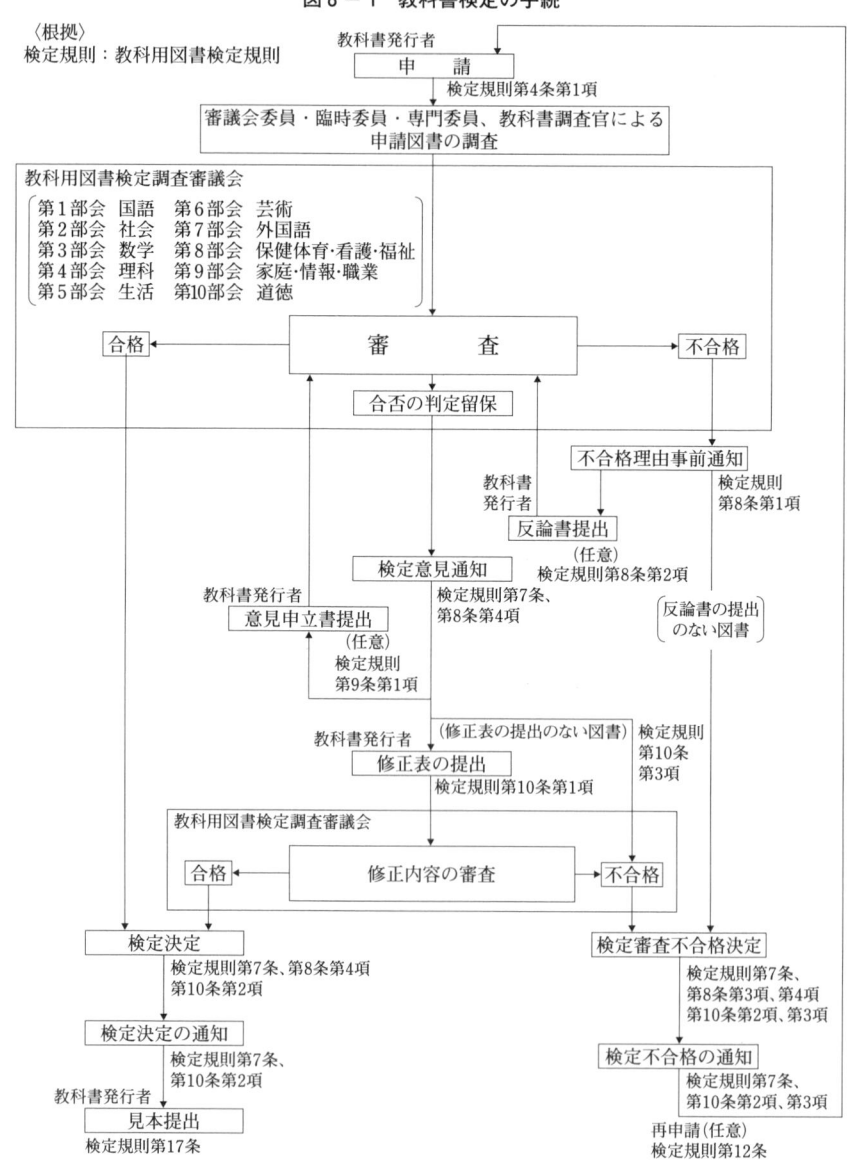

〈根拠〉
検定規則：教科用図書検定規則

教科書発行者 → 申　請（検定規則第4条第1項）

↓

審議会委員・臨時委員・専門委員、教科書調査官による申請図書の調査

教科用図書検定調査審議会
- 第1部会　国語　　第6部会　芸術
- 第2部会　社会　　第7部会　外国語
- 第3部会　数学　　第8部会　保健体育・看護・福祉
- 第4部会　理科　　第9部会　家庭・情報・職業
- 第5部会　生活　　第10部会　道徳

審　査 → 合格／不合格

↓ 合否の判定留保

不合格理由事前通知（検定規則第8条第1項）

教科書発行者 → 反論書提出（任意）（検定規則第8条第2項）

検定意見通知（検定規則第7条、第8条第4項）

教科書発行者 → 意見申立書提出（任意）（検定規則第9条第1項）

反論書の提出のない図書

教科書発行者 →（修正表の提出のない図書）修正表の提出（検定規則第10条第1項）

検定規則第10条第3項

教科用図書検定調査審議会
修正内容の審査 → 合格／不合格

- 合格 → 検定決定（検定規則第7条、第8条第4項、第10条第2項）
  - 検定決定の通知（検定規則第7条、第10条第2項）
  - 教科書発行者 → 見本提出（検定規則第17条）

- 不合格 → 検定審査不合格決定（検定規則第7条、第8条第3項、第4項、第10条第2項、第3項）
  - 検定不合格の通知（検定規則第7条、第8条第2項、第3項）
  - 再申請（任意）（検定規則第12条）

出所：文部科学省「教科書制度の概要」2015年5月

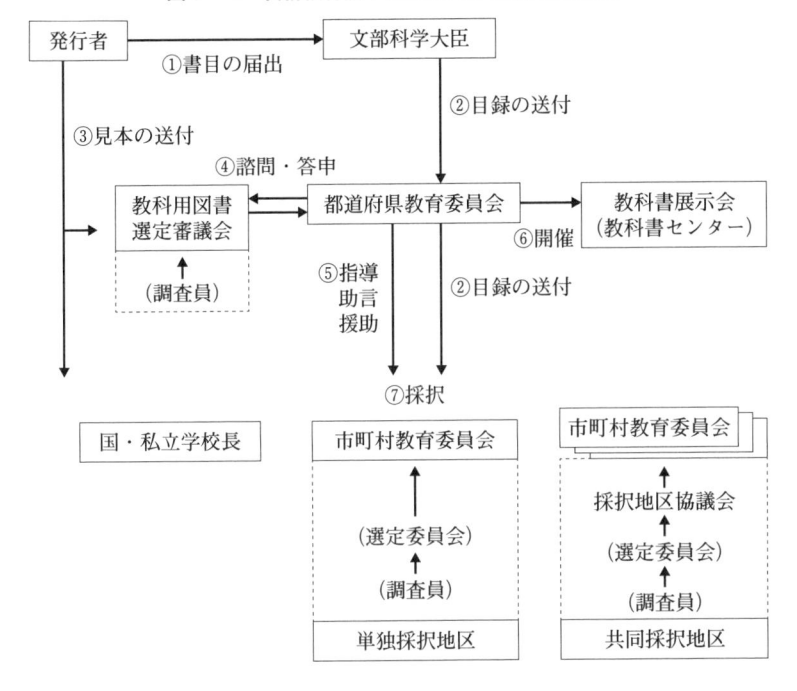

図8-2 義務教育諸学校用教科書の採択の仕組み

```
発行者 ──①書目の届出──▶ 文部科学大臣
  │                          │
  │③見本の送付               │②目録の送付
  │                          ▼
  │    ④諮問・答申
  │  ┌─────────┐  ┌──────────────┐      ┌──────────────┐
  └─▶│教科用図書│◀─│都道府県教育委員会│─────▶│ 教科書展示会 │
     │選定審議会│─▶│              │⑥開催 │(教科書センター)│
     │          │  │              │      └──────────────┘
     │ (調査員) │  └──────────────┘
     └─────────┘      │⑤指導   │②目録の送付
                        │ 助言
  │                     │ 援助
  ▼                     ▼⑦採択
国・私立学校長     市町村教育委員会    市町村教育委員会
                                      採択地区協議会
                      (選定委員会)     (選定委員会)
                       (調査員)         (調査員)
                      単独採択地区     共同採択地区
```

出所：前掲書

省は「義務教育諸学校教科用図書検定基準及び高等学校教科用図書検定基準の一部を改正する告示」を出した。そこでは社会科の検定基準として「近現代の歴史的事象のうち、通説的な見解がない数字などの事項について記述する場合には、通説的な見解がないことが明示されているとともに、児童又は生徒が誤解するおそれのある表現がないこと」「閣議決定その他の方法により示された政府の統一的な見解又は最高裁判所の判例が存在する場合には、それらに基づいた記述がなされていること」が追加された。この改正は日本と近隣アジア諸国との関係について国際理解と国際協調を深める立場で書くことを求める「近隣諸国条項」を骨抜きにするものであり、教科書を政府の見解を子どもたちに浸透させる道具にし、事実上の「国定教科書」づくりをめざすものだとの批判が加えられている。

さらに文科省は2014年1月28日、「中学校学習指導要領解説」および「高等学校学習指導要領解説」の「一部改訂」を行った。そこでは領土問題に関して、竹島、尖閣諸島が我が国固有の領土であることを理解させること、自然災害時の自衛隊などの役割について触れることを求めている。

　学習指導要領の「解説」は、文科省の説明では「学習指導要領の記述の意味や解釈などの詳細について、教育委員会や教員等に対し説明するため、文科省の著作物として作成したもの」とされている。あくまで単なる著作物である。その著作物で事実上学習指導要領の内容を追加している。

4　改正地方教育行政法と教育課程

　2014年6月20日に地方教育行政法の一部を改正する法律が公布され、2015年4月1日から施行された。この改正は首長と教育委員会との連携強化の名目で、教育課程行政にも大きな影響を与える内容を含んでいる。

　改正法では、首長は「教育基本法第17条第1項に規定する基本的な方針を参酌し、その地域の実情に応じ、当該地方公共団体の教育、学術及び文化の振興に関する総合的な施策の大綱」を定めるものとし（1条の3）、すべての地方公共団体に「総合教育会議」を設置すること（1条の4）と定めた。

　新教育長の任命、総合教育会議の開催及び教育施策の大綱の策定を通して首長は教育行政に大きな影響力を行使することが可能になった。総合教育会議においては「教科書採択、個別の教職員人事等、特に政治的中立性の要請が高い事項については、協議題とするべきではないこと」とされたが、「教科書採択の方針、教職員人事の基準」については「予算等の地方公共団体の長の権限にかかわらない事項であり、調整の対象にはならないものの、協議することは考えられるものであること」とされた[11]。教育委員会の対応次第では教科書採択の方針に首長の意向が反映されることになる。さらに学校教育の目的等についても協議が行われれば、教育の政治的中立性が損なわれかねない。

　日本の教育課程行政の仕組みを概観すると、近年、政治の関与が増大している。いかなる教育課程を、誰がどのような基準、方法で決定するかはその国の教育の在り方を大きく左右する重要な事柄である。教育に直接に関わる教職員、

子ども、保護者たちを含めて、教育自治的に教育課程が編成、実施できるシステムを構築していくことが重要である。

注
(1) 田中耕治・水原克敏・三石初雄・西岡加奈恵『新しい時代の教育課程』（第3版）有斐閣、2011年、1頁。
(2) 同上書、11-12頁。
(3) 山住正己・堀尾輝久『教育理念』戦後日本の教育改革第2巻、東京大学出版会、1976年、272頁。
(4) 成嶋隆「教育目的・目標法定の意義と限界」日本教育法学会編『教育法の現代的争点』法律文化社、2014年、大橋基博「新教育基本法と学習指導要領」『日本教育法学会年報』第42号、2013年を参照。
(5) かつては地方教育行政法49条で都道府県教育委員会は、市町村教育委員会の所管に属する学校その他の教育機関の組織編制、教育課程、教材の取扱いその他の管理運営に関する基本事項について、教育委員会規則で必要な基準を設けることができるとの規定があったが、1999年の地方分権一括法による地方教育行政法の改正で削除された。
(6) 成立時の学校法20条は「小学校の教科に関する事項は、（中略）監督庁が、これを定める」となっていた。これは教育内容の画一化を避け、いかなる教科を教えるかを都道府県監督庁に一任しようという趣旨に基づくものであった。1999年に「監督庁」が「文部大臣」に改められ、2007年に「教科」が「教育課程」に改められた。
(7) 文科省HP「新学習指導要領・生きる力」
http://www.mext.go.jp/a_menu/shotou/new-cs/idea/1304372.htm
(8) 鈴木勲編著『逐条学校教育法第7次改訂版』学陽書房、2009年、260-262頁。
(9) 市川須美子「学習指導要領の法的拘束力をめぐる学説」『法律時報』第60巻第2号、1990年4月号
(10) 2011年8月、沖縄県八重山地区の協議会が、育鵬社の中学公民教科書を採択した。これに反発した竹富町が別の教科書を配布するという事態が生じた。文科相は2014年3月協議会が決定した教科書を使うよう地方自治法に基づく是正要求を行った。
(11) 文科省「地方教育行政の組織及び運営に関する法律の一部を改正する法律について（通知）」2014年7月17日。

■コラム8
宗谷の教育合意運動

　北海道宗谷管区では、1978年に宗谷校長会・宗谷教頭会・地方教育委員会・北海道教職員組合宗谷支部（当時）との間で「教育活動と学校運営の基本方向についての合意」（略称「学校づくりの合意書」）と題する合意文書が交わされるなど、「教育合意運動」と呼ばれる運動が展開された。この「学校づくりの合意書」（以下、合意書）にもとづいて、個別の学校が民主的学校づくりに取り組んでおり、今日まで続けられてきている。

　合意運動および合意書では、憲法と教育基本法の理念にもとづいて、教育関係者がそれぞれの責務を自覚し、相互に協力することが確かめられている。そして、学校教育は、「憲法・教育基本法の示している方針にもとづき学問の自由と教育の自主性を尊重しそれを保障することを基本的見地」として、自然・社会に関する基本的事実、科学的認識の基本を教え、「主権者として行動できる能力の基本」を身につけさせることである、と整理されている。

　それらを踏まえて、具体的にそれぞれの教育関係者の責務と役割が確認されている。まず、「教師の責務」である。合意書では、教師が「国民に直接責任を負って行なわれる教育の担い手」であることを明らかにし、「責務」を果たすために、民主的な諸権利や、教育活動上の自主性とその身分が国民から与えられていることが記されている。

　この「教師の責務」理解は、「学校づくりの合意書」について、教職員組合が父母・地域にその内容を広めるとともに、同意を求める署名活動を展開した点からも読み取ることができる。署名活動を通じて、合意した教育関係者のみならず、父母・地域の支持を受けて、合意書の内容を実践的に深めていくことを明確にしたのだった。

　つぎに、実際の学校教育において問題となる、学校運営に関わる事項についての見解である。「合意書」では、学校運営が「国民の期待に応える教育活動を豊かにすすめるためのもの」であること、そのため「学校運営の基本」は「なによりも子どもの教育を中心におき、校長を中心にすべての教職員の民主的協議と協力関係のもとに民主的に運営されるべき」であると書かれている。こうした民主的な学校運営を進めるために、職員会議や学校長の役割、校務分掌のあり方についての基本的視点が記されている。

　そして、教育行政については、「教育と学校の自主性を保障し父母をはじめ教職員の相互理解を深めつつ教育諸条件の整備につとめる」ことが記されている。

　こうして確認された民主的学校づくりの視点が、その後の個別の学校づくりで具体的に展開されていく。代表的な事例のひとつである稚内市立南中学校の実践では、学校の教育計画である教育課程の中に、子どもの実態や父母の願いが盛り込まれ、それに基づいた学校づくりが展開されていった。

（横山幸一・坂本光男『宗谷の教育合意運動とは』大月書店、1990年参照）

第9章
学校制度の歴史と原理

　中等教育・高等教育は伝統的教養を継承するために、支配層による支配層のための学校として形成されてきた。義務教育は、専制国家における国民形成のために、あるいは慈恵的な児童保護政策として出現してきた。いわば、支配層による被支配層への教育であった。今、学校は社会からなくすことができないほど、私たちの生活にとって不可欠なものとなっている。しかし、学校が私たちに与える抑圧やストレスもかつてないほど大きくなっている。私たちのための私たちによる私たちの学校は、どんな学校制度によって可能となるのであろうか。本章を読んで考えてもらいたい。

1　学校の起源と近代学校の成り立ち

（1）学校の起源
　現代は学校化社会とも呼ばれ、学校の存在はごく当たり前になっている。しかし、人類の歴史において学校が登場するのはそれほど古くはない。school（英）、Schule（独）、école（仏）の語は、すべてラテン語のschola、ギリシャ語のscholeから来ている。よく知られているようにscholeは「暇」を意味していた。それゆえ、元来、ヨーロッパの古代の学校は、労働から解放された市民（自由民）が学問や討論をするための場、あるいはそうしたグループを指していた。
　古代中国では様子がいささか異なっていた。学校の「學」は、神社に見られるような千木を屋上にいただいた建物のなかに子どもを集めた施設を意味して

いた。「校」には囚人などに付す足枷の意味があり、学校は若者を収容し規律を身につけさせる施設であった⁽¹⁾。

しかしいずれにせよ、学校は文字文化成立以後に人類社会に登場したものであって、組織的・計画的に教育を集中して実施する場である。そうした場においては、教育を計画する者と教育を受ける者との関係、重視される教育内容等において、その社会・文化の固有性が色濃く反映される。

古代日本の学校の起源は天智天皇の近江朝のころにさかのぼることができる。奈良時代には、唐の制度を模倣して都に大学、地方の国々に国学を置いた。その目的は官僚養成であり、教育内容は儒教などの中国古典であった。ただし、古代日本では、外来文化の教育・学習はむしろ寺院で活発に行われていた。南都六宗などの仏教学派は高度な宗教哲学を研究していたし、大寺院では、仏教（内典）以外の外典の研究も盛んであった。

たとえば、空海は、大学を優秀な成績で卒業し官僚貴族としての将来を嘱望されながらも、官僚養成のための学問に満足せず、仏教や老荘思想を学び、唐に留学し、帰国後は真言密教を大成した。彼は貴賤貧富にかかわらず民衆にも教育機会を与えるため、平安京に綜芸種智院と称する学校を創設し、仏教のみならずすべての思想を総合化することをめざした。また中世には、五山文化といわれる禅宗寺院での中国風の学問・教育が花開いた。

（2）ヨーロッパの近代学校

ヨーロッパの近代学校の原型は、ベネディクト会などの修道院学校や教会付属学校に求めることができる。これらはラテン語による聖職者養成の学校であった。西欧においては、ラテン語は教養階級の文語として、また学術語として、長らく近代に至るまで重視された。一方、商工業の発展や市民社会を背景とした国民国家の形成にともなって、英語、フランス語、ドイツ語などの国語が成立し、プロテスタントの福音主義による聖書の普及は、母国語での読み書きの大衆化を促した。

こうした時代背景のなかで、民衆教育が公教育として形成されるようになった。たとえば、プロイセン・ドイツでは、フリードリッヒ大王（Friedrich Ⅱ：在位 1740-86）による 1763 年の地方学事通則が注目される⁽²⁾。国語修得と国民

意識形成を図るための民衆教育を義務教育としたのであった。ここでは、義務教育制度は一定の教育内容の修得を義務づける課程主義に基づいていた。ただし義務教育の普及には、その後1世紀ほどかかった。

　他方、イギリスでは、産業革命の進展とともに児童労働が社会問題となり、就労最低年齢を規定するために工場法（1833年）が制定された。イギリスの義務教育制度はこの工場法と表裏の関係で成立し、就労最低年齢までの児童をフルタイムで学校に就学させることを目的とした。これは課程主義に対して年齢主義と呼ばれる[3]。このように民衆のための初等程度の教育は、国家による国民形成や社会政策的な目的を付与されて、義務教育（強制教育）として組織されていった。ただし、大量の児童を助教制（モニトリアル・システム）によって教育するなど、その教育条件は劣悪であった。

　他方、中等教育は、教会学校などを継承しつつ、伝統的教養を引き継ぐ支配階級のための教育機関としての性格をもちながら発展した。グラマー・スクール（英）やリセー（仏）、ギムナジウム（独）などの中等教育は、ギリシア・ローマの学芸（ヘレニズム）とキリスト教思想（ヘブライニズム）とをルーツとするヨーロッパ文明そのものを再生産・発展させる教養の基地とみなされた[4]。

　したがって、ヨーロッパでは常に、ラテン語や古代ギリシア語、ヘブライ語などの古典語や人文的教養（リベラル・アーツ）が、将来の進路を問わず知識人の教養として必須とされた。そして、そうした教養を有することは、そのまま大学への進学資格（バカロレア、アビトゥーア）とみなされた。したがって元来は、中等教育は初等教育と本質的に異なった教育機関であった。

　実際、ヨーロッパの各地では、19世紀頃まで、中等教育機関には、多くの生徒がその予備教育学校または家庭教師による教育から入ることが多く、中等教育は民衆教育から接続していなかった。これがヨーロッパの型の典型的な複線型学校体系である。初等段階の複線型は、その後19世紀から第一次大戦期にかけてドイツ、フランスなどの統一学校運動のなかで解消が図られていくこととなる。

(3) 日本の近代学校

　江戸時代は、戦争のない長い平和が続き（パックス・トクガワーナ）、日本固

有の文化が洗練され、識字率も諸外国に比して高かった[5]。武士のための藩校、民衆のための寺子屋のほかに、国学・漢学・洋学などの私塾も多数生まれ、その教育水準も高かった。しかし欧米列強の軍事力の前には開国が不可避となり、一挙に近代国家を形成する必要性に迫られた。

　教育は富国強兵の手段となり、欧米に範をとってその移入を急いだ。そのため日本の近代化はおおむね西欧化という形をとった。特に、先進的な制度を模倣し、当時、ヨーロッパで新しい学校制度として構想されていた初等段階の統一学校を、初めから実現した。しかしながら小学校課程すべてが中等教育の前段階となっていたわけではなかった。高等小学校（後・国民学校高等科）は小学校の完成段階で、国民の大部分がここを最終学歴としていたが、この学校は中等教育と並列していた[6]。

2　複線型学校体系の変容

(1)「すべての者に中等教育を」

　国民国家同士の総力戦となった第一次大戦は、国民の平等意識を高揚させ、身分的・階級的格差に対応していた教育制度の改革に目を向けさせた。初等教育の統一学校運動も大きく進展し、初等後の段階においても、中等程度の学校を国民的な教育機関として位置づける動きが高まった。たとえば、イギリスでは、1922年にトウニィ（Tawney, R. H.）が、労働党のために『すべての者に中等教育を』と題する報告書を作成した。この報告書は、子どもたちを16歳まで中等程度の学校に就学させること、中等教育機会を階級や経済的地位で差別しないことを求めている。この趣旨は、労働党内閣のハドー報告『青年期の教育』（1926年）から『スペンズ報告』（1938年）に継承され、1944年の教育法（バトラー法）によって実現されることとなる[7]。

　ところが、1944年法では中等教育諸機関は一元化されず、グラマー・スクール、モダン・スクール、テクニカル・スクールの3本立てとなり、11歳時の試験（イレブン・プラス試験）により子どもたちを各学校に振り分けることとなった。また、イギリスには、特権的な私立のパブリックスクールが古くから存在した。この結果、「能力」による選抜を原則として、階級や貧富による

差別を排除しようとしたが、階級や経済力は間接的に「能力」判定結果を左右し、子どもたちの進学に影響した[8]。

(2) ジュニア・ハイスクール

アメリカにおいては、1910年代から20年代にかけて、いわゆる「ジュニア・ハイスクール運動」が見られた。こうしたなかで、従来のままの制度は8-4 planと呼ばれたのに対し、新たな制度は、6-6 plan、6-3-3 planと呼ばれた。小学校を6年制とし、その後にジュニア・ハイスクールに接続させ、シニア・ハイスクールから高等教育へと接続させたのであった。これは初等教育から高等教育までの接続を円滑にし、各段階のドロップアウトの減少を図ることを目的としていた。いいかえれば、中等教育の始期を2年早め、そのことによって中等教育の機会均等と大衆的普及を図ることが目指されたのであった。

さらに、当時は青年心理学の勃興期であり、独自の発達段階として青年期教育の研究が進んだ。このなかで12歳頃からを青年前期とする考え方が広まり、ジュニア・ハイスクール設置の動きに理論的根拠を与えた。また、ハイスクールの前半部分をジュニア・ハイスクールとして分離するなかで、ハイスクール教育の普及と進学者の増加をもたらした。アメリカにおけるハイスクール就学者は、1910年から30年までの20年間に350万人増え480万人へと激増した。そうしたなかで、ジュニア・ハイスクールではアカデミックな教育のみならず、職業教育や市民教育などが大きな比重を占めるようになった[9]。

3　戦後日本の中等教育改革

(1) 戦前日本の中等教育

ヨーロッパでは、中等教育内容は古代からの歴史的伝統のなかで形成されてきた。しかし、日本の近代の中等教育内容は、必ずしもそうした伝統や歴史に裏付けられた教養という性格を持っていなかった。哲学や信仰によるバックボーンもなく、伝統的な中堅国民の教養を反映したものでもなかった。中等教育内容の重要なものは「国・漢・英・数」と称されたが、それらはラテン・ギリシアの古典的・人文的教養の厚みと豊かさとは比較することのできない貧弱な

ものであった。それは近代日本の中等学校の知的脆弱さとも連動していた。

また、日本では、早くから中等教育を小学校に続く第二段階の学校と見る考え方がヨーロッパに先んじて形成されていた。1907年の義務教育延長後は6年間の尋常小学校修了の時点から中学校・高等女学校・実業学校などに分岐する構造となり、専門学校入学資格を得るまでの5年（男子の場合）ないし4年（女子の場合）の課程は全体として中等教育とみなされるようになってきた。こうした観念は、文官任用令の判任官任用資格、徴兵令の徴集猶予規定、専門学校入学者無試験検定などにおける「中学校と同等以上の学校」という認定を通して定着していくことになった。1910年代頃からは、実業学校も高等女学校もさらに師範学校や一部の各種学校も、専門学校に接続する学校はみなこうした「中学校と同等以上」の中等教育機関とみなされるようになった。

しかし、問題は、初等教育に過ぎない高等小学校やパートタイムの教育機関である実業補習学校（1935年からは青年学校）と、中等程度の諸学校との格差であった。この格差は、地主と小作、中間層と労働層といった階級や社会格差と結びつき、戦前日本の複線型学校制度の矛盾の焦点となっていた。

(2) 6・3・3制への改革

初等後の複線型学校体系の問題の解決を図ろうとした研究者は、野口援太郎、川本宇之介、阿部重孝らであった。野口は、高等小学校を「民衆的な中等学校」とすることを提言し、川本や阿部は、アメリカで改革が進む制度を参考にして高等小学校を廃止し、6・3制とすることを提唱した。これらは結局当時は実現を見なかったが、第二次大戦後来日した米国教育使節団に対し、その勧告のなかに6・3・3制を明示するよう、日本側から強力な働きかけができたのは、こうした構想や理論的蓄積があったからである。戦後の6・3・3制の実施は、アメリカによる押しつけであるというのはまったく事実に反しており、日本側主導によって戦前からの構想を実現したものであった[10]。

ところで、初等教育と中等教育が単線型学校体系（ラダー・システム）として下から連続的に接続し、中等教育段階が大衆的に普及すると、中等教育の内容に、従来までの普通教育に加え、公民教育や職業教育が入り中等教育の性格は変化し、また同時に一元化への方向性を強めることとなった。こうした中等

教育一元化の動きと軌を一にしながらも、よりラディカルに改革されたのが、戦後日本の学制改革であった。

　単線型における前期中等教育（中学校）段階の義務化と後期中等教育（高等学校）の準義務化は、中等教育機会の徹底した均等化を実現した。さらに、男女共学・総合制（普通教育と専門教育の総合化）・小学区制のいわゆる高校３原則は、すべての者に開かれた地域の学校として、中等教育（高校）を大衆化・民主化する制度的基礎とされた。学校教育法案の提案理由説明では、この点を「教育の機会均等」、「普通教育の普及向上と男女の差別撤廃」として解説している。いいかえれば一般大衆への知の開放であり、民主主義社会実現の基礎としての改革であった。

（３）高等学校の準義務制

　中等教育義務化の理念は新制中学校の部分にとどまらなかった。新制高等学校の部分もまた、義務教育にしていこうとする根強い動きがあった。青年学校関係者を中心とした運動であった。青年学校は、戦時期の1939年より19歳までの男子の義務制が実施されていた。青年学校義務化は軍国主義的要因を背景としており、戦後の義務教育観とは異なる観点から実現されたものであった。またフルタイムの就学を義務にしたものではなかった。しかしながら、一般には、そして特に青年学校関係者には、青年期である19歳まで義務教育を延長したものとしてとらえられていた。このことにより、戦後に高等学校教育の義務化へと視点が向けられる契機がすでに戦時期に形成されていたのである。

　高等学校の義務化は実現しなかったが、結局、青年学校関係者の運動は、高校の準義務制という理念を形成するための大きな力となった。高等学校は、「『希望者はだれでも入学できる。』（略）義務教育ではないが、いわばこれに準ずる性格」をもって発足し、「その収容力の最大限度まで、国家の全青年に奉仕」するという観点から、「入学希望者をできるだけ多く、全日制か定時制かのどちらかに収容」する方針がとられた。入学者の選抜に関しては、「これはそれ自体として望ましいことでなく、やむをえない害悪であって、経済が復興して新制高等学校で学びたい者に適切な施設を用意することができるようになれば、直ちになくすべきもの」と考えられることになった。まさに、高等学校

は準義務教育として位置づけられたのであった[11]。

4　6・3・3制の意義

（1）6・3・3制の概念

　6・3・3制ないしは6・3制といった場合、その厳密な概念となると、必ずしも確定しているわけではない。現在、よく使われている辞書ではどのように解説されているのであろうか。たとえば、『国史大辞典』（吉川弘文館、1993年：佐藤秀夫執筆）の「六・三制」の項目では、「狭義には（中略）小学校六年と中学校三年とを対象とする義務教育制度」をさすが、「戦後の初等・中等教育制度全体の六・三・三制の略語として用いられる場合もある」と述べ、さらに「広義には、戦後教育改革により成立した教育制度全般をさすことがある」と解説したうえで、結論的には「慣用語句であって正規の法制用語や学術用語とはいえない」と指摘している。確かに、6・3制という用語は法令で使用されたものではなく、厳密にいえば多義的で意味内容は曖昧である。しかし、6・3制という言葉は、戦後日本の教育を語る際に避けることのできない用語でもある。

　それでは、一般の通念ではどのように理解されているのであろうか。再び辞書にあたると、『広辞苑』（第6版、2008年）、『日本国語大辞典』（小学館）、『日本百科大全書』（小学館）などの「六三制」の項目には、「第二次大戦後の教育改革により、一九四七年に公布された学校制度に基づく現行学校制度の通称」といった内容が第一の意味として載っている。すなわち、一般には学校教育法によって成立した戦後の学校制度の全体をさすと考えられているのである。

　そこで、ここではまず一般通念にしたがって、戦後の学校制度の通称としてとらえておくことにする[12]。なお、意味内容をこのように考えるならば6・3制でも6・3・3制でも同じことであり、一般的には6・3制の方が用例が多い。しかし、歴史的には、6・3制というより6・3・3制と呼ぶ方が適切である。それは、新学制発足時には、高等学校まで含んだ初等・中等教育が一連のものとみなされ、現に当時は6・3・3制という用語が多く使われたからである。

（2）戦後学校システムとしての6·3·3制

　戦後の学制改革の柱はどこにあったのであろうか。再来日した米国教育使節団に提出した文部省報告書『日本における教育改革の進展』（1950年）は、戦後教育改革を当事者がまとめた文書である。このなかで学制改革の目的は以下の5点に整理されている[13]。

　すなわち、①学校教育立法の法律主義、②学校制度の単線化、③中学校の義務化、④教育目的・目標の民主的転換、⑤教育の地方分権および教育の自主性確立、である[13]。これをみると、戦後の学校制度改革は、学校体系の側面だけでなく教育理念・教育内容・教育行政など学校制度に関連する広範な領域を包含するものとみなされていたことがわかる。

　ところで、6·3·3制といった場合、修業年数など制度の形態面のみが重視される傾向がある。しかし、そうした見方では6·3·3制の意義を単なる学校体系面にのみ矮小化する結果をまねくことになる。6·3·3制を戦後学校制度の総体ととらえるならば、6·3·3制を学校制度の形態ととらえるのではなく、学校制度の構造（有機的に関連したシステム）として理解すべきであろう。

（3）6·3·3制の構造

　6·3·3制を学校制度の構造ととらえる場合、それはどのように理解すればよいのであろうか。その手がかりとして、まず学校教育法案の提案理由説明を見てみよう。高橋誠一郎文相は、学校教育法が実現しようとしている制度と従来の制度との違いを以下のように要約している。

> 「従来の制度と根本的に異なります点は、各種の学校系統を単一化しまして、6·3·3·4制の小学校、中学校、高等学校、大学といたしましたほか、従来の教育における極端なる国家主義の色彩を払拭いたしまして、真理の探求と人格の完成を目標といたし、（略）従来の教育行政における中央集権を打破いたしまして、画一的形式主義の弊を改め、地方の実情に即して、個性の発展を期するために、地方分権の方向を明確にいたし、（略）都道府県の監督に委ね、教科書、教科内容など重要な事項につきましては、当分の間文部大臣が所掌いたしますが、この権限をいつでも下級機関に委任

することにいたしてあります[14]。」

　学校体系の単線化とともに、学校教育の地方分権化の方針が明示されているのである。いわば、前者は教育の機会均等という改革軸であり、後者は教育の分権化という改革軸である。すなわち、学校教育法の実施は教育の地方分権化と不離一体のものとして予定されていたのであった。6・3・3制はそうした地方分権・地方自治という教育行政のなかでこそ花開くはずであった。

　しかし、教育課程行政の地方分権化は今日に至るまで実現していない。また、教育の地方分権化を支える教育委員会制度も、公選制教育委員会が全国の市町村に設置されてからわずか数年で任命制に変えられた。6・3・3制は発足期においてすら当初構想された形としては実現していないのである。こう考えると、6・3・3制に関連する諸種の改変が実施されればされるほど、教育上のより多くの問題を生みだしてきたことが、むしろ必然的結果として理解されうる。学校教育法施行規則等はしばしば改正がなされてきたが、その際、6・3・3制がもつ有機的なシステムとしての制度構造は軽視されてきた。関連構造の一部を無定見に変えることが、システム全体の機能不全をもたらしてきたのである。戦後の6・3・3制の発足当初からの限界点も無視できないが、それ以上に現在に至るまでの学校教育法改正の問題性についても十分考察する必要がある。

5　2007年学校教育法改正の問題

(1) 2007年学校教育法改正

　2006年の教育基本法改正および2007年の学校教育法改正で、義務教育の法規定が大きく変化した。2006年12月に改正された教育基本法の義務教育の条項で、義務教育の目的と、義務教育に関する国及び地方公共団体の役割と責任が新たに規定された。これに対応して、2007年6月の学校教育法の改正において「義務教育の目標」が示された。21条で「義務教育として行われる普通教育は、教育基本法（平成18年法律第120号）第5条第2項に規定する目的を実現するため、次に掲げる目標を達成するよう行われるものとする」と、10項目にわたる目標条項が明示された。

こうした法改正によって、小学校と中学校は義務教育として一括して捉えられることとなった。そしてこれに連動して、小学校の目的から「初等普通教育」という語が消え、かわりに「義務教育として行われる普通教育のうち基礎的なもの」という文言になり、同様に中学校の目的からも「中等普通教育」の語が消え、「義務教育として行われる普通教育」という文言になった。ともに、歴史的に形成された概念が消され、小学校が初等教育であり、中学校が中等教育であることを希薄化させる規定となっている

（2）複線型学校体系への変容
　小・中学校教育を義務教育として、一括してその教育目的・目標を法定することは、近代日本の教育史上初めてのことである。言い換えれば、小学校・中学校というような学校種別や教育段階ではなく、法制的（社会政策的）な範疇である義務教育に、教育目的・目標を付与することはこれまでなかったことである。戦前の小学校令においては、尋常小学校の課程を義務教育としたのであるが、小学校の目的は別に規定され、義務教育の内容についての法的規定は存在しなかった。あくまでも義務教育は、教育内容的な範疇ではなく社会政策的な範疇とされていたのであった。
　このようにみると、2007年の学校教育法改正においては、教育法体系が前提とする義務教育観そのものが変化したのではないかと考えられる。また、そのことを通じて、これまでの初等・中等教育制度を変容・変質させていく法的基礎が与えられたと言えよう。現に、小中一貫教育を行う義務教育学校が法制化され、一方で中等教育学校など中高一貫教育の学校が増加している。このままでは複線型学校体系への移行と中等教育の空中分解が決定的となるであろう。小中一貫校は戦前の尋常高等小学校に、そして中等教育学校は旧制中学校に似たものとなり、中学校教育は複線型の様相を露わにすることになると思われる[15]。
　戦後発足当初、中学校と高等学校はともに中等教育を担う一体のものとみなされていた。ところが、今次の学校教育法の改正によって、中学校が義務教育として小学校と一体化されたため、中学校と高等学校の間には制度理念上、より大きな懸隔を生じることとなった。そして中等教育という概念も観念も希薄

になっている。

（3）6・3・3制の原点へ

大学をはじめとする高等教育機関が著しく拡大し、内容的にも多様化・大衆化した今日、中等教育は、多様化ではなくむしろ高等教育から生涯学習に至る次の段階の個性化のしっかりとした土台を提供することに向けられるべきである。政府自らが大学の教育・研究水準の引き上げを課題としているにもかかわらず、中等教育を無秩序に多様化することは、国民的教養の基礎を脆弱にし、必然的に大学の水準低下につながらざるをえない。

情報化と国際化が進展するなか、社会と自然に関する科学的な認識はすべての人に必要なものである。生涯にわたっていつでも学べるような基礎学力を共通的に保障することこそ、これからの中等教育の重要な課題である。そのためには、単線型で総合的な中等教育の存在が必要である。言いかえれば、今こそ6・3・3制の原点に立ち戻るべきである。

注
(1) 白川静『字通』平凡社、1996年。
(2) 梅根悟監修『世界教育史大系 11』（ドイツ教育史）講談社、1976年、225-246頁。
(3) 梅根悟「義務教育制度の二つの型」教育史研究会（代表・海後勝雄）『教育史研究』第2号、講談社、1956年2月。後に梅根『教育史学の探求』（講談社、1966年）所収。引用は『教育史学の探求』348頁。
(4) Kandel, I. L., *History of Secondary Education: A study in the development of liberal education*, Riverside Press 1930.
(5) R.P. ドーア著・松井弘道訳『江戸時代の教育』岩波書店、1970年。
(6) 三羽光彦『高等小学校制度史研究（岐阜経済大学研究叢書）』法律文化社、1993年。
(7) R.H. トーニー著・成田克也訳『すべての者に中等教育を』、明治図書、1971年。
(8) B. サイモン著・成田克矢訳『知能と心理と教育』明治図書、1974年。
(9) Krug, E. A., *The Shaping of the American High School, 1880-1920*, University of Wisconsin Press, 1969.
(10) 三羽光彦『六・三・三制の成立（岐阜経済大学研究叢書）』法律文化社、1999

年。
(11) 文部省学校教育局『新制中学校・新制高等学校　望ましい運営の指針』教育問題調査所、1949年、35頁。
(12) 永原慶二 監修『岩波 日本史事典』（岩波書店、1999年）において、「6·3制」を「小学校6か年と中学校3か年の義務教育制度をさす場合、初等・中等教育制度＝6·3·3制の略称として用いる場合、大学までの学制全般を通称する場合など多義的であるが、戦後の学制改革は、中等教育の一元化と全国民への開放（高校は準義務制とされた）が眼目であったので、この点を含意することが多い。6·3制構想は戦前日本に既にあり、戦後新学制はそれを一層発展させたもので、米国からの一方的影響によるものではない。教育の機会均等の理念により、複線型学校制度を否定し単線型学校制度を実現したものといえる。」（1206頁、三羽執筆）と記しておいた。
(13) 文部省調査普及局『文部時報』第880号、1951年1月、所収。
(14) 　『第九十二帝国議会衆議院議事速記録』第19号。
(15) 三羽光彦「日本における中等教育の基本問題に関する史的考察― 2007年学校教育法改正に関連して―」中等教育史研究会紀要『中等教育史研究』第16号、2009年4月。

■コラム9
幼保一元化・幼保一体化

　保育制度の歴史について、「保育事業は始めは社会事業として発達したが、幼児教育の必要から就学前の教育として学校教育と連関せしめられる」（城戸幡太郎『幼児教育論』賢文館、1929年、p.11）ようになったと語ったのは城戸幡太郎だが、この城戸の指摘は、とりわけ20世紀後半以降の保育・幼児教育制度拡充の動きの中でリアリティーをもつことになる。

　実際、教育施設と児童福祉施設という形で二元的に制度化され発展させられてきた幼稚園と保育所ではあるが、二つの施設に対する親たちの教育要求に差異はなく、今や乳幼児の発達を社会的に保障する場として両施設とも社会的に認知され、機能するに至っている。

　こうして別個のルーツをもちながら、別個の道筋で発展してきた二つの施設を一元的システムに再編する課題を、一般に幼保一元化もしくは保育一元化と呼んできたが、それは同じ年齢の子どもたちが異なる保育条件で保育を受ける矛盾を克服し、教育の機会均等を保障する課題に応えようとしたものであった。

　もっとも、こうして戦前から幼保一元化の必要性が叫ばれてきたにもかかわらず、保育制度は一元化されることなく今日に至っている。それは何といっても、幼保制度の拡大をけん引してきた教育・福祉・労働・女性・家族政策を統合する、新たな政策理念を確立しえなかったことに起因している。

　こうした中、幼保一元化の流れを一気に促進する動きが1990年を境に展開されることになる。「利用しやすい保育所」というスローガンの下、長時間保育の常態化、乳児保育の一般化とともに進められた保育制度改革の動きは、幼稚園の保育所化を促進するものであり、それは全ての幼稚園・保育所を、二つの機能を備えた総合こども園に統合する「総合こども園法案」（2012年3月）として国会に提案されることになる。

　これは幼保一元化を一気に促進する法案であったが、その後の修正協議を経た結果、結局は旧来の幼稚園・保育所と四つのタイプの認定こども園（幼保連携型・幼稚園型・保育所型・地方裁量型）とを併存させた、より複雑な多元的制度を基盤とする「子ども・子育て新システム」に姿を変えて2015年4月から実施されることになる。

　重要な点は、こうした幼保一元化の動きが、女性労働力活用政策を背景に、男性稼ぎ主型社会から男女共働き型社会への転換、性別役割分業型社会から男女共同参画型社会への転換を目指した保育機能拡充政策として展開された事実の中にある。つまり、一連の改革は労働力政策に対応して展開された家族政策・女性政策を反映したものであり、乳幼児の発達保障（教育の機会均等）の視点を起点に論じられ、政策化されたものではなかったのである。

　乳幼児の発達権保障を柱に、親たちの労働時間の規制・家族の時間の保障を豊かに組み込んだ、子どもの権利条約時代にふさわしい一元化政策の構築が求められるところである。

第10章

臨教審以後の学校制度改革

　第二次大戦後の教育改革によって成立した「六・三・三制」は、今日なおその骨格を維持している。しかし、少なからぬ改変が加えられてきたことも確かである。そして、その多くは臨時教育審議会答申以降に提起され、1990年代後半からの教育改革の中で実施に移されてきたものである。本章では、これらの「六・三・三制」に加えられた改変の内容を①学校系統の複線化、②学校選択制の導入、という観点から検討し、その意味を問い返してみたい。

1　臨時教育審議会以前の学校制度改革

(1) 戦後学校制度改革の見直し

　「六・三・三制」に対する最初の改変提言は、吉田茂内閣の下に置かれた政令改正諮問委員会（1951年5月14日―1952年3月12日、私的諮問機関）の「教育制度の改革に関する答申」（1951年11月）であった。同委員会は、サンフランシスコ講和条約の発効を前にして、占領下における改革の見直し提案を役割としていたが、学校制度については、「六・三・三・四の学校体系は原則的にはこれを維持」するとしつつ、学校体系の例外として、中学校と高等学校を併せた六年制（又は五年制）の農・工・商等の職業教育に重点をおく「高等学校」の新設と、高等学校と大学の2年、または3年とを併せた5年制又は6年制の農、工、商、教育等の職業教育に重点をおく「専修大学」の新設を認めるべきとし、併せて総合制高等学校の解体と学区制の廃止を提言していた。これらの提言は、戦前における学校と職業社会の接続関係が、「六・三・三制」に

よって大幅に変えられたことに対する調整的改革提言の意味をもっていたと言えよう。しかし、学校体系について言えば、このような「復古的」な修正はそのものとしては行われず、高度経済成長に伴う人的能力開発政策の一環として、高等学校と大学の2年を併せた高等専門学校が工業科のみをもって1961年に発足した（学校教育法一部改正、昭和36年法律第144号、1962年4月1日以降設置）。高等専門学校は、前期中等教育後の複線化という批評もあったが、その後の展開を見るに、各県に1校の国立校が設置されたほかは公立・私立校が少数設置されるに止まり、「六・三・三制」の根幹に関わる制度変更とまでは言えないであろう（表10-1）。

なお、1950年代半ば頃から高等学校の総合制と小学区制は崩れていき、中学校－高等学校間の接続関係も「希望者全入」から「適格者主義」に変更された（1963年「公立高等学校の入学者選抜について」文初中第341号、別紙「公立高等学校入学者選抜要項」）。

(2) 中教審1971年答申における学校制度改革論

高度経済成長が始まると、高校進学率が急上昇し、それが第一次ベビーブーム世代の高進学時期と重なったため、後期中等教育の在り方が問題となった。その対策は、中央教育審議会答申「後期中等教育の拡充整備について」（1963年6月24日）で示されたが、いわゆる「多様化」政策が採用され、高等学校の専門学科の細分化が進められた。なお、各種学校制度の整備が提言されていたことも注目される。

その後、1971年6月11日に至って中教審答申「今後における学校教育の総合的な拡充整備のための基本的施策について」がまとめられた。この答申は、高等教育の拡充整備が一つの眼目であったが、「六・三・三制」について言えば、中等教育を中学校と高等学校とに分割せず、一貫した学校で行うことが提言され、これに照応して小学校から高等学校までの教育課程の一貫性を強化することが求められた。しかし、その実施は「先導的試行」から入るものとされたため、実質的な複線化となるとの批判もあり、折から高度経済成長の終焉と財政危機が顕在化し、同答申の改革構想の多くと共に、主として財政的制約から挫折した。

（3）専修学校制度の創設

学校体系の基本はいわゆる「一条校」によって編成されているが、その整備が進むことで、「一条校」に類する教育を行う各種学校が生まれることとなった。その画期は1975年の学校教育法一部改正（法律第59号）により、専修学校制度が創設されたことである。

専修学校とは、「一条校」以外の学校の中、職業若しくは実際生活に必要な能力を育成し、又は教養の向上を図ることを目的とし、①修業年限が1年以上であること、②授業時数が文部大臣の定める授業時数以上であること、③教育を受ける者が常時40人以上であること、の3要件を満たすものを言う。

表10－1　高等専門学校（本科）数の推移

年度	新設・廃止数計	設置者別新設・廃止数			累計
		国立	公立	私立	
1962	19	12	2	5	19
1963	15	12	2	＊1	34
1964	12	12	0	0	46
1965	8	7	0	1	54
1967	6	6	0	0	60
1971	3	3	0	0	63
1974	2	2	0	0	65
1977	－1	0	0	－1	64
1978	－2	0	0	－2	62
1991	0	0	1	－1	62
2002	1	1	0	0	63
2006	1	0	1	0	64
2008	－1	0	－1	0	63
2009	－6	※－4	－2	0	57
総計	57	51	3	3	

＊2増1減
※4増8減
出所：学校基本調査を元に作成。

専修学校の課程には、高等課程、専門課程及び一般課程の区別がある。専修学校の高等課程は、中学卒業程度の者を入学資格とし、中学校における教育の基礎の上に、心身の発達に応じて職業などの教育を行うもので、当該学校は高等専修学校と称することができる。専門課程は、高等学校卒業程度の者を入学資格とし、高等学校における教育の上に、職業などの教育を行うもので、当該学校は専門学校と称することができる。一般課程は、高等課程又は専門課程以外のものを言う。ちなみに、高等学校の教育の上に置かれる専門学校は高等教育機関ではなく、後期中等教育後教育の機関とされる。

なお、1985年より高等専修学校のうち文部大臣が指定したものについて卒業者に大学入学資格が与えられることとなった（昭和60年文部省告示第122号、学校教育法施行規則150条3号）。このことにより、高等専修学校は、大学入試に関し、高校のバイパスの役割をも果たすようになった[1]。

2　単位制高等学校と総合学科

（1）単位制高等学校

　臨時教育審議会第1次答申（1986年6月25日）において、「累積加算により卒業資格の認定を行う機能を持つ新しいタイプの高等学校」として単位制高等学校の創設が提言された。高等学校は元来単位制を採用していたが、学年進級制（学年ごとの課程の修了の認定）でもあるため、留年（原級留置）した場合には、当該学年において求められる単位のすべてを再履修しなければならない。これを、大学並みの単位制にするというのが単位制高等学校である。この単位制高等学校は、1988年3月31日公布（4月1日施行）の「学校教育法施行規則の一部を改正する省令」（昭和63年文部省令第5号）及び「単位制高等学校教育規程」（昭和63年文部省令第6号）によって制度化された。単位制高校は当初、定時制又は通信制においてのみ開設が認められたが、1993年度より全日制でも可能となった（学校教育法施行規則改正、平成5年文部省令第3号）。単位制高校においては、編入学の場合でも以前の高校における履修単位が卒業に必要な単位として認められることから、高校中退者にやり直しの機会が与えられるなどのメリットがある。しかし、学校生活における生徒間の関係が希薄になりがちで、ホームルーム活動や生徒会活動・部活動などは不活発になることが多く、長短相半ばするものと言われている[2]。

（2）総合学科

　総合学科は、中央教育審議会答申（1993年4月19日）において「普通科と職業学科に大別されている学科区分を見直し、普通科と職業学科とを総合するような新たな学科」として構想されたものである。総合学科は「高等学校設置基準の一部を改正する省令」（平成5年文部省令第4号、1994年4月1日施行）によ

って制度化された。総合学科の制度設計は、高等学校教育の改革の推進に関する会議「高等学校教育の改革の推進について（第四次報告）―総合学科について（報告）―」（1993年2月12日）において示されている。それによれば、総合学科の教育課程は、次のような科目によって構成される。

  1　高等学校必修科目（すべての生徒に履修させる科目）
  2　学科の原則履修科目（総合学科の生徒に履修される科目（3科目））
  3　総合選択科目（生徒が自己の興味・関心、進路等に基づき選択して履修する科目）
  4　自由選択科目（学校において必要に応じ開設される科目）

なお、総合学科に類するものに総合選択制高等学校があるが、これは普通科に選択科目群を取り入れたものである。総合学科にしろ、総合選択制にしろ、生徒の希望・要求に応じた豊富な選択科目メニューを準備することは容易ではない。それ故、理念はともかく、限られたメニューから選択する場合には易きにつく傾向があることは否定できない[3]。

3　中等教育学校の創設

（1）中高一貫校論の系譜

前述の中学校－高等学校の接続関係が適格者主義になる前後から、受験競争が激しくなっていた。中学校と高等学校との分割は、中等教育普遍化の一段階としての歴史的意義を有するが、それ自体は原理というよりは便宜に属する。それ故、中学校と高等学校を一貫する中等学校の創設論は歴史的にみて合理的なものと言えよう。ここで、戦後における中高一貫校論の系譜を辿っておこう。

既述のとおり、政令改正諮問委員会答申では農・工・商等の職業教育に重点をおく中学校と高等学校を併せた6年制（又は5年制）の「高等学校」を「六・三・三制」の例外措置として認めることを提言していた。これは、基本的に戦前回帰的な職業教育論からの提言であった。これに対して、経済審議会答申「経済発展における人的能力開発の課題と対策」（1963年1月14日）では、「ハイタレントの養成にも関連して、中学と高校を直結する学校を作るのも一案であろう」と、エリート教育を主眼とする中高一貫校の導入が提言されていた。

しかし、いずれも実現には至らなかった。

その後、1971年に至って中教審答申「今後における学校教育の総合的な拡充整備のための基本的施策について」がまとめられた。そこで、中学校と高等学校とを一貫した学校が提起されたが、これも挫折に終わった。

そこで、改めて中曽根康弘内閣の下に設置された臨時教育審議会答申において、中高一貫校の構想が提言されたが、それは学校設置者の任意設置論であった。臨教審は、「教育の自由化」論を鼓吹しつつ学校制度の規制緩和を軸芯に置く傾向が顕著であったが、それは1971年中教審答申の学校制度改革論を参照しつつも、改革のための財源不足は覆うべくもなく、いわば財源なき教育改革論の帰結が任意設置論であったと見ることもできよう。とはいえ、それは規制緩和論によって媒介されており、同答申で姿を現した新自由主義教育改革論の一環でもあった。

臨教審答申で提起された中高一貫校の任意設置論は、その後、1990年代初頭の中教審での検討課題となった。この審議経過報告（1990年12月18日）と答申（「新しい時代に対応する教育の諸制度の改革について」1991年4月19日）は、それまでの能力主義的な中教審答申のトーンとはかなり異質であり、受験競争の激化の問題点をそれなりに分析している。そして、中高一貫校問題に関しては、「小学生の受験競争が全国的規模で広がることを恐れて今日まで具体化させないできた」（審議経過報告）と評価し、「いわゆる6年制一貫校の多くが、受験競争からはむしろ解放された、ゆとりある人間形成機関として成果を上げてきたことは評価されるのだが、現在、ゆとりある6年間の教育を勝ち得るために小学生がゆとりを失いかけている事態も存在している。このような事態について関係者は深く考えて欲しい」と中高一貫に批判的なスタンスを示していた。

（2）欺瞞的な選択的導入論

ところが、中教審答申「21世紀を展望した我が国の教育の在り方について」（第2次答申、1997年6月26日）になると、一転して中高一貫教育の選択的導入が提言された。

同答申では、まず「中高一貫教育の意義」として、その利点を「高等学校入

学者選抜の影響を受けずに『ゆとり』のある安定的な学校生活が送れること」など４点にわたって挙げる一方、「受験競争の低年齢化につながることのないよう、公立学校では学力試験を行わない等、入学者を定める方法などについて適切な配慮が必要」など５点の留意点も挙げ、「従来の中学校・高等学校に区分された中等教育も大きな利点や意義」をもっているとの認識に立って、「中高一貫教育の導入に当たっては、子どもたちや保護者などの選択の幅を広げ、学校制度の複線化構造を進める観点から、中高一貫教育の選択的導入を行うことが適当」としている。そして、「中高一貫教育の利点と問題点の軽重を総合的に判断するのは子どもたちや保護者」であるとも述べている。

しかし、ここには、重大な論理の落とし穴があると言わねばならない。すなわち、従来の中学・高校と中高一貫校のいずれを選択するかが、子どもと親が判断するとしても、最終的には学校側が選抜するものであること、しかもそれは中高一貫校に限ってのことであること、がそれである。ここでは、客観的には中高一貫校の方が、従来の中学・高校よりも価値の高いことが所与の前提とされていることは明らかである。

答申は、①中高一貫教育の具体的な在り方については、学校設置者の主体的な判断を尊重すること、②普通科タイプの場合は、受験準備に偏した教育を行わないよう強く要請すること、③中高一貫校においては、特色ある教育を提供していくことが望まれること、④入学者を定める方法については、受験競争の低年齢化を招くことのないような適切な配慮が必要であること、などを指摘して、中高一貫教育の選択的導入に伴うことが予想される弊害に対し、しきりに予防線を張っている。しかし、少なくとも都市部においては、選択的に導入される公立中高一貫校が、大学進学に有利な地域のエリート校として出現し、その入学をめぐる受験競争の低年齢化を招くことはほとんど必至である。その意味で、答申は中高一貫校新設の本音（新しいエリート養成校の新設）を意図的に隠すものと言わざるをえない[4]。

（3）「教育改革プログラム」と学校体系の複線化論

中教審で中高一貫教育問題が審議されているころ、橋本内閣が成立した。戦後初めての小選挙区比例代表制の洗礼を受けた第二次橋本内閣は、「橋本内閣

六つの改革（行政改革、財政構造改革、社会保障構造改革、経済構造改革、金融システム改革、教育改革）」（1997年1月）を提起し、教育改革を強力に推進することとなる。その指針が文部省の作成する「教育改革プログラム」（1997年1月24日）であった[5]。そこでは、「学校制度の複線化構造を進める観点から、中高一貫教育を導入する」と、公然と学校体系の複線化論が示されていた。そして、「今後、生徒や保護者にとって実質的に選択が可能となるよう、中高一貫教育校が通学範囲の身近なところに数多く設置されることが必要であり、当面は、高等学校の通学範囲（全国で500程度）に少なくとも1校整備されることを目標に整備を推進する」（第3次改訂、1999年9月21日）とされたのである。

（4）中等教育学校の創設

　中等教育学校は、1998年の学校教育法改正により（平成10年法律第101号）、法的基礎を得ることとなった。しかして、その第1号は、宮崎県立五ヶ瀬中学校と宮崎県立五ヶ瀬高等学校とが一体化された宮崎県立五ヶ瀬中等教育学校であった。両校は、1994年より研究開発学校として、事実上の中高一貫校として設置されたものである。

　中等教育学校の特質を、その成立時の目的規定からみると、「中等教育学校は、小学校における教育の基礎の上に、心身の発達に応じて、中等普通教育並びに高等普通教育及び専門教育を一貫して施すことを目的とする。」（学校教育法51条の2）とされており、これは、中学校の目的と高等学校の目的をミックスしたものとなっている。しかし、その目標（51条の3）は、高等学校のそれとほぼ同じであり、中等教育学校は後期中等教育を主体に組み立てられるものであることをうかがわせる。

　1999年度より設置されるところとなった中等教育学校は、その後の学校数の推移をみると、全国に500校設置という当面の目標さえおぼつかないのが現状である（表10−2）。それは、受験エリート養成機関ではなく、地域の個性的な学校という建前では新設が容易ではないであろうことに加え、受験エリート校として設置することもまた既存の高等学校との競合関係から難しい問題をはらんでいるためであると思われる。

表10−2　中学校・高等学校・中等教育学校数の推移

年度	中学校				高等学校（全日制）				中等教育学校			
	計	国立	公立	私立	計	国立	公立	私立	計	国立	公立	私立
1999	11,220	78	10,473	669	4,603	17	3,322	1,264	1	0	1	0
2000	11,209	76	10,453	660	4,620	15	3,336	1,269	4	2	1	1
2001	11,191	76	10,429	686	4,622	15	3,338	1,269	6	2	1	3
2002	11,159	76	10,392	691	4,629	15	3,340	1,274	8	2	2	4
2003	11,134	76	10,358	700	4,626	15	3,338	1,273	15	2	5	8
2004	11,102	76	10,317	709	4,615	15	3,321	1,279	17	2	7	8
2005	11,035	76	10,238	721	4,599	15	3,303	1,261	18	2	8	8
2006	10,992	76	10,190	726	4,578	15	3,275	1,288	27	2	15	10
2007	10,955	76	10,150	729	4,519	15	3,218	1,286	32	3	17	12
2008	10,915	76	10,104	735	4,489	16	3,187	1,286	37	3	21	13
2009	10,864	75	10,044	745	4,451	16	3,148	1,287	42	4	25	13
2010	10,815	75	9,982	758	4,412	15	3,109	1,288	48	4	28	16
2011	10,751	73	9,915	763	4,378	15	3,073	1,290	49	4	28	17
2012	10,699	73	9,860	766	4,341	15	3,037	1,289	49	4	28	17
2013	10,547	73	9,703	771	4,312	15	3,007	1,290	50	4	29	17

出所：学校基本調査を元に作成。

4　学校選択制の導入

（1）学校選択論

　学校系統の「複線化」は、学校選択とセットになっている。中等教育学校の創設は、既存の中学・高校との選択を子ども・保護者に迫ることとなる。しかし、ここで取り上げる学校選択は、主として公立中学校の学校選択問題である。公私を問わず学校選択の導入を唱えた人物として著名なのはM＆R・フリードマンである。彼らは、「授業料クーポン制度」（バウチャー制度）の導入を提案した。この「授業料クーポン」は従来の学区内の学校へ通う場合はもちろん、私立学校でも他学区の学校でも同等の金額が学校の収入となる、と言うものである[6]。この提案の背景には、新自由主義（＝市場原理主義）的学校制度論が

あった。

　日本においては、かの臨時教育審議会の設置に先立って公表された世界を考える京都座会編『学校教育活性化のための七つの提言』（PHP、1984年）の中で、小・中学校、高校の新増設の自由化と共に「公共の小・中学校、高校についても強制的生徒割当て制度の根源となっている学区制、通学区制の指定をただちに全廃すること」[7]が提言されていた。この学校選択論は、しかし、臨教審の中では一部の委員の持論に止まり、答申では学校選択の機会の拡大論に止まり、具体的提言も通学区域制度の弾力化に止まっていた（第3次答申）。

　その後1990年代半ばから教育改革が始まる頃、社会経済生産性本部による「選択・責任・連帯の教育改革―学校の機能回復をめざして―」（1999年7月）において、高校入試・大学入試の全廃と共に義務教育段階からの学区（通学区）の廃止と学校選択の自由化が提案された。この提案は、その思想的源流をF・A・ハイエクのリバタニアンリズムに負っている。

（2）通学区域の弾力化

　義務教育を行う学校については、同一市町村内に2校以上の同種の学校がある場合には、教育委員会が予め通学区域を定め、就学すべき学校を指定することになっている（学校教育法施行令5条2項）。既述の臨教審答申後にとられた措置は、相当の理由がある場合に就学すべき学校の変更を認めるというもので、具体的には身体的理由、地理的要因、いじめの対応などが該当するものと考えられてきた。

　これに対して、行政改革委員会「規制緩和の推進に関する意見（第2次）」（1996年12月16日）では、「特色ある学校づくり」と組み合わせて、「保護者の意向を生かす一つの機会である学校指定の変更や区域外就学の仕組み」に関し、「『相当の理由』について選択機会の拡大の視点に沿って弾力的に取り扱えることを周知すべきである」とされた。これを受けて出されたのが1997年の「通学区域制度の弾力的運用について（通知）」（平成9年文初小第78号）で、事実上就学先の変更を希望する保護者の意向に沿うことを原則にする趣旨であったと言ってよい。この通知を根拠に、市町村教育委員会の裁量により、事実上の公立義務学校における学校選択制の導入が可能となった。

第 10 章　臨教審以後の学校制度改革

(3) 学校選択制の導入

　公立義務学校に学校選択制を最初に導入したのは三重県紀宝町で、1998 年度からであった。しかしながら、紀宝町の場合は、学校選択を通しての学校統廃合の促進に政策意図があったものと言えよう。これに対して、東京都品川区が 2000 年度より導入した学校選択制は、特色ある学校づくりと組み合わせたもので、新自由主義的な学校選択制度と言ってよい。

　その後、「規制改革三年計画」（内閣府、2001 年 3 月 30 日）において「公立小・中学校の通学区域の弾力化を促進するための実効ある方策を講ずるとともに、その趣旨を関係者に一層徹底する」とされ、「規制改革三年計画（改訂）」（2002 年 3 月 29 日閣議決定）では、学校選択制の法的整備の必要性が明示された。これを受けて文科省では、2003 年に学校教育法施行規則を一部改正して、「市町村の教育委員会は、学校教育法施行令第 5 条第 2 項（同令第 6 条において準用する場合を含む。）の規定により就学予定者の就学すべき小学校又は中学校を指定する場合には、あらかじめ、その保護者の意見を聴取することができる」（平成 14 年文部科学省令第 13 号）とすると共に「学校教育法施行規則の一部を改正する省令について（通知）」（14 文科初第 1330 号、2003 年 3 月 31 日）をもってその周知徹底を図った。さらに、「規制改革・民間開放の推進に関する第 3 次答申」（2006 年 12 月 25 日）において、通学区指定に際して必ず親の意見を聞くことが求められたことを受けた閣議決定に基づき、学校教育法施行規則を再び改正し、「市町村の教育委員会は、学校教育法施行令第 5 条第 2 項の規定による就学校の指定に係る通知において、その指定の変更についての同令第 8 条に規定する保護者の申立ができる旨を示す」（学校教育法施行規則 32 条 2 項、平成 19 年文部科学省令 40 号）ものとすると共に、「学校教育法施行令第 8 条に基づく就学に関する事務の適正化等について（通知）」（18 文科初第 1259 号、2007 年 3 月 30 日）及び「学校教育法施行令第 8 条に基づく就学に関する事務の適正化等について」（19 文科初企第 1388 号、2008 年 3 月 31 日）において、学校選択制の採否は教育委員会の判断にかかるものであることが強調された。

　こうして、公立小・中学校における学校選択制の制度的整備が図られる中、同制度を導入する自治体が増加してきた。しかし、最近では見直しの機運も出てきている（表 10 − 3）。思うに、普通教育を行う義務教育学校において、競

表 10 — 3　学校選択制

年　　度	1997	1998	1999	2000	2001	2002	2003
新たに導入した設置者		3	7	10	12	19	22
廃止した設置者		—	—	—	—	—	—
導入している設置者累計	33	36	43	53	65	84	106

出所：文部科学省「小・中学校における学校選択制の実施状況について」における図「③学校

争的環境作りを目的とした学校選択制を導入することについては賛否両論あり、地域に根ざした保護者・住民参加型の学校づくりこそが求められているのではなかろうか。加えて、学校選択制が学校統廃合を進める政策的手段になっている場合も散見されることにも注意しなければならない(8)。

5　「教育再生」と小中一貫校論

（1）小中一貫教育論

　小学校と中学校の教育方法における最大の違いは、学級担任制と教科担任制にあろう。さらに加えるならば、教育課程において中学校においては外国語の置かれている点も大きな違いと言えよう(9)。これは、制度的には児童期の教育としての初等教育と青年前期の教育としての前期中等教育の違いと言ってもよい。このように、六・三の切れ目は発達段階の差異に着目してのものである。しかし、一方では、近年思春期の始まりが早くなってきたとの指摘があり、他方ではグローバル化に対応するための教育として英語の比重が高くなり、初等段階から英語を教える必要性が唱えられるようになってきた。また、1990年代以降、学級崩壊や授業崩壊などの諸現象が顕著になり、いわゆる中1ギャップ（中1プロブレム）に対処する必要も生まれてきている。こうして、小学校と中学校の連携・接続が問題化してきたことに伴い、その対応策の一つとして小中一貫教育が提起されるようになったものと言えよう。

　小中一貫教育は、当初、教育課程上の問題として始まった。その嚆矢は2000年度より「教育開発学校」として指定された広島県呉市（旧）二河中学校区であったと言われている（2014年現在、呉市では全ての中学校区で小中一貫

導入設置者数の推移

2004	2005	2006	2007	2008	2009	2010	2011	2012
32	21	29	21	11	13	8	4	2
—	1	—	—	—	—	—	2	5
138	158	187	208	219	232	240	242	246

「選択制を導入している又は廃止した設置者数(年度ごと)」を元に作成。

教育が行われている)。その後、2003年度より、いわゆる「教育特区」制度(教育制度の規制緩和を内容とする構造改革特別区域、構造改革特別区域法、平成14年法律第189号)を利用しての小中一貫教育が簇生するが、小学校において英語教育を行うことをもって小中一貫教育と称する場合も少なくなかった。その後、文部科学省が教育課程特例校制度の利用を認めることにより小中一貫教育は拡大してきた。

ところで、小中一貫教育には三つのタイプがある。第一は、施設一体型で小学校と中学校の施設が一つに融合しているタイプである。第二は、施設分離型で小中の施設は分離しており、小中一貫の「特色ある教育課程」を共有するタイプである。この場合、小学校高学年の段階から教科担任制を一部取り入れ、小中の授業交流も行われていることがある。第三は、緩やかな連携型である。

そして、近年増えているのが全市(区)に小中一貫教育を取り入れているケースで、東京都品川区が最も早い時期(2006年度から計画)から施設一体型の小中一貫教育計画を実施に移している。ところで、このような施策の根拠となっているのが、中央教育審議会「新しい時代の義務教育を創造する(答申)」(2005年10月26日)の次のような提言であった。

「義務教育を中心とする学校種間の連携・接続の在り方に大きな課題があることがかねてから指摘されている。また、義務教育に関する意識調査では、学校の楽しさや教科の好き嫌いなどについて、従来から言われている中学校1年生時点のほかに、小学校5年生時点で変化が見られ、小学校の4〜5年生段階で発達上の段差があることがうかがわれる。研究開発学校や構造改革特別区域などにおける小中一貫教育などの取組の成果を踏まえ

つつ、たとえば、設置者の判断で9年制の義務教育学校を設置することの可能性やカリキュラム区分の弾力化など、学校種間の連携・接続を改善するための仕組みについて種々の観点に配慮しつつ十分に検討する必要がある。」

　教育の地方分権が進展してきた下で、教育問題は地方政治のイッシューになりやすくなった。しかし、小中一貫教育の教育学的検討は極めて不十分である。それにも拘わらず、学校選択制と共に小中一貫教育が拙速に実施に移される場合が少なくない。まして、小中一貫校ともなれば、なおさらと言うべきであろう(10)。

(2)「教育再生」と小中一貫教育校の制度化論
　第2次安倍晋三内閣の下に設置された「教育再生実行会議」は、発足以来矢継ぎ早に提言を出している。その第5次提言「今後の学制等の在り方について」の中で、小中一貫教育校の制度化を求めて次のように述べている。

　　○ 国は、小学校段階から中学校段階までの教育を一貫して行うことができる小中一貫教育学校（仮称）を制度化し、9年間の中で教育課程の区分を4-3-2や5-4のように弾力的に設定するなど柔軟かつ効果的な教育を行うことができるようにする。小中一貫教育学校（仮称）の設置を促進するため、国、地方公共団体は、教職員配置、施設整備についての条件整備や、私立学校に対する支援を行う。
　　○ 国は、上記で述べた学校間の連携や一貫教育の成果と課題について、きめ細かく把握・検証するなど、地方公共団体や私立学校における先導的な取組の進捗を踏まえつつ、5-4-3、5-3-4、4-4-4などの新たな学校段階の区切りの在り方について、引き続き検討を行う。

　このように、小中一貫教育校は「六・三・三制」の改変にもつながる問題である。しかし、ここで留意せられるべきことは、学校の区切りは、元来二次的な問題であると言うことである。今日における「六・三・三制」問題の根源は、

中等教育の普遍化・大衆化という戦後改革期の理念が忘却されていることにあるのではあるまいか。戦後教育改革期には、10年間を一貫した教育課程が検討された経緯がある。しかし、その後、中学校校舎建設の困難もあって中学校施設の整備が国・地方自治体・父母住民が総出で取り組まれた結果、「六・三」義務制が定着していった。12年間の初等・中等教育学校をどのように編成するのかは、教育学の検討課題であると共に、当該地域の実情に即して考えられるべきことがらである。今日の区切り問題は、学校選択制や学校統廃合施策と混ざりあっており、「競争的環境の整備」という新自由主義的な角度から取り上げられることが少なくないように思われる。初等・中等教育の主たる内容は普通教育であり、「人たるものすべてに共通に必要な教育であり、人たるだれもが一様に享受しうるはずの教育」[11]である。2006年の教育基本法改正とその後の学校教育法改正でも「義務としての普通教育」が義務教育の目的とされた。このことにより、再び小・中学校の結びつきが強められることとなった。ここから生まれる小中一貫教育の要望は、しかし、中高一貫教育論とは矛盾する。ここに、今日の小中一貫教育論の今日的問題点が所在するのではなかろうか。

なお、小中一貫校は、9年制の「義務教育学校」として学校教育法改正により一条校に入れられることとなった（学校教育法一部改正、平成27年法律第46号）。

注
(1) 高等専修学校卒業者に大学入学資格を与える旨は、臨時教育審議会第1次答申（1985年6月25日）に盛り込まれていた。
(2) 市川昭午『臨教審以降の教育政策』教育開発研究所、1995年、154-157頁参照。
(3) 同上　163-164頁、参照。
(4) 井深雄二『現代日本の教育改革―教育の私事化と公共性の再建―』自治体研究社、2000年、77-87頁参照。
(5) 「教育改革プログラム」はその後、1997年8月5日、1988年4月28日、1999年9月21日と3度にわたって改訂されている。
(6) M＆R・フリードマン・西山千明訳『選択の自由―自立社会への挑戦―』日本経済新聞社、1980年、252-272頁参照。

(7) 世界を考える京都座会編『学校教育活性化のための七つの提言』PHP研究所、1984年、138頁
(8) 公立小・中学校の学校選択制につき、これを支持する見解としては、黒崎勲『教育の政治経済学』(東京都立大学出版会、2000年)などを参照。また、学校選択制に批判的な見解としては藤田英典『義務教育を問いなおす』(ちくま新書、2005年)などを参照。
(9) 現在、小学校5・6年生において「外国語活動」が必修となっている。けれども、これは教科ではない。しかし、文部科学省は、今後3・4年生に「外国語活動」を課し、5・6年生には教科としての外国語を導入する計画であると伝えられている。
(10) 小中一貫校問題については、山本由美・藤本史朗・佐貫浩編『これでいいのか小中一貫校―その理論と実態―』(新日本出版社、2011年)参照。
(11) 教育法令研究会編、辻田力・田中二郎監修『教育基本法の解説』国立書院、1947年、82頁。

第 11 章

教育自治を活かした学校運営

　学校・教育には高度な自主性・自律性が求められる。子どもが主体的に考え、判断し、さまざまな困難を乗り越えて生きていく、そのような力を身につけることができるような教育ほんらいのあり方を考えるならば、自由な空気の中で教育活動が営まれなければならないことは明らかであろう。本章では「学校の自主性・自律性」「教育の自由」等の基本理念について検討を加えつつ、戦後日本の学校づくり実践のなかにあるべき教育自治の姿を探求する。

1　教育における直接責任制原理―学校運営の基本理念―

(1) 学校の自主性・自律性

　2006年教育基本法16条は教育における「不当な支配」を禁じている。国家・行政権力による教育内容への関与を抑制するとともに、教育活動の政治的・宗教的中立性の確保を命じている。これが「教育の自主性・自律性」原理である。この要請の実質は、時々で変化する政権・政治支配からの独立性を保つことによって教育の継続性を維持するとともに、教育を国民自身の共同事業ととらえ、教育内容を選択し決定する権限が国民自身に存することを明確にすることにある。日本国憲法における国民主権と一体的なものととらえることができ、ここに「教育における国民主権性」を確認しうる。

　したがって、学校の教育活動は、学校が所在する地域の住民、学校に子どもを通わせている保護者ら校区住民との共同的な意思決定にもとづいて営まれなければならない。このとき、教職員は子どもの成長と発達に専門的な見地から

責任を負い、学校運営・教育活動の中核的な役割を担う。また、子ども自身も学校教育活動に関して自己の意見を述べることができ、それぞれの成長発達の段階に応じその意見は尊重されることになる（子どもの権利条約 12 条）。これが本章「教育自治を活かした学校運営」の基本的な視点である。

これを明確に示したのが、旧教育基本法 10 条であった。同条は、「教育は、不当な支配に服することなく、国民全体に対し直接に責任を負つて行われるべきものである」と定め、学校・教師が子どもや保護者、地域住民との直接的な関係のなかで責任を果たすことを求めていた。これを「教育における直接責任制原理」と呼ぶ。新教育基本法に「直接責任」の文言は見当たらないものの、不当な支配を禁止するとともに、同 5 条で学校の「公の性質」を確認し、同 13 条では「学校・家庭・地域相互の連携・協力」を規定していることから、なおも直接責任制原理は学校運営の重要法理であると認めてよい。

ここで確認しておかなければならないのは、教育が地域にねざして行われることの教育的価値である。子どもの科学的認識や学習理解は、つねに具体的体験・具体的活動から出発し、次第に抽象的思考力・概念的理解へと発展させていくのであり、初等教育段階において地域的な題材や素材を学習材料とすることはとりわけ重要な意味をもっている。また、子どもは学校・学校外での学びや遊びを通じて友達関係を少しずつ広げ、人間関係・集団づくりを学んでいく。とくに外遊びや地域活動（子ども会活動など）では、異年齢での集団を構成するなど子どもの成長に固有な効果を与える場面が少なくない。遊びのなかで子ども相互の連帯が培われ、教室での学習関係に影響を与えているとの指摘もある[1]。

こうしてみれば、小学校・中学校において通学区域が指定されていることの意味を深くとらえることができるであろう。学校が地域と連携して営まれ、地域のさまざまな文化や生活、労働が学校の教育活動と結びつき、そして学校は学校が存する地域の特性に応じた「特色ある学校」として成り立つことになる（教育の地域性／地域の教育力）。

地域性をふまえた学校は、常にその地域にとって唯一無二の最高の教育機関である。学校の自主性・自律性とは、こうした教育の当然あるべき姿を理念化した表現であり、その当然の姿に照らしていえば、国家・行政権力が学校教育

活動に統制をかけることはむしろ子どもの成長発達を阻害する危険性があることを忘れてはならない。

(2) 教育の自由と教師の専門性

「学校の自主性・自律性」を基礎づける法理が「教育の自由」である。すでにみてきたように、「教育の自由」とは当該学校の教職員が個別に好き勝手な教育を行う自由を承認しているものではないことは明らかであろう。教育の自由の法理もまた複数の構成要素によって理解される必要があり、ここでは学校の自主性・自律性にかかわって「教育の自由」を階層的に整理することにしよう。

第一は、学校が独自に教育課程を編成する自由である。地域性にもとづく教育活動が承認されなくてはならないため、学校に教育課程編成権が認められ、当該学校の教職員集団がその編成権限を有する。地域の文化・伝統・産業構成、保護者や地域の教育要求などさまざまな要素をふまえ、子どもの成長と発達にもっとも効果的に作用する教育活動のプログラムを専門的見地から開発することが求められる。

学校・教職員集団が有するこの教育課程編成権は、行政機関からの自主性・自律性を要請し、子どもの発達を保障する責務を保護者から委託されたものである。このとき、「保護者の教育の自由」「子の教育の自由」との関係が問題になりうる。たとえば、制服や頭髪の指定、学校行事における日の丸・君が代の強制など、保護者の教育方針と学校の教育方針とが相容れない場合である。あるいは、体育授業における柔道・剣道など格闘技競技について宗教上の理由からこれを拒否する事例も存在している。こうした場合、学校は児童生徒本人もしくは保護者の意見や願いを適切に踏まえ、代替的な教育活動を提供するなど本人の学習活動上の不利益とならないよう工夫する必要がある[(2)]。

第二に、学校内において教師個人は、一定の教育活動上の自由の保障を受けている。学校の教育活動が組織的・集団的に営まれる場である以上、教師個人・職員個人の教育活動もまた無制限に自由が承認されているわけではない。しかし教育活動が教師と子どもとの「全人格的な触れあい」のなかに成立しているものである以上、教師が人間性・内面性を豊かに表現する市民的な自由が

承認されなくてはならないことも確かである。

　また、一人ひとり子どもの日々の実態、様子をふまえて教育的な働きかけを行う場面では、個別教師の専門的判断が重要であることは言うまでもない。こうした独自判断、現場判断の何もかもが何らかの国家的基準や行政的基準、あるいは法的基準にもとづかなければならないとしたら、どうなってしまうのだろう。おおよそ日常の教育活動は成立しないであろう。緊急災害の場面で、あるいは深刻ないじめ被害が生じている場面において、子どもの安全をどのように確保するのか、教師個人が自主的に即座に判断し行動する力量はむしろ不可欠なものである。

　第三に、教師の専門的判断・専門的力量は、必ずしも教師個人の市民的自由にねざした価値判断にのみ委ねられているのではないということである。教師はさまざまな機会を通じて「研究と修養」（研修）に励むことが義務づけられている（教育基本法9条）。こうした研修を通じて、子どもの成長発達を保障するための教育技術や教育科学を学び、身につけることが求められている。こうして何よりも教育内容およびその方法は、学問的真理・科学的真理による制約を受けている。

　以上をまとめて言うと、学校の教育活動は、地域性にねざしながらその地域性を根拠にして自主性・自律性を担保されると同時に、保護者・地域住民の教育における主権者性のもと、保護者・地域住民からの付託をうけた教職員集団に学校運営・教育活動を主体的に立案・遂行する権限が与えられている。教師個人の自由は、子どもの学習権保障義務と学問的真理・科学的真理によって制約されつつ、学校運営・教育活動の場面では子どもとの豊かで人間的な直接的関係を形成するに必要な市民的・文化的自由が担保されている。

2　戦後日本の学校づくり

（1）学校管理と学校経営

　戦前日本において、学校は「管理される対象」でしかなかった。国家総力戦体制のなか軍国主義教育が徹底的に行われ、国民全員を総力戦へと駆り立てる国民教化が遂行された。そのもとで、学校における教育活動・教育内容は全面

的に国家によって管理統制されるとともに、少なくない教師が「反戦思想」や「反天皇制思想」を理由として教壇を追われることになった。

　戦後日本の教育制度は、戦後教育改革によって戦前型の画一的で統制的な教育制度が抜本的に転換され、国民の教育における主権者性を確認するとともに教育の自主性・自律性を尊重するものとして新たに確立された。このもとで、国家統制的な意味合いの強かった「学校管理」という用語は次第に使用されなくなり、代わって「学校運営」「学校経営」という用語が登場するようになった。

　1950年代に入ると、戦後改革の流れは大きく変容しはじめるようになる。占領政策の転換がもたらした「逆コース」である。教育政策にあっては、教育委員会制度の転換（1956年）と学習指導要領の法的位置づけの変容（1958年）にみられるように、学校の自主性・自律性が制限されるようになり再び国家統制的な学校教育システムへと転換させるものであった。

　こうしたなか、1960年を前後する頃から、「学校経営」という用語は特殊な政治的・政策的な意味をもつようになる。企業経営的な手法を「学校経営」の場面に持ち込んで学校の組織構成のあり方を変革しようとする「学校経営近代化論」「学校経営重層構造化論」がそれである。学校経営近代化論は、校長および教職員がフラットな状態で教育的な組織活動を営んでいる学校運営を批判し、企業経営のように職階制にもとづく「タテ系列」を強化することを主張する。

　学校経営近代化論は、教育政策に大きな影響を与えるようになり、この時期、校長職・教頭職は順次法制化されるようになった。1956年に制定された地方教育行政の組織及び運営に関する法律（以下、地方教育行政法）のもとで各学校の校長は教員の「勤務評定」の実施者として位置づけられるようにもなる（地方教育行政法46条）。多くの教職員組合は一方的な評価をうけることが「教育の自由」を制約する可能性があることを主な理由として反対し、各地で行政と組合との間で激しい対立が起きるようになった。いわゆる「勤評問題」である。

　この法改正で、同時に、教育委員会に行政研修実施権（同45条）ならびに学校管理規則制定権（同33条）も付与された。こうして各学校における行政

支配の構造が生み出され、学校・教育は次第に住民自治から切り離されていこうとしていた(3)。

（2）学校づくり実践の誕生
　50年代後半から60年代にかけて、学校の自主性・自律性原則ならびに直接責任制原理は理念的にも制度的にも次第に崩されつつあった。そうした中にあって、教育実践・教育運動の場面では学校経営に置きかわる用語として、「学校づくり」を採用するようになる。政策的にすすめられる学校支配に対抗して、教育理念と価値にもとづくもう一つの学校のあり方を探求する教育実践が各地に芽生えはじめていた(4)。
　1958年に国民教育研究所が行った山形県調査の報告書では、当時の実践事例を確認することができる。学習指導要領の法的性格の転換がすすめられ、「勤評問題」「学テ問題」が激しさを増すなか、山形県内の学校では、保護者・住民、子どもの教育要求をふまえ、個別の学校で教育課程を編成していくことをめざし、保護者や地域住民の参加をめざす学校組織づくりがすすめられていた。山形県調査報告書は、こうした学校づくり実践を理論化し、教育運動の三つの組織論―「教科組織論」「学校組織論」「教育運動組織論」―を提起した。
　1950年代後半には、「学校づくり」をタイトルにする出版物も次第にみられるようになる。有名となったのは、斉藤喜博による『学校づくりの記』（1958年）であるが、その他にも遠藤五郎・勝田守一・国分一太郎・滑川道夫・柳内達雄編による『新しい学校づくり』（1958年）等がみられる。いずれも生活指導研究者および生活綴方実践家等によって執筆・編集されたものであるが、後者の文献では、「子どもたちの幸福を何よりも大事にする学校経営のありかたを追求すること」「地域のなかにある学校として、子どもたちの父母たちと、かたく結びついた学校経営をすること」「教師集団の意志の統一をめざした新しい職場づくり」「校長・教師・子どもたちが、ひとつになった学校経営の道をあきらかにすること」が教育実践上の課題としてあげられている。
　教育行政学研究者であった持田栄一も『学校づくり』と題する研究書・研究論文を著している。持田は、「現代『学校づくり』論の課題と方法」（1962年）という論文のなかで、「『学校づくり』といわれている実践は、教育実践の道す

じを基礎として、それとのかかわりにおいて現実の学校のしくみを検討し、教育実践の効率をより高めるために、それをくみかえていくための子どもや教師・教育行政関係者・父母・国民の主体的な実践と運動を総称したものと解される。それは、『教科づくり』『学級づくり』と『職場づくり』を統一したもの」と整理している(5)。

このように学校づくりとは、子どもの発達の土台に「生活」があることを確認してきた戦前の生活綴方教育の実践的成果のうえに、学校・教師と保護者・地域の関係のあり方を問いなおすものであった。50年代後半頃の「学校づくり」を標榜する教育実践を検討してみれば、授業実践の効果を高めるための教育方法・教育課程開発（授業づくり）、子どもの人間的な関係づくり（学級づくり、集団づくり）、学校組織開発（学校経営、職場づくり）といった各論点に加え、さらには子ども参加論やPTA組織論、学校・地域連携論をも含んでいたことを確認することができる。本章のタイトルとなっている「教育自治を活かした学校運営」とは、まさに学校づくり実践のことであると言ってよい。

(3) 学校づくりの今日的展開

以後、教育運動の場面では、地域にねざし独自の教育課程づくりをめざす教育実践や、教職員集団の民主的な協議を基調とする学校運営のあり方をめざす教育実践、保護者の教育費負担の軽減をめざす教育実践や生活・労働条件の改善をめざす学校と地域との連携・協力、さらには教育委員会との連携・協力など、地域の実情に応じて多様な実践が展開されてきた。学校行事等の特別活動における保護者参加、学校参観や家庭訪問、PTA活動、地域のお年寄りによる学校での出前講座、町内会活動や地域文化行事への学校の協力（学校施設の提供）、子ども会活動など学校が地域と結びつく多様なチャンネルがつくりだされてきたのである。こうした教育実践場面では、子どもの意見を尊重する学校づくりを模索するものも存在していた。

しかしながら1990年代後半になると、文部省は突如として「開かれた学校づくり」を教育政策として提起した。多くの研究者・研究書は、戦後日本の閉鎖的な学校のあり方が問題となったために「開かれた学校づくり」政策が採用されたと説明しているが、事実は異なる。学校管理職を頂点とするような企業

経営的手法にもとづく学校経営政策は、政府・文部省によって政策的に採用され推進されてきたのであり、そのもとで、地域の実態に即した柔軟な教育活動を阻害・抑制してきたのは、教育政策それ自体に主たる要因がある。

しかしながら、そうした阻害状況のもとでもなお、多くの学校では教育価値・教育原理にもとづき地域・保護者との協力・共同を模索する地道な学校づくりの取り組みがすすめられてきたと言うべきであろう。今日、「学校づくり」は政策用語としても定着するようになってきているが、もういちど日本教育史における戦後的な文脈のなかで学校づくりの概念的意味を分析し明らかにすることとともに、そうした日本固有の文化的背景・歴史的伝統のなかに学校改革のヒントを探りだすことが重要になってきている。

3 教育委員会制度と学校自治

(1) 学校運営の基本問題

ここまで「学校の自主性・自律性原則」と「教育の直接責任制原理」を確認してきた。これにふさわしい学校運営の仕組みを整えることが重要であるが、このことは理念的には「学校自治」として追究されてきた。ただし学校自治論には教師の独善的な教育支配につながるような「教師単独自治論」とでも呼ぶべきものも存在しており、なおも理論課題は残されている。

以下、数点にわたって学校運営の基本問題を確認しておこう。

第一に、各学校の教育活動計画の中心となる教育課程編成のあり方が重要になる。とりわけ教育課程が各学校で作成されるもの（学習指導要領総則）であることから、職員会議における全教職員の協議と合意にもとづいた意思決定がなされなければならない。その際、保護者・地域、子どもからの教育要求を適切にふまえつつ、教職員集団が専門的な見地から責任を負うことが望ましい。

こうした理念的な原則に照らしてみても、教育課程編成の空洞化と言うべき事態が広がっている。その背景には、学習指導要領の基準性にもとづく過度な行政指導が行われていることや、多様な教科書の使用を阻む検定制度・採択制度の問題、競争的な入試制度のもとで教育内容が受験対応型へと水路づけられていることなどを指摘することができる。

第11章　教育自治を活かした学校運営

　第二に、職員会議の決定機関としての位置づけが問題となりうる。戦後、職員会議は法制度上に明確な位置づけがなされてこなかったが、慣習的には重要な事項を全教職員で自治的に決定する場として運用されてきた。法的な位置づけとしては、議決決定機関説、諮問機関説、補助機関説、参与機関説がみられるが、行政解釈はこのうちの補助機関説がとられてきており、2000年の省令改正によって法令に規定された（学校教育法施行規則48条）。
　しかしながら、どのような学校教育活動を想定してみても、全教職員が参加する職員会議において相互の意見を出し合いながら意見調整をすすめ、全教職員の納得と共通理解を前提としなければ、集団的に営まれる学校教育が十分にその効果を発揮するとは言えない。このような意味で、職員会議の本来的なあり方は、今日的な観点からさらに深く追究されなければならない課題である。
　第三に、各学校においては、それぞれが定める教育の目的・目標を達成するためにふさわしい校務分掌が整えられる必要がある（学校教育法施行規則43条）。これは、1975年の省令改正によって、「主任法制化」にあたって規定されたものである。先に見たように、主任法制化の政策的なねらいは、「タテの行政系列」のなかに教員各層を組み込んで教育支配の構造を組織することにあったとみられている。本来の学校のあり方からすれば、各学校における教育活動をより効果的なものとして実行するために、学校全体としてのチームワークが不可欠であり、学校全体を集団的・組織的に機能させるためのチームリーダー（主任）をどのように選出するのかは、基本的には各学校の主体的な判断に委ねられていると言うべきであろう。
　第四は、様々な職員の役割についてである。事務職員は、主に（ア）施設、設備の維持、管理、（イ）教材、教具、消耗品の整備、購入、（ウ）学校予算、学校徴収金の取扱い、（エ）教職員の福利厚生、等の実務を担当している。いずれも学校の教育活動が安全で安定的に実施されるために欠かすことのできないものである。教材・教具の選定手続きや学校予算・学校徴収金に関することなど、事務職員に固有の専門性を発揮しうる場面は少なくない[6]。
　事務職員のほか学校には、養護教諭・用務員・学校栄養職員など多様な職種が存在する。近年では、スクールカウンセラーの配置もすすめられてきているほか、スクールソーシャルワーカーを配置する自治体も増えてきている。それ

ぞれが独自の観点で子どもと接触する場面を有しており、子どもの実態論議にあっては欠かせない情報資源となる。学校づくりおよび教育活動の重要な担い手として位置づけなければならない。

第五に、学校財政と人事のあり方についてである。各学校が地域の実情ならびに子どもの実態に即して独自の教育課程（教育計画）を編成するならば、その計画を実行するための具体的な人的・物的・経済的条件がそれぞれ整備される必要がある。そう考えると、教育活動・教育内容に関すること（内的事項）と学校設備・学校財政・教員人事等に関すること（外的事項）は、不離一体の関係にあることがわかる。従来、「内外事項区分論」は、教育内的事項を学校・教職員集団の専決事項ととらえ、教育外的事項を教育委員会の決定事項ととらえ、内的事項と外的事項の境界区分をどこに定めるかに力点が置かれてきた。しかしながら、とりわけ学校予算や教員人事等は、各学校における教育活動の計画に具体的に即しながらそのために必要な手立てとして一体的に検討されるべきものである[7]。

そのため各学校の校長は、所属する教職員の人事について教育委員会に意見具申できることとなっている（地方教育行政法39条）。教職員集団全体による教育課程討議（内的事項）によって、学校予算・教員人事等の外的事項に関する決定のあり方が本格的に追求される必要がある。

なお、日本における教育予算・学校予算は諸外国と比べてきわめて低い水準にある。そのことの背景に、子どもの生活における社会的必需品や学校教育活動における公費支出費目に関する社会的な合意水準が低いことが指摘されている[8]。保護者・子どもの学校づくりへの参加を通じて教育課程が編成され、教育予算・学校予算、教員定数配置の実情（教員の多忙化の実情）等が地域的・社会的に明らかとなるならば、教育費に関する国民全体の合意の水準はより高い段階に引き上げられる可能性がある。

（2）学校運営と教育委員会制度との関係

教育委員会は、各学校の教育活動を実質的に有効なものとするために、条件整備その他の役割を担っている。教育委員会は学校教育の自主性・自律性に配慮した上で、各学校の要望と実情を適切にふまえながら教育施策を立案・計画

し、実施する責任を追っている。
　学校予算の配分や人事決定に際し、各学校の要望をふまえつつも教育委員会が広域的に判断・決定することには意味がある。自治体財政の全体には限りがあるのだから、それらを勘案し見わたしながら学校配分予算は検討されなくてはならないという当然の制約がある。人事配置についても小規模校や過疎地域で教育格差が生まれないように配慮することや、困難校への一時的な教員加配が必要な場合がありうるからである。
　こうした場合においてもやはり確保されなくてはならないのは、教育委員会における意思決定過程の可視化・透明性である。教育委員会の委員あるいは教育長の選出にあたっては当該候補者の利害関係をあらかじめ明らかにすることや教育専門的な知見の有無、人格の高潔性なども考慮されなくてはならない。教育委員会には、教科書選定審議会（教科書無償措置法）や学校適正規模検討委員会などがおかれるが、こうした審議会・委員会における委員の選出にあたっても同様のことが言える。

（3）学校自治から教育自治へ
　こうしてみれば、本来的な学校運営のあり方を考えようとすれば、学校自治という狭い枠組みのみから考察するよりも、学校と地域の関係や行政権力の市民的・民主的な統制のあり方を含んで学校と自治体・教育委員会制度の関係を視野にいれた包括的な学校運営制度を考える必要がある。「教育自治」という概念は、そうした広い視野を私たちに示し、今後の理論発展のための土台を提供するものである[9]。
　近年の「学校改革」では、学校評議員制度や学校運営協議会制度等が導入されてきている。学校評議員制度は、2000年の省令改正によって導入されたものであり（学校教育法施行規則49条）、現在では幼稚園・小学校・中学校・高等学校のほとんどで設置されてきている。学校評議員は、①校長の求めに応じてのみ学校運営に関して意見を述べることができるにすぎず、また、②学校の教職員は評議員となることができない。その意味では、本制度導入のねらいには、校長にきわめて強い権限を付与しようするものであったと言える。しかし、多くの学校では、「学校評議員会」として運営され、教職員の代表が会議に参加

し、評議員は各学校ごとで慣習的に選出されるなど、ひとり校長による独善的な運用がなされているわけではない[10]。

　学校運営協議会は、2004年の地方教育行政法の改正によって制度化された（同47条の5）。学校運営協議会は、①各学校の教育課程編成等の基本的な方針について承認し、②学校運営に関して意見を述べることができ、③当該学校の職員の人事に関しても教育委員会に意見を述べることができる。学校評議員制度と比較しても、格段に権限範囲が大きくなっているということができる。学校運営協議会を設置している学校は、2014年段階で全体の1％に到達しておらず、広がりを欠いている。

　また、学校評価のしくみが導入されたこと（2002年小中学校設置基準：自己点検・評価規定、2007年学校教育法42・43条、学校教育法施行規則66条—68条）で、学校は保護者や子どもの評価を学校改善に生かすとともに、自己評価の結果を地域に対して公表することが義務づけられるようになった。この時期、公務員制度改革の流れのなか、各地で目標管理にもとづく「新しい教員評価」が施行されるようにもなってきた。

　学校評価・教員評価はそれなりの効果を挙げうる場合もあるが、次第に形骸化することがある。また厳しい「評価の眼差し」にさらされることによって教師は疲弊し、かつ「同僚性（collegiality）」が破壊され、教員相互の実践的関心が低下すると指摘するものもある[11]。確かに競争的関係・競争的尺度によってのみ評価がなされ、評価にもとづいて教職員に能力給・業績給が支払われるようになってしまえば、教職員どうしは敵対的な競争関係におかれ、相互に助言・批判しあい高め合う関係は築きにくくなる。

　法制定という形式を通じた学校運営改革制度の導入は、教職員の負担感・多忙感を増大し、また学校運営が混乱するのではないかとの不安感を払拭することができないまま、実効性のあるものとはなっていないというべきであろう。これに対し、各学校が教育自治をベースに地域・保護者との連携・協力に乗り出し、具体的な実践を通じてその教育効果・教育価値を体感し、それが教職員全体の合意水準として確認されるならば、大きなムーブメントとなる端緒を見出すことができる。

　その一つが、各地の高校で実践されている「三者協議会」である[12]。学校

(教職員)・保護者・生徒の三者が、自らの学校のあり方について率直に意見を語り合い、学校教育活動の改善点を検討し合う活動である。近年では、学校・保護者・生徒に加えて地域の代表者の参加を促し、これを「四者協議会」あるいは「フォーラム」と呼ぶものもある。高校段階で広がりを見せているものの、小学校・中学校での実践事例はまだ少ない。児童・生徒の意見表明（子どもの権利条約）の機会を保障するために、もちろん発達段階に応じて子どもと保護者の意見の重みづけに違いはあるにせよ、小学校段階・中学校段階でも取り組めばより積極的な機会となりうるのではないかと思われる。

また、確かな教育自治を築くためのより根本的な問題としては、すべての学校を土台とする「PTA活動の再活性化」という課題としてとらえたい。

4　教育自治をめぐる今日的な問題

(1) 学校の危機管理——子どもの安心と安全を守る学校づくりを

「いじめ」による子どもの自殺が今なお後を絶たないという問題をどう考えればよいか。収斂するひとつの課題は、「子どもの安心と安全を守る学校づくり」に対する取り組みの弱さということにつきるのではないか。

いじめ指導は、個別の教師による指導にとどまっていては効果を減じてしまうことが確認される必要がある。学校教育活動のあらゆる場面、授業や特別活動にとどまらず、さらには部活動や通学時の場面においてさえ起こりうることを考えれば、いじめ指導は学校教育活動の全体のなかに位置づけなければならないものであることは明らかであろう。また、いじめの背景に、競争的な受験システムやそれと連動する学校の成績評価システムが暗い影を落としていることも考慮する必要がある。各学校でいじめ指導に関する適切な目標設定がなされ、学校全体としての確かな方針が確立されているのかどうか、教職員集団全員で問題意識・課題意識が共有されているかどうかなど真摯な検討を求めたい。

大規模災害対策もまた同様の課題である。東日本大震災での教訓を風化させてはならないし、これを各学校の学校づくりにどのように活かすのか。ここでもまた保護者・地域との連携という課題が明確になるであろう。

（2）教師の多忙化問題と教職員定数

　最後に学校自治の最大の課題の一つに、教職員負担の問題をあげておこう。世界的に見ても日本の教職員の労働時間はきわめて長く、そのうえ1学級の児童・生徒数も多い。このため多忙感・負担感も飛びぬけて大きいことが各種のデータから読み取ることができる[13]。

　日々の教育活動に追われ、授業準備でさえ十分でないまま多くの教師は教壇に立ち続けている。毎日の教材開発や児童・生徒との応対に精一杯になるあまり、児童・生徒の家庭や地域での様子になかなか関心がもてなくなってしまうことも多い。

　しかしながら、むしろ逆にPTA活動を活性化させ、さまざまな場面で地域との交流活動や連携活動を促進している学校では、教職員の負担を保護者や地域住民がともに考える契機を生み出して、学校教育活動に積極的に関わりはじめるようになる。保護者同士が支えあう関係をつくりだすことで、児童・生徒の問題行動が減少し、教職員の手がかからなくなることもある。こうして教職員の負担は次第に軽減され、多忙感に変わって達成感を感じるようになる。

　それでもなお、一つの学校に配置されている教職員の数は、諸外国と比べても圧倒的に少ない。近年では非正規雇用の教職員が定数のなかに一定の割合を占めるようになってきてもいる。適切な教職員配置がすすめられ、学校の教職員が授業・授業外のさまざまな場面で保護者や地域とゆたかに連携しあえる関係がつくられるその先に、住民自治にもとづく学校運営の本当の可能性が広がっている。

注
(1) 日本の教育実践に固有な「生活指導」領域において、このことが歴史的に確かめられてきた。詳しくは『教育実践事典4　生活指導』（労働旬報社、1982年）を参照のこと。
(2) 斎藤一久「学校教育措置と教師の教育専門的裁量―教師の教育評価権の限界―」日本教育法学会編『教育法の現代的争点』法律文化社、2014年、332-335頁。
(3) さらに鈴木英一は、地方教育行政法16条による文部大臣の都道府県教育長な

第 11 章　教育自治を活かした学校運営

　　らびに都道府県教育委員会の市町村教育長それぞれの任命承認権が「教育行政の中央集権化」を生み、管理的な学校システムを醸成する構造となっていることを指摘している（鈴木英一「教育行財政改革の諸問題―国民の教育参加の保障が不可欠―」『季刊教育法』(63)、エイデル研究所、1986 年）。
(4)　戦後日本における「学校づくり」実践の誕生とその概念的な意味については、石井拓児「戦後日本における学校づくり概念に関する歴史的考察」（『名古屋大学大学院教育発達科学研究科紀要（教育科学）』第 51 巻第 2 号、2005 年）。
(5)　五十嵐顕・国分一太郎・城丸章夫編『現代の教育 1』（新評論、1962 年）所収。
(6)　制度研『お金の心配をさせない学校づくり―子どものための学校事務実践―』（大月書店、2011 年）を参照のこと。
(7)　内外事項区分論の学説的な検討については、石井拓児「地域教育経営における教育課程の位置と構造―内外事項区分論の教育経営論的発想―」（『日本教育経営学会紀要』第 52 号、第一法規、2010 年）。
(8)　阿部彩『子どもの貧困』岩波書店、2008 年、184-192 頁。
(9)　「教育自治」概念をめぐる理論整理については、鈴木英一「教育行政研究の課題―今なぜ「教育自治」なのか―」（鈴木英一・川口彰義・近藤正春編『教育と教育行政―教育自治の創造をめざして―』勁草書房、1992 年）。
(10)　平成 23 年度文部科学省委託調査報告書『学校運営の改善の在り方に関する調査研究コミュニティ・スクールの推進に関する教育委員会及び学校における取組の成果検証に係る調査研究』（2012 年 3 月）が参考になる。
(11)　たとえば、勝野正章「教師の協働と同僚性―教員評価の機能に触れて―」（『人間と教育』第 63 号、旬報社、2009 年）。2000 年代以降の学校評価・教員評価をめぐる政策導入の背景と評価システムの批判的検討については、佐古秀一「民間的経営理念及び手法の導入・浸透と教育経営――教育経営研究の課題構築に向けて―」（『日本教育経営学会紀要』第 49 号、第一法規、2007 年）を参照されたい。
(12)　宮下与兵衛ほか編『参加と共同の学校づくり―「開かれた学校づくり」と授業改革の取り組み』（草土文化、2008 年）、小池由美子『学校評価と四者協議会―草加東高校の開かれた学校づくり』（同時代社、2011 年）など。
(13)　OECD の国際教員指導環境調査（TALIS）が客観的なデータを提供してくれている。本調査では中学校段階での教員が調査対象となっているが、2013 年調査の結果によれば日本の教員の勤務時間が調査に参加した国・地域のなかで最長となっている。

■コラム10
長野県辰野高校の三者協議会

　長野県辰野高等学校における「生徒・父母・教職員の三者協議会」（＝三者協議会）の取り組みは、生徒、父母、教職員の三者が学校運営に関して話し合い、よりよい学校づくりを進めていくものとして全国的にも注目を集めている。

　三者協議会は1997年12月20日に発足し、その三者による合意として作られた「わたしたちの学校づくり宣言——辰野高等学校学校憲法宣言」（1998年1月21日）において明確に位置付けられた。

　三者協議会は、学期に一度（年3回）の定例の協議会に加え、生徒・父母・教職員の代表から要請のあった場合にも開催されることになっている。学校運営における決定権はもたないが、生徒会、PTA、職員会がそれぞれ話し合ってまとめたことを要求・提案することができる。そして、各機関はその要求や提案に対して話し合いをもち回答しなければならないことになっている。決定権はないものの、三者の意見が一致したことについては基本的に実施されており、事実上の決定機関とも言われている。

　参加者は上記の三者以外にも、必要に応じて、代表以外の生徒・父母・教職員あるいは地域・同窓会・教育関係者の参加を求めることとなっている。さらに会は公開されており、代表者以外もオブザーバーとして参加できる。三者協議会の設置要綱には「地域との連携も大切にして進めていく」とされており、地域に開くことが重視されている。

　ここで話し合われる内容として、たとえば過去に生徒会からアルバイト規定改定の提案があった。「経済的に苦しい家庭の生徒対象に、平日のアルバイトを許可してほしい」という意見に基づくものであった。それに対し職員会から、アルバイト規定に特例を追加し、条件つきで平日のアルバイトを認める提案がなされた。さらにその提案についてクラス討議を経て、生徒会で採決し、職員会の提案に対して賛成するという経過で、生徒たちの要望が実現することとなった。他にも、生徒による授業に対する要望、生徒自身による自己評価の発表、職員会からの「辰高イメージアップ」の提案等について協議されている。三者協議会は、こうした協議を経て、参加者同士がお互いの立場を理解していく場となっている。

　このような取り組みを通して特に注目されるのは、参加生徒の成長である。協議会の場で、最初は思うように意見を発表できなかった生徒が、回を重ねるうちに堂々と自分の意見を述べられるようになる。また地域に開かれているために、地域との協力関係の構築につながったり、生徒が地域への関心を深め、課題を見つけ出したりすることにもつながっている。

　これは生徒、父母・住民、教職員らによって課題が発見、分析、解決されるというプロセスを経るため、学校関係者自身による学校評価・学校改善の取り組みとしても見ることができる。今後、さらなる発展が期待される取り組みだといえよう。（宮下与兵衛『学校を変える生徒たち』かもがわ出版、2004年参照）

第 12 章

教育を受ける権利と大学

　大学とは、真理の探究とともにその成果にもとづいて高度な専門的知識を教授する組織である。大学は研究開発だけを任務とする研究機関ではないし、専門的知識・職業的技能の伝達のみが行われる職業訓練所でもない。教育と研究が一体的・共同的に展開されることを特徴とする公教育機関なのである。大学における知の継承と創造という営みは、国家権力をふくめ政治・宗教・経済等の特定勢力を利するためではなく、広く社会に開かれ、人類全体の幸福実現に貢献することを使命として展開されるべきものである。こうした大学の教育研究活動がもつ公共性から、大学の公共性（公の性質）が導き出されるのであり、それゆえ、憲法原理に要請された「大学の自治」が大学運営や高等教育行政における基本原理とされてきた。
　アメリカの社会学者マーチン・トロウは、高等教育進学率が15％までをエリート段階、15～50％をマス段階、50％以上をユニバーサル段階と呼び、高等教育の量的発展とそれに伴う質的変化をモデル化している[1]。日本では、2000年代末に4年制大学と短期大学を合わせた大学進学率が50％を超えている。トロウに従えば、日本の大学教育は今日、ユニバーサル段階にあるといえる。
　日本における大学進学率の向上や大学教育のユニバーサル段階への到達は、トロウが指摘するように、かつてエリート段階及びマス段階では大学教育を受けることができなかった階層の出身者（いわゆるノン・エリート）が大学に進学することで実現されたものである。こうして、一部のエリートに独占されることなく、大学が広く入学者を受け入れるようになることは、一般に「大学の大

衆化」と呼ばれている。科学技術が進歩し、社会的課題が複雑化するなかで、大学に向けられる期待はますます高まっているが、その反面、大学の大衆化は否定的に捉えられることがしばしばある。大衆化された大学には多様な学力の学生たちが入学しており、十分な基礎学力が獲得されていない者や大学で学ぶ意義を見出せず学習意欲が低い者も決して少なくない。大学の大衆化を批判する人びとは、十分な学力や学習意欲がない青年が大学で学ぶことはムダだ、と言うのである。果たしてそうなのだろうか。

　本章では、まず憲法・教育基本法体制における公教育機関としての大学の理念を捉え、その上で、理念と現実とのあいだの矛盾を生み出す今日の高等教育政策の意図とその問題点について考えてみたい。

1　公教育機関としての大学

　日本における戦前の大学は、「国家ニ須要」（大学令1条）な教育研究の実施を求められ、その結果、大学やその教員・学生は国体護持や戦争遂行に加担させられることとなった。戦前、分岐型学校体系のなかで大学への進学を許された者は非常に限られており、旧制大学を含む高等教育機関への進学率は1945年ごろにようやく5％まで上昇する程度であった。当時の大学は国家エリートの育成機関であったのである。

　戦後教育改革を経て、戦後の大学は日本国憲法・旧教育基本法以下の教育法体系のなかに位置づけられることとなった。そのなかで、大学は、国民主権・平和主義・基本的人権の尊重という憲法原理に根ざし、「学問の自由」（23条）や「教育を受ける権利」（26条）が基本的人権として確認され、これらから「大学の自治」が導き出されることとなった。戦後、大学は法制上、国家目的に奉仕する大学から国民のための大学へとその性格を大きく転換させ、新たなスタートを切ったのである。

　具体的な大学法制を見てみよう。旧教育基本法にもとづき、学校教育法1条がその他の学校とともに大学を「学校」として定めた。これによって、大学が小学校、中学校、高等学校に接続した学校教育の一部として位置づけられ、大学は単なる研究機関・エリート養成機関ではなく、広く国民の教育を受ける権

利・学習権を保障する公教育機関であることが確認されたのである。学校教育法旧52条は、大学の目的を「大学は、学術の中心として、広く知識を授けるとともに、深く専門の学芸を教授研究し、知的、道徳的及び応用的能力を展開させることを目的とする。」と定めた。つまり、「学術の中心」という大学の基本的性格を確認した上で、専門分野の教授研究だけでなく、旧制高校の教育を大学の一般教育課程として取り入れ、「広く知識を授ける」こと（一般教育の重視）もまた大学の目的であるとした。これは偏狭な専門知識のみを獲得した国家エリートが無自覚的に国体護持・戦争遂行に加担してしまった戦前の反省に立ったものであり、幅広い教養と理性的な思考力を身につけることで民主主義社会の担い手を育成しようとしたのである。

　なお、旧教育基本法は大学に関する直接の条文をもっていなかったが、大学が軽視・無視されていたわけではない。大学については学校教育（教育基本法6条）に包摂されており、同法で示された基本理念は大学やその行政においても適用されるものである。たとえば、教育の目的として掲げられた「人格の完成」（同1条）は調和のとれた人間性の全面的発達と解釈されるが、大学教育における一般教育重視の理念はこれと合致するものである。戦後改革において構想・実現された国立大学の地方分散や一県一国立大学の原則、また大学における夜間授業、通信教育、公開講座を認める学校教育法の規定は、「教育の機会均等」（同3条）に要請されたものである。

　2006年全部改正の教育基本法では大学に関する規定（7条）が新設され、大学に他の学校種とは異なる性格を与えようとするものであった。つまり、同条1項では、大学はその教育研究の「成果」の「提供」を通じて「社会の発展」に「寄与」するものであると定められ、社会との関係が強調された大学の役割規定となっている。これは時の政権や市場への大学の従属を強いる意図があるが、大学の公共性に照らして考えれば、「社会」とは多様な属性の市民が構成する社会であり、同規定は大学に対してそうした社会への長期的な科学的貢献を求めるものであると解される。大学とは決して社会と断絶した「象牙の塔」ではないし、大学教授からの一方的な知識伝達をよしとするのではなく、人びとの学びの要求に応える公教育機関としての大学の役割が求められる。

2 学問の自由・教育を受ける権利と大学の自治

 「大学の自治」とは、大学が政治的・行政的・宗教的・経済的・社会的権力の干渉を排して、大学構成員がその意志にもとづいて教育研究を行うことを言い、大学運営や大学に関わる行政において尊重されるべき基本原理である。

 大学における真理探究は、ときによってそれまで支配してきた「常識」に疑問を呈し、それを否定することがあり得る。そうした経験から、歴史的に見ても、また今日においても、大学における教育研究が政治的・行政的・宗教的・経済的・社会的権力からの干渉の対象となることが少なくなかった[2]。そのため、大学教員をふくむ大学構成員個人の「学問の自由」を実質的に保障し、大学の機関としての自主性を確保するため、大学の自治が導き出される。大学の自治は真理探究を使命とする大学を大学たらしめ、学問の自由（日本国憲法23条）が機関としてとった形態であり、学問の自由を保障するための制度的慣行といえる。

 大学自治の内容には、学説上、①学長選出を含む教員人事における自主決定権、②教育研究の内容・方法・対象の自主決定権、③大学施設や学生の自主管理権、④財政自主権が含まれるとされる。財政自主権とは「必要な資金を政治・産業社会に要求し、これを自主的に管理する権利」と捉えられている。しかしながら、後述の国立大学法人制度が顕著であるが、現実には大学は意識的・政策的に財政上政府に「従属」させられており、財政自主権は未だ確立に至っていないことがしばしば指摘されている[3]。

 大学自治をめぐる立場・考え方については、伊ヶ崎暁生が次の四つを示している[4]。

（ⅰ）国家管理（設置者として大学を国家統制の下に置き、その範囲内で大学の自主活動を認めるもの）
（ⅱ）学長など少数者による自治（国家・設置者からの自治を確保するが、学長を中心とする少数者管理を志向するもの）
（ⅲ）教授会の自治（大学自治の担い手は唯一教授会とするもの）

（ⅳ）全構成員自治（教授会を組織する教員だけでなく、学生や職員も大学自治を担うというもの）

こうした四つの立場は、大学自治の発展過程と照応している。（ⅲ）教授会自治は（ⅰ）・（ⅱ）に比べれば積極的な意味をもつが、他の構成員にとっては閉鎖的・独善的になりかねず、学生や職員を含む全構成員自治の理論や実践（ⅳ）が展開されることとなった。戦後日本においては、学問の自由（憲法23条）のほか、学校教育法に教授会の必置、旧教育公務員特例法に教授会による教員選考がそれぞれ定められており、法的には大学自治は（ⅲ）の段階にあったと言える。

そのなかで、各大学では学生や職員を積極的に自治の主体と捉える実践が進められることとなった。たとえば、日本国憲法制定前の1946年6月には、名古屋大学理学部の物理学教室（坂田昌一教授）では、民主的な研究室運営をめざして「物理学教室憲章」を定め、教員だけでなく技術職員や事務職員、学生・院生代表をメンバーとする最高決議機関「教室会議」を置いた[5]。そこでは研究費配分や教員・研究員の選考についても審議の対象とされ、学生・院生も主体的に研究室運営を担い、自らの教育研究環境に関わる要望を伝え、実現する機会を得ることとなった。また学園紛争を経て1969年1月には、東京大学で大学当局と学生代表団との間で「確認書」が結ばれている[6]。「大学当局は、大学の自治が教授会の自治であるという従来の考え方が現時点において誤りがあることを認め、学生・院生・職員もそれぞれ固有の権利を持って大学の自治を形成していることを確認する」とした上で、学生自治会等を公認し、それらに対して大学当局との団体交渉権を認めた。

そのほか、名古屋大学や一橋大学、東京都立大学（現・首都大学東京）などでは、学生の要望にもとづき、学部長等・職員と学生団体による三者協議会の定期的な開催や学長・学部長等の選考にあたっての学生による意向投票の実施、候補者への公開質問状の提出などを実現してきており、全構成員自治論が具現化されている。また、名古屋大学では、1987年に教職員・学生院生・生協職員のそれぞれ過半数の賛同を得て「名古屋大学平和憲章」を制定し、学内において「戦争を目的とする教育と研究には従わない」との誓いを宣言している[7]。

これも全構成員自治の実践・成果の一つであるといえよう。
　なお、全構成員自治論は、学問の自由とともに学生の教育を受ける権利を基盤としている。大学教育やその運営が教員の恣意や独善で行われるのではなく、学生の期待と要求を直接に受け止めて行われるべきであるという教育の直接責任性（旧教育基本法 10 条）から導き出されるものである。

3　高等教育行政と大学の質保証・大学評価

　日本における高等教育行政は主に文部科学省によって担われる[8]。文部科学省設置法では、高等教育について、大学・高等専門学校の教育振興、教育の基準設定、設置改廃の認可、入学者選抜、学位授与、学生の奨学などを文部科学省の所掌事務に規定している。さらに、文部科学省は科学技術や学術に関する事務も所掌しており、これらも大学での教育研究活動に関わるものである。大学の運営原則は大学自治である。そのため、高等教育行政は大学の自治を尊重して条件整備に徹し、教育研究活動の実施や、教員人事や教育課程などに関する事項の審議・決定は大学等の教育研究の現場に委ねられるべきものである。
　中央教育審議会「我が国の高等教育の将来像（答申）」（2005 年 1 月 28 日）では、18 歳人口の減少や定員抑制方針の撤廃という社会の変化や国の役割の変質を踏まえ、高等教育行政の役割について従来の「高等教育計画の策定と各種規制」から「将来像の提示と政策誘導」（①高等教育の在るべき姿や方向性等の提示、②制度的枠組みの設定・修正、③質の保証システムの整備、④高等教育機関・社会・学習者に対する各種の情報提供、⑤財政支援等）への移行を提言した。これを受けて 2000 年代以降、高等教育行政の役割について変化が見られるようになり、とくに文部科学省は大学の質保証・大学評価について強い権限を有することになった。
　もともと、文部科学大臣は、大学設置・学校法人審議会の審議・答申にもとづいて大学等の設置を認可する権限を有してきた（私立学校法 4 条）。それに加えて、2002 年の学校教育法改正以降、文部科学大臣は設置後の大学の評価を行う評価機関を認証することとなった。この評価機関による大学評価を「認証評価」といい、大学は 7 年に一度（専門職大学院は 5 年に一度）認証評価を受け

ることが義務付けられた（同 109 条）。これによって、各大学の自己点検・評価に加えて、文部科学省によって管理された第 3 者評価が制度化されることとなった。さらに、認証評価等によって公立大学・私立大学に法令違反が認められるときの文部科学大臣の対応も整備され、改善勧告や変更命令を経て、大学等の廃止命令にまで至る文部科学大臣の権限が法定化された（同 15 条）。なお、文部科学省は大学の質保証に責任を有するが、大学評価の実施に際して、文部科学省が直接に評価者となることはなく、学識経験者などを評価者に立てて、ピア・レビュー（同僚評価）のかたちをとる。このように文部科学省の関与が間接的にとどめられているのは、学問の自由・大学の自治によるものである。その一方で、高等教育行政が大学の自治を最大限に尊重しなければいけないことを考えれば、質保証における文部科学大臣の権限行使は抑制的でなければならない。

　さらに、2004 年には国立大学法人法が制定され、国立大学の設置者が国から国立大学法人に変更された[9]。国立大学法人制度は、行政のスリム化・財政負担の軽減を求める行政改革のなかで生まれた独立行政法人の亜種であり、独立行政法人制度をまねた中期目標・中期計画とそれにもとづく評価システム（PDCA サイクル）が組み込まれている。つまり、文部科学大臣は各国立大学法人が 6 年間において達成すべき業務運営に関わる目標（中期目標）を設定し、国立大学法人は中期目標を達成するための 6 年間の計画（中期計画）を策定する（国立大学法人法 30・31 条）。各国立大学法人は中期目標の達成状況について、年度ごとおよび中期目標期間（6 年）終了後に国立大学法人評価委員会から評価（国立大学法人評価）を受けなくてはならず（同 9 条）、同評価の結果は国立大学の運営費交付金の額や大学の改廃にも反映される。法人化当初の 2004 年には 1 兆 2,415 億円あった運営費交付金は、2014 年には 1 兆 1,123 億円まで削減されている。そのなかで、文部科学省は評価と資源配分を通じて、国立大学の教育研究活動を特定分野（とくに経済活性化や近年では軍事に関わる分野）に誘導する傾向が顕著となっている。国立大学法人制度とは、基盤的経費を確保されず均等ある学問発展を阻害し、教育行政の条件整備義務を放棄するものであり、また一方で国家権力による大学の教育研究内容への介入を許すものである。国立大学法人制度は、学問の自由・大学の自治との大きな矛盾をはらんで

いる。

　さて、社会における大学の役割が高まるなかで、今日、高等教育行政は他府省が管轄する行政に直接的・間接的に影響を受けている。たとえば、今日、大学に対しては、医療・福祉、法曹、科学技術などの分野の高度な専門性を有した職業人の養成の期待が高まっている。そのため、大学はそれらを管轄する他省によって、資格授与にかかわる教育課程について厳格な審査を受けることは少なくない（たとえば、保育士養成課程への厚生労働省による監督は顕著である）。また、産学連携やイノベーションによる経済活性化の実現を目指す大学改革がしばしば経済産業省から要請される。さらには、大学は継続的に進められている行財政改革・規制改革の対象であり、国立大学法人化や株式会社による大学設置、基盤的経費の削減など大学のあり方が大きく変わる事態を招いている。社会的関心に配慮しながらも、教育研究活動の独自性・特殊性に配慮した主体的な高等教育行政の展開が期待される。

4　グローバル人材育成とノン・エリートの大学教育の切り捨て

（1）経済界からのグルーバル人材提起と国家戦略化

　2010年代になると、政府・経済界はグローバル人材育成をキーワードにした高等教育改革を提起し、実行に移すようになる。グローバル人材とは「日本人としてのアイデンティティと幅広い教養を持ち、世界に打って出たり、外国人を迎え入れて交流したりすることのできる人材」（教育再生実行会議「第三次提言」、2013年5月）を言う。その背景には、少子高齢化によって国内市場が縮小傾向にあるなかで、日本経済の生き残り・再起をかけてグローバル市場に打って出るさいの担い手であるエリート人材の育成が急務であるとの認識がある。こうした認識や人材像は、2000年代以降、財界から提起されたものであり、まとまったかたちでグローバル人材についてはじめて提起がなされたのは、日本経団連の「グローバル人材育成に向けた提言」（2011年）であった。ここでは、グローバル人材を「日本企業の事業活動を担い、グローバル・ビジネスで活躍する（本社の）日本人及び外国人人材」と定義し、必要とされる資質・能力や育成のための取り組みが提示・要望された。グローバル人材育成は2010

年代に入ると国家戦略として位置づけられ、教育政策にもとり込まれる。民主党・野田政権時には、国家戦略会議にて、米倉弘昌氏（日本経団連会長）らの民間議員から、グローバル人材育成の国家戦略化と育成のための施策が提案され（「次世代の育成と活躍できる社会の形成に向けて」、2012年4月）、これは経団連2011年提言をほぼ踏襲するものであった。平野文科大臣（当時）もそれにそった教育改革プラン（「社会の期待に応える教育改革の推進」、同年6月）を発表している。一方で、当時、野党であった自民党も、政権復帰後の速やかな実施をねらい、グローバル人材育成路線の大学改革案を提示しており（自民党教育再生実行本部「中間取りまとめ」、2012年11月）、これはのちの教育再生実行会議による諸提案の原案となった。

　グローバル人材育成のための「選択と集中」は、早期のグローバル人材候補の選別とグローバル人材にならない者への教育コストの抑制によって効率的・集中的な人材育成を進めようとされる。そのため、大学の機能別分化・統廃合にとどまらず、大学以外の高等教育機関を巻き込んだ再編や初中等教育段階からの人材候補の早期選別が行われることになる。

（2）大学から高等専門学校・専門学校・専門高校へのシフト

　グローバル人材育成の重点化に伴い、ノン・エリートの大学進学を抑制しようという動きがある。つまり、ノン・エリートを大学ではなく、高等専門学校・専修学校（専門学校）、さらに新設が構想される「専門職業大学（仮）」に進学させたり、専門高校からそのまま就職させたりすることで、短期間・低コストで職業的技能を習得させて国内人材・地域人材として育成することが構想されている。企業にとっては実践的・即戦的技能を身につけさせた上で賃金水準を切り下げることができるし、政府からすればノン・エリートに負担する高等教育予算をグローバル人材育成に集中的に資源投入することが可能となる。

　野田政権時の国家戦略会議では、民間議員の長谷川閑史氏（経済同友会代表幹事）が社会・経済のニーズに合う人材の育成を求め、大学から高等専門学校等へ「シフト」を要望し、そこでの「地域を支える中小企業の人材育成・確保」の期待を表明している（2012年4月9日）。これに対して、安住財務大臣（当時）は、「高等専門学校、工業高校や商業高校の充実……の方にむしろ力点

を置いて、地場の産業に人材を供給していく努力にも予算措置をしたいと思います。……大学進学率を上げることが一つの目標と思っている価値観を改める」と応えている。こうした考え方は、第二次安倍政権にも引き継がれており、経済財政諮問会議（2013年5月20日）において、麻生財務大臣は工業高校や高等専門学校の就職率の高さを高く評価している。それに対して、下村文科大臣も「専門学校、専修学校も就職率は98％くらいで、大学等に比べると私学助成金が圧倒的に少ないにもかかわらず、それだけ成果・効果が上がっているというのは、社会のニーズに適用した構成も含めて教育を行っているということである。そういうところへの支援をこれからさらに深めていく必要がある」と述べている。こうした議論は「日本再興戦略」（2013年6月、閣議決定）に反映されている。

（3）私立大学の統廃合による大学進学の抑制

私立大学の多くはノン・エリートの青年たちを受け入れ、大学教育の拡大・大衆化に大きな役割を果たしている。文部科学省も、私立大学に対して「分厚い中間層」を支える土台であるとの認識を示しているし、多様な学生が集まる私立大学にとっては、グローバル人材だけでなく、地域で生活し働く市民や労働者を育てることは重要かつ現実的な使命・役割である。大学進学の抑制が進むとき、そのターゲットとなるのは国立大学よりもむしろ私立大学であると考えられ、経済界・政府は、国立大学同様、私立大学にも機能別分化・統廃合を進め、大学数・学生定員の抑制が図られようとしている。文部科学省は、「適正な教育研究環境の確保」を求めて①定員割れ大学への助成金減額率のアップや、②大学の機能強化・ガバナンス強化のための私学助成のより格差的な配分を進めたり、③経営状況の悪い学校法人への調査・指導を通して大学組織再編や学生募集・閉校などの早期判断を促したりしている。それに加えて、④法令違反状態もしくは「運営が著しく適正を欠」く学校法人に対して、文部科学大臣等が運営改善を命令したり、役員解任を勧告したりできるように、私立学校法がすでに改正されている（2014年4月）。これらは学校法人への解散命令の前段階として位置づき、法人解散を避けられないような最悪の状態に陥る前に在学者を保護しようというものである。ただ学校法人や私立大学の統廃合を進

めるさいに用いられる恐れもあり、慎重な権限行使が求められる。

　4年制の私立大学はこの10年の間に約80校増加している。財務省は「4割の私立大学が定員割れ」であって、大学とくに私立大学が多すぎると強調しており、大学数・学生定員や進学率を抑制しようとする論調に拍車をかけている。ただ、この「4割」という数字は冷静に考える必要がある。日本私立学校振興・共済事業団によれば、43.2％（2015年度）の私立大学が定員割れを起こしているが、全私立大学の定員充足率（＝入学定員数÷入学者数×100）は105.0％であり、全体としては定員以上の学生を入学させている。さらにデータを見ると、大都市部にある大学や入学定員800人以上の大規模大学が定員以上の学生を入学させていることもわかる（「平成27（2015）年度私立大学・短期大学等の入学志願動向」、2015年7月）。一部の大学が収容定員以上の学生を集めていることこそ、「適正な教育研究環境」が確保されていないと問題視されるべきであり、また、高額な授業料などで進学を断念するような潜在的な進学希望者を含めれば、現在の大学数・学生定員は決して多すぎるものではないだろう。

（4）初中等教育段階からのグローバル人材育成

　2014年4月には、一校当たり年間1,600万円の支援が予定されている「スーパーグローバルハイスクール」に全国56高校が選定されており、高校ではその「特色化」が進められている。教育再生実行会議が、高校の特色化として、①グローバル・リーダーを育成する学校、②科学技術人材を育成する学校、③専門的知識・技能を育成する学校、④学び直し・学習意欲の喚起を図る学校、⑤進路への自覚を深める学校などを挙げており（「第四次提言」、2013年10月）、競争環境のなかですでに序列化された今日の高校教育システムを追認・固定化しようとしている。こうした高校の特色化は、大学の機能別分化同様に、グローバル人材等のエリート人材育成のための「選択と集中」であり、中等教育段階からの人材選別をねらったものである。

　さらに、教育再生実行会議の提案を受けて、中央教育審議会が大学入試改革としてセンター試験に替わる新テストの検討を行ってきた[10]。「高等学校基礎学力テスト（仮）」と「大学入学希望者学力評価テスト（仮）」という二つの試験によって、高校教育での基礎的・共通的な学力と大学教育を受けるのに必要

な能力とを区別しようとしている。そのため、大学進学には、大学が課すレベルと高校が指導するレベルとのマッチングが必要になる。ノン・エリートの高校教育を想定している上記③④⑤の高校の生徒はこうしたマッチングができず、進学できる大学や大学進学そのものが制限される恐れがある。

　戦後の学校教育制度は、基本的人権である教育を受ける権利・学習権保障の具体化として「単線型学校体系」を形成してきた。単線型学校体系は、中等教育段階で職業訓練の学校と大学進学の準備教育を目的とした学校とに分かれる戦前の「分岐型学校体系」を否定したものであり、後期中等教育段階のどの学校の生徒にも大学進学の資格を認め、今日の大学教育の機会拡大の基盤となった。しかし、高校の特色化や大学進学の制限は単線型学校体系を否定するもので、事実上の分岐型さらには複線型学校体系の移行を進めることになる。

（5）学校教育法改正による教授会権限の縮小

　2014年には学校教育法等の改正を図る大学のガバナンス改革が進められた[11]。教授会についてはこれまで学校教育法93条で「重要な事項を審議」すると規定されていた。ところが、2014年の改正でそれが削除され、学生の入学卒業・課程修了、学位授与、そのほか「教育研究に関する重要な事項で、教授会の意見を聴くことが必要なものとして学長が定めるもの」について、学長に「意見を述べるもの」とされた。この改正は、教授会が「教育研究に関する事項について審議する機関であり、また決定権者である学長等に対して、意見を述べる関係にある」（施行通知）ことを明確にし、教授会権限を縮小させるとともに学長のリーダーシップを強化しようとするものである。つまり、同改正は、伊ヶ崎が示した大学自治の発展段階に照らして、大学自治の後退であった。

　こうした大学ガバナンス改革も、グローバル人材育成を進める高等教育改革の一環に位置づくものであった。政府は、大学の機能別分化・統廃合について表向きには各大学の「自主的選択」によるものであるとしており、そのため運営費交付金や公募型補助金などを用いて各大学が自らの機能を特化・強化するように誘導してきた。しかしながら、よりラディカルに機能別分化・統廃合を進めるためには専断的な学長のリーダーシップが不可欠となる。そのため、学長の決定権への「抵抗のとりで」となる教授会の権限を縮小（「学長の諮問機

関」に変質)させる必要があったのである。

5 主権者を育成する大学教育

　安倍政権が進めるグローバル人材育成路線の教育改革は、ノン・エリートの教育コストを削減し、エリート人材育成の重点化を図るものであり、教育・学習の営みを人格の完成をめざす人間教育から経済再生のための人材育成に変質させようとしている。最後に、開かれた大学教育の意義を踏まえ、学生の学び・発達に寄り添う大学教育やそれを支える大学政策の在り方について考えてみたい。

(1) 能力発達の必要に応じた大学教育
　憲法26条が定める「教育を受ける権利」には、大学教育・高等教育を受ける権利も含まれており、大学教育は一部のエリートに限られたものではなく、広く人々に開かれた公教育の一つである。開かれた大学教育には、科学的・専門的知見や技能を身につけた主権者を育てることに意義がある。学生たちは、大学教育を通して、学生自身がこれまで生きてきた環境や現在または将来、生きる環境、さらには見知らぬ他者が生きる環境について客観的に捉え、それらをよりよくするのに必要な科学的・専門的知見や技能を獲得する。これは「学術の中心」たる大学だからこそできる主権者育成・人間教育であるといえる。憲法26条は、「能力に応じて、ひとしく教育を受ける権利を有する」と定めている。「能力に応じて、ひとしく」との文言は、教育法学の通説にもとづき、「能力発達の必要に応じ」て、と解釈され[12]、学力による教育差別を容認するかつての憲法学的解釈を否定した。この解釈は養護学校の設置義務化や高校全入など戦後の教育機会拡大を求める運動を支える条文解釈となったが、大学・学生の多様化が進む今日にあって、エリート学生だけでなくノン・エリートの学生に向き合う大学教育を展開するさいも有効である。ノン・エリートの青年たちは、将来、市民生活や労働の場面で自身にとって理不尽な環境に身を置かざるを得ない恐れがある。彼らにこそ、そうした環境を乗り越える科学的・専門的知見や技能の獲得を図る大学教育の機会は必要である。とくに低学力・低

学習意欲の学生には、彼らの「能力発達の必要に応じ」て、科学的・専門的知見や技能の基盤となる基礎学力の再度の獲得を図るとともに、彼らの過去・現在・将来の生活環境に引きつけながら学問内容を取り扱うなど丁寧な向き合い方がより必要になる。

　さて、文部科学省・中央教育審議会は近年、ディスカッションやグループ・ワーク、プレゼンテーションなど学生の授業参加を取り入れた「アクティブ・ラーニング」という教授法を推奨している。賛否はあるものの、こうした教授法は能動的に学習に向き合う機会をつくるという点では、低学力・低学習意欲の学生にも一定程度の効果があるものだと考えられる。その一方で、必ずしも教員が学生に向き合えるだけの教育環境が整えられていない。適正なクラスサイズを実現できるような常勤教員の配置など、国には教育を受ける権利保障の観点に立ち、学生の「能力発達の必要に応じ」た教育活動を支える教育条件の整備が求められる。教員一人あたりの学生数を見ると、国立大学が約10人であるのに対して私立大学では約30人となっている。国私間の教育条件や公費負担の格差を是正することが、まずその第一歩となるだろう。

(2) 国際人権規約に逆行するグローバル人材育成

　2012年9月、国民の切実な要求運動に応え、政府は国際人権規約A規約13条2項b、cの適用留保を撤回した。これにより、日本政府には中等・高等教育の無償教育の漸進的（段階的）導入の達成義務が課された。同項の達成の方向性や具体的内容を示したものに、国連人権理事会特別報告者であったトマゼフスキーによる「4-Aスキーム」があり[13]、ここでは、availability（利用可能性）、accessibility（アクセス可能性）、acceptability（受容可能性）、adaptability（適応可能性）という4点を満たす必要があると述べている。無償教育によって大学教育への経済的なアクセス可能性を実現するとともに、人種や性別、または出身学校の差別なくアクセスできる必要があり（accessibility）、そのためには大学進学要求を満たすだけの大学数・学生定員が確保されている必要がある。大学が閉鎖されず、設置されているということ（availability）は同項達成の最低条件の一つといえる。よって、グローバル人材育成路線のなかでの大学数・学生定員や大学進学を抑制しようとすることは、国際人権規約A規約とも矛

表12－1　私立大学と国立大学への公費支出の違い（2010年）

	私立大学	国立大学
大学数	597校（76.7％）	66校（11.0％）
学生数	2,872,002人（73.6％）	609,356人（21.4％）
教員数	100,068人（57.3.％）	61,689人（35.4％）
公費支出額	私学助成 3,221億円 一校あたり5億円	運営費交付金 9,371億円 1校あたり109億円
年間授業料	平均 848,178円 （文系学部：734,052円、 理系学部：1,037,073円 医歯系学部：3,034,564円）	535,800円（標準額）

盾するものである[14]。

　なお、日本では、私立学校振興助成法によって、①私立学校の教育条件の維持・向上、②私立学校在籍者の経済的負担の軽減、③私立学校の経営の健全化を目的に、学校法人には私学助成が行われている。私学助成には、（ⅰ）学校法人への税制優遇と（ⅱ）私立学校の経常費的経費の補助があるが、後者はおおむね学生数に応じて機械的に配分されている。同法では、国は私立大学の経常的経費についてその2分の1以内を補助することができるとしているが（4条）、実際には、全私立大学の経常的経費総額に対してわずか11％程度の助成しか行われていない。そのため、学生やその親などの私費負担に転嫁されることになり、高額な授業料等の支払いが強いられることになる。日本の大学教育は学費が高いのに加え、給付型奨学金が整備されず、事実上教育ローンに等しい貸与型奨学金が主流となっている。OECD加盟国で見てもこの状況は異様なものであり、高等教育への公財政支出の対GDP比は加盟国平均1.1％であるのに対して、日本はわずか0.5％である（2012年）。これは加盟国中最下位の数字である。国には、教育を受ける権利・学問の自由にもとづいて、公教育機関にふさわしい大学の条件整備が求められる。

注

(1) 天野郁夫・喜多村和之訳『高学歴社会の大学―エリートからマスへ―』東京大学出版会、1976 年。
(2) たとえば、大学における教育研究への国家権力の干渉事件として、戦前日本では東京帝国大学での戸水（七博士）事件（1905 年）、森戸事件（1920 年）、京都帝国大学での沢柳事件（1914 年）、滝川事件（1933 年）、美濃部達吉（元東京帝国大教授・貴族院議員）の天皇機関説事件（1935）などがあり、それらの教訓は戦後の大学自治の法制度的・慣習的形成に反映させられることとなった。また、戦後の大学自治をめぐる事件の一つに東大ポポロ事件（1952 年）があり、大学自治と警察権や学生の自治活動をめぐって最高裁まで争われた。こうした大学自治の歴史は、伊ヶ崎暁生『学問の自由と大学の自治』（三省堂、2001年）に詳しい。
(3) 高柳信一・大浜啓吉「学問の自由」、有倉遼吉・小林孝輔編『基本法コンメンタール憲法 [第 3 版]』日本評論社、1986 年、103 ページ。
(4) 伊ヶ崎、前掲書（2001 年）、10-11 ページ。
(5) 沢田昭二「坂田昌一の目指した研究体制」『現代評価と大学評価』（大学評価学会年報）第 8 号、2014 年、98-123 ページ。
(6) 野村平爾・五十嵐顕・深山正光編『大学政策・大学問題―その資料と解説―』労働旬報社、1969 年、293-300 ページ。
(7) 名古屋大学平和憲章制定実行委員会編『平和への学問の道―ドキュメント名古屋大学平和憲章―』あけび書房、1987 年。
(8) 2000 年代以降の高等教育分野の政策・行政の転換ならびにその教育行政における先導性については、細井克彦「高等教育政策・行政の構造的変化」（平原春好編『概説 教育行政学』東京大学出版会、2009 年、201-217 ページ）に詳しい。
(9) 国立大学法人制度の発足経緯・概要・課題については、細井克彦代表編『新自由主義大学改革―国際機関と各国の動向―』（東信堂、2014 年）、光本滋「国立大学の法人化と大学の自治・学問の自由」（日本教育法学会編『教育法の現代的争点』法律文化社、2014 年、278-281 ページ）などが詳しい。
(10) 谷口聡「「到達度テスト（仮称）」提言の意図」（『人間と教育』第 81 号、2014年、76-83 ページ）参照のこと。
(11) 2014 年の学校教育法改正のねらいやその国会審議の論点、改正条文解釈については、新教育基本法法制研究特別委員会ワーキング・グループ「教育再生実行改革および地方教育行政法・学校教育法・国立大学法人法について」（『新教育基本法と教育再生実行戦略』日本教育法学会年報第 44 号）、2015 年、160-187 ページ）に詳しい。
(12) 兼子仁『教育法 [新版]』有斐閣、1978 年、231 ページ。

(13) 田中秀佳「国際人権法における教育の漸進的無償化」、『教育の政治化と子ども・教師の危機』（日本教育法学会年報第43号）、2014年、55-64ページ。
(14) ここでは詳細を避けるが、大学教育の漸進的無償化を検討するとき、その権利論や国家財政・学園財政の組み替え等の技術論だけに終始してはいけない。安倍政権が大学に日本経済を担うグローバル人材の育成や日米安全保障を支える軍事研究を求めるなかで、無償化される大学教育の受け手や内容、またそこで扱われる価値についても検討の関心が向かうべきである。

参考文献
高柳信一『学問の自由』岩波書店、1983年。
田中昌人『日本の高学費をどうするか』新日本出版社、2005年。
中嶋哲彦「大学・学問の現代的存在形態と大衆的高等教育の創造」、『日本の科学者』第50巻、2015年7月、26-31ページ。

第13章

現代における教育と教育行政の変容

　本章では、1970年代後半から台頭し、現代における世界の政治経済の中心的理念となった「新自由主義」の影響によって、日本の教育と教育行政がどのように変容されてきたのか、また、今後されようとしているのかを概観し、それが今日の教育行政学に突きつけている課題を論じたい。

1　新自由主義国家の本質

(1) 新自由主義の定義と「新自由主義国家」

　デヴィッド・ハーヴェイ（2007年）は、新自由主義を次のように定義している。「新自由主義とは何よりも、強力な私的所有権、自由市場、自由貿易を特徴とする制度的枠組みの範囲内で個々人の企業活動の自由とその能力とが無制約に発揮されることによって人類の冨と福利が最も増大する、と主張する政治経済的実践の理論である」[1]。つまり、個人や個々の機関（企業、学校、地方自治体など）が「自由に競争」すれば、それぞれが持てる能力を最大限発揮し、その結果、全体の利益が最大化する、という考え方である。

　そこで、新自由主義にもとづけば、「国家の役割は、こうした実践にふさわしい制度的枠組みを創出し維持する事」[2]、つまり、自由に競争できる環境を作ることになる。逆に言えば、自由な競争を制約している仕組みを改変あるいは破壊することが国家の役割となる。そのため、新自由主義にもとづく政策を進める国家（以下、「新自由主義国家」）においては、労働法制（労働基準法、労働者派遣法等）や企業法制（大規模小売店舗法等）など企業の経済活動を制約す

る法規制が改廃され、あわせて、競争原理が抑制されていた領域（医療、福祉、公教育等）に同原理が導入される。そして、新自由主義国家は、企業の経済活動の自由や競争原理の導入を進めるため、規制改革・民間開放政策（郵政民営化、株式会社による農業経営の解禁等）、地方分権政策（機関委任事務の廃止、国庫補助金の一般財源化等）、税制改革（法人税減税、消費税増税等）などのあらゆる政策を統合し、政治・経済・社会制度を包括的・抜本的に再編する。

（2）新自由主義国家の「理論」と「実践」

　新自由主義国家による政治・経済・社会制度の包括的・抜本的な再編は、それまでの様々な規制や法制度によって保障されていた国民の権利（生存権、教育を受ける権利、労働基本権等）をおびやかす。また、政策によっては、特定の勢力の利権（公共土木事業の誘致等）を縮小・消滅させる。そのため、これらの権利や利権を失う人々や勢力からは、同政策への抵抗が発生する。そこで新自由主義国家においては、そのような抵抗を抑えつけ、強権的に政治・経済・社会制度の再編を実行するための体制づくり＝行政改革（内閣府の新設による行政権力トップへの権限集中等）が進められる。したがって、新自由主義国家は、市場における自由な競争を促進するために「小さな政府」を目指すものと言われることもあるが、その実態は、国家権力の増大を伴う点に特徴がある。

　新自由主義の理論は自由の拡大を目標に掲げているが、現実の新自由主義国家はグローバル企業の経済的利益を増大させるために、一方では医療・公教育・福祉から手を引き（小さな政府）、他方では一般国民の自由を抑圧する権力を増大させている（国家の強大化）。新自由主義国家の本質的な目的は、グローバル企業の競争力に資する政治・経済・社会制度の構築である。そのため、新自由主義国家においては、強力な国家介入による特定企業・産業の保護・支援など、その理論に反する政策がしばしば採られる。つまり、新自由主義国家は、新自由主義理論から導かれるはずの国家像との深刻な矛盾を内包しつつ、①国民に対するナショナル・ミニマム保障にかかわる国家の役割・権限の縮小と、②グローバル企業の利益増大に貢献する国家の役割・権限の増大という二面性を持っているのである[3]。

2　新自由主義国家における教育政策

　以上の二面性を持つ新自由主義国家の教育政策は、次のような特徴を持つものになる。
　第一に、国家の権限・役割の縮小による教育条件整備の後退・改廃である。新自由主義に従えば、教員間・学校間・地方自治体間の競争を促進することが、学校教育というサービスの質を向上（「学力の向上」、「規範意識の形成」、経済活動に必要な人材の育成等）させると考えられるため、それを制約するあらゆる規制は緩和・撤廃の対象とされる。たとえば、学級編制基準、教職員定数、教員資格、学校設置者の要件、学校体系、教育委員会の必置規定などである。これらの規制を緩和・撤廃することで、教員間・学校間・地方自治体間の競争環境を整備するとともに、これまで国家の義務とされた教育条件整備やそれに必要な公費支出を削減する。
　第二に、競争と評価を手法とした国家による教育統制の強化である。まず、新自由主義の基本原則である競争が自動発生・展開するとは限らないため、それを発生・展開させる制度改革がなされる。たとえば、学校選択制の導入、全国一斉学力テストの実施とその結果公表などである。教員、学校、地方自治体は、学力テストの結果という一元的な枠組みの中で競争を強いられるが、競争の勝者になるためにどのような手法を採用するかは各主体の「自由」であり、規制の緩和・撤廃や権限の移譲がその「自由」を保障するものとして推進される。その際、「学校の自主性・自律性」や「地方分権」という理念が、その本来の意味（本書第11章を参照）を歪められ、レトリックとして用いられる。対して、国家は、競争の評価基準を独占することで教育内容統制を強化しつつ、学校・教員の教育実践や地方自治体の教育政策を実質的にコントロールする。さらに、評価に基づく財政配分を行うことにより、このコントロールはより強力なものとなる。
　第三に、経済や財政などの教育とは異なる論理で教育政策が推進される。とりわけ、公教育費の減額あるいは増額という教育財政のあり方は、グローバル企業の支援体制における「投資効果」という論理で判断される。これは、新自

由主義の本質的な目的が、国民の学習権の保障という教育の論理ではなく、グローバル企業の競争力に資する政治・経済・社会制度の構築という経済・財政の論理にもとづくことに由来する。

3　日本における新自由主義教育政策の展開動向

　日本における1970年代までの教育政策は、文科省・教育委員会といった教育行政機関が、官僚統制的手法によって所管してきた。しかし、1980年代半ば頃から日本においても新自由主義が台頭すると、教育政策も、経済界とその意向を受けた内閣が新自由主義にもとづく教育政策（以下、新自由主義教育政策）を推進するようになり、文科省がケースバイケースでこれに対抗・妥協・協調するという展開をみせるようになる。2000年代半ばには、民主党連立政権の誕生や東京・大阪などの地方自治体における先行実態の影響を受けながら、新自由主義教育政策が漸進的に展開された。さらに、2012年12月に誕生した第二次安倍政権以降は、内閣（教育再生実行会議、産業競争力会議等）、自民党（教育再生実行本部）、中央省庁（文科省、経産省、財務省等）、地方自治体（大阪府市等）、経済界（日本経済団体連合会、経済同友会）など、「総動員」ともいえる体制によって同政策が推進されようとしている。そこで、ここでは1980年代半ば以降、時々の政治・経済状況のもとで、新自由主義教育政策がどのように展開されてきたかを概観する[4]。

（1）臨教審の教育政策構想の頓挫

　1970年代半ば以降、オイルショックに端を発して先進資本主義国が同時不況に陥る中、日本では「財政再建」が政策の中心課題となり、新自由主義にもとづく政治・経済・社会の再編がはじめられた。1981年、鈴木善幸首相のもとに第二次臨時行政調査会が設置され、国の補助金のカットや三公社の民営化（国鉄・電電公社・日本専売公社→JR・NTT・JT）が実行に移された。

　教育については、首相の諮問機関として「臨時教育審議会」（1984年、以下、臨教審）が設置され、教育改革が構想される。臨教審は、「個性重視の原則」、「生涯学習体系への移行」、「国際化・情報化への対応」等の基本方針を掲げ、4

回にわたる答申を出した。その過程では、公教育の分野に競争原理を導入するため、教育制度の様々な規制を緩和・撤廃し（学校設置の自由、学校選択の自由等）、民間活力を導入（学習塾による私立学校の設置や教育バウチャーの導入）することも検討された。しかし、これらの構想のうち、実際に政策として実現されたものはそれほど多くなかった。臨教審答申以降に実現された教育施策を列挙すれば、単位制高校の制度化（1987年・学校教育法施行規則改正）、特別免許状制度・特別非常勤講師制度の創設（1988年・教育職員免許法改正）、大学・短大・高等専門学校設置基準の大綱化（1991年）、部分的な学校週5日制（毎月第2土曜日が休日）の実施（1992年・学校教育法施行規則改正）などに限られる。

その要因として考えられるのは、本格的な新自由主義教育政策に対する要求が、当時においては経済界の中であまり大きくなかったことである。臨教審が活動した1980年代からバブルが崩壊する1990年代初頭までの日本経済は、「企業主義統合」[5]及びこれと順接的な関係にある公教育制度によって国際競争力を有しており、これらを根本的に改変する必要性は、それほど高くない社会状況だったと考えられる。

（2）橋本六大改革と新自由主義教育政策の始動

しかし、バブルが崩壊し、本格的な経済のグローバル化が進行しはじめる1990年代半ば頃から様相は変わってくる。政治・経済・社会の再編とこれに連動した教育政策への要請が高まってくる。そのため、橋本内閣（1996年—1998年）は、教育改革を含む「六つの改革」（行政改革、財政構造改革、社会保障制度改革、経済構造改革、金融システム改革）を政策の中心課題とした。教育改革の具体的な施策としては、学校週5日制の完全実施（毎週5日制）、学級編制基準の弾力化、公立小・中学校の通学区域の弾力化、中高一貫教育の推進などが挙げられた[6]。実際に実現された施策を概観すると、通学区域制度の弾力化（1997年・文部省通知「通学区域制度の弾力的運用について」）、大学「飛び入学」の制度化（1997年・学校教育法施行規則改正）、6年制中等教育学校の制度化（1998年・学校教育法改正）、校長の資格要件の緩和（民間人校長）（2000年・学校教育法施行規則改正）、公立高校通学区域制度規定の削除（2001年・地方教育行政法改正）、学校週5日制の完全実施（2002年・学校教育法施行規則改

正）などである。

　もっとも、橋本政権がその後の教育改革にもたらした最大のインパクトは、政策主体の変化という点だろう。「六つの改革」の一環であった「行政改革」により、総理府が内閣府に格上げされるなど、内閣の権限が強化された。その結果、2000年代に入ると、旧来の教育政策主体である文科省・教育委員会に対し、新たな教育政策主体として、内閣・内閣府やそこに設置される諸機関（教育改革国民会議（2000年）、経済財政諮問会議（2001年—）、規制改革系の諸会議[7]（2001年—）、教育再生会議（2006年—2008年）、教育再生実行会議（2013年—）、産業競争力会議（2013年—））などが教育政策を主導するようになる。他方、内閣・内閣府主導によって進展した地方分権政策により、地方教育行政における首長の影響力も増大するようになっていく。

(3) 小泉政権による新自由主義教育政策の展開

　小泉政権下（2001年—2006年）では、内閣・内閣府の主導により、新自由主義教育政策が本格的に推進された。とりわけ、経済財政諮問会議と規制改革系の諸会議がこれを主導するが、同会議は民間議員として参加した経済界の意向が政策に大きく影響を及ぼす場となった。その経済界が構想する教育改革を体系的に示したのが、2000年代半ば（2004年、2005年、2006年）に相次いで発表された日本経済団体連合会の政策提言である[8]。

　そこでは、公教育制度の基本原理として以下の三つが示された。第一に「多様性」である。これは、学習者の「多様」なニーズに応える教育サービスを供給するため、サービス供給者である学校の裁量権の拡大や設置者要件の緩和をし、学校教育を「多様化」するというものである。第二に「競争」である。これは、サービスの質の向上及び学習者のニーズを満たすため、学習者の選択の自由と機会を拡大し、かつ選択結果に応じた予算配分をすることによって学校間・教員間の「競争」を促すというものである。第三に「評価」である。これは、事後「評価」によってサービスの質は保障されるとの前提に基づき、学習者をサービス「評価」者とし、加えて、国家を「評価」の基準策定者に位置付けようというものである。したがって、一方で、選択、多様性、競争を促進するため、条件整備に関わる規制の緩和・撤廃を主張し、他方で、評価に関わる

基準の新設（全国一斉学力テストの実施と学校ごとの結果公表等）を求めるものであった。

このような考え方にもとづき、具体的に実施された施策は以下のようになる。学級編制基準の弾力化（2001年・義務標準法改正）、多様な学校設置者の参入促進を目的とする小・中学校設置基準の制定（2002年・文部科学省令）、学校選択制のための公立小・中学校学区制の弾力化（2003年・学校教育法施行規則改正）、特区における施設一体型小中一貫校の設置、株式会社・NPO法人による学校設置（2003年・特区法成立）、指定管理者制度の導入（2003年・地方自治法改正）、義務教育国庫負担制度における総額裁量制の導入（2004年・義務教育費国庫負担法改正）、義務教育費国庫負担制度の国庫負担率を2分の1から3分の1へ変更（2006年・義務教育費国庫負担法改正）、教頭の資格要件の緩和（2006年・学校教育法施行規則改正）、学校法人の設立要件の緩和（2007年・文部科学省通知「校地・校舎の自己所有を有しない小学校等設置事業の全国展開について」）、悉皆の全国学力・学習状況調査（全国一斉学力テスト）の実施（2007年）、学校評価の実施（2007年・学校教育法改正）、などである[9]。

（4）第一次安倍政権による教育基本法改正

第一次安倍政権（2006年9月―2007年8月）は、小泉政権に比べて短命に終わったが、その後の新自由主義教育政策への影響力という点では、最もインパクトの強い政権ともいえる。というのも、同政権は、2006年12月、戦後の日本の教育法制の根幹であった教育基本法を、1947年の制定以来はじめて改正したのである。しかもそれは、一部条文の部分改正にとどまらず、「全く新しい教育基本法が制定された」とも言われるような大幅な改正であった（本書第2章を参照）。

数ある改正点の中でも新自由主義にもとづくものとして特に注目されるのが、「教育振興基本計画」（17条）の新設である。教育振興基本計画とは、「政府」が定める「教育の振興に関する施策についての基本方針及び講ずべき施策」についての「基本的な計画」である（同条1項）。また、地方公共団体には、この計画を「参酌」し、「当該地方公共団体における教育の振興のための施策に関する基本的な計画」を定める努力義務が課せられた（同条2項）。

これらは、運用いかんによって従来の教育行政・教育財政のあり方を大幅に変更する可能性を持つものである。なぜなら、第一に、政策の定立形式を国民代表議会の制定する「法律」から行政府の策定する「計画」に移行し、第二に、行政手法を従来のプロセス管理から計画達成度の評価にもとづく結果管理方式に移行する。そのため教育振興基本計画は、行政が特定政策を投資効率の観点で推進するための装置になる可能性がある。たとえば、第二期の教育振興基本計画（2013－2017年度）では、成果指標として「全国学力・学習状況調査における同一問題の正答率の増加」、「学校の決まりを守っている児童生徒の割合の増加」、などの成果指標が挙げられている。したがって、今後の教育振興基本計画の運用いかんによっては、数値目標－競争－評価－財政配分という新自由主義的な行財政原理を導入する制度となる可能性がある[10]。

また、教育基本法の改正を受け、2007年には、学校教育法、教育職員免許法・教育公務員特例法、地方教育行政法という主要な教育法の改正が行われた（本書第2章、第3章、第7章、第9章、第11章を参照）。

（5）民主党連立政権下における教育政策の動揺

2009年8月の総選挙によって戦後はじめての本格的な「政権交代」がなされ、民主党を中心とする連立政権が誕生した。同政権は、「公共事業から社会保障・教育へ」政策の重心を移すという方針を掲げた。その背景には、1990年代後半以降本格的に進められた新自由主義政策によって、可処分所得の低下、失業、貧困など、国民生活における様々な困難が深刻化し、福祉国家的な政策に対する国民の要求が高まっていたことがある。民主党は、このような要求を汲み取った政策を前面に掲げたのである。ただし、民主党内部には、福祉国家的な政策の推進を目指す勢力、新自由主義政策の推進を目指す勢力、旧来型のいわゆるバラマキ政策を是とする勢力が混在していた[11]。そのため、民主党は実際に政策を実行するにつれて党内分裂を起こし、結果、自民・公明党と歩調を合わせながら徐々に政策を新自由主義にシフトさせていった。

当初、民主党は、教育政策に関して主に三つの政策構想を掲げた。

第一に、個人向け現金給付を増やし家庭の教育費負担を減らす政策である。まず、2010年3月、時限立法として「平成22年度における子ども手当支給

法」が制定され、月額13,000円の子ども手当が支給されるようになった。また、同年同月に高校の授業料無償化・就学支援金法が成立し、同年4月より施行された。しかし、2010年の参院選で与党の議席数が過半数を下回ると、自民・公明党との間で主要政策を見直す確認書が交わされ、2012年度から子ども手当を廃止し、支給対象に所得制限を設け支給額を減額した新「児童手当」が創設された。同様に、高校の授業料無償化・就学支援金法も見直されることになる。

　第二に、教員の質と数を充実させる政策である。教員の「質の充実」とは、教員免許の抜本的見直しと教員養成課程を6年制（修士）とすること、その「数の充実」とは、少人数学級を推進することであった。少人数学級については、2011年義務標準法改正によって、2011年度から小1で35人学級が法制化された。文科省は、2012年度から小2での35人学級の実現を目指したが、財務省の反対により、教員の加配定数900人増で対応することになった。つまり、法改正による安定的・継続的な小2での35人学級ではなく、単年度措置でのそれにとどめられた。他方、教員免許の抜本的見直しと教員養成課程の6年制（修士）化に関しては、中教審で具体化が検討されたが未実現に終わった。

　第三に、教育ガバナンスを再編する政策である。たとえば、「学校理事会」・「教育監査委員会」の新設が構想されたが、両制度とも十分な検討がなされないまま未実現に終わった。ただし、両制度の主目的であった地方教育行政における首長の主導性の確立については、大阪府・市における教育関係条例（2012年・大阪府教育行政基本条例、同年・大阪市教育行政基本条例等）の策定にみられるように、一部の地方自治体が事態を進展させた。

（6）第二次安倍政権以降の新自由主義教育政策の行方

　2012年12月の総選挙で自民党が圧勝し、第二次安倍内閣が発足した。同内閣は、教育基本法を改正した第一次内閣時と同様に、経済再生と並んで教育再生を重点政策に掲げ、新自由主義をその基調路線としている。

　しかし、同政権には、これまでの政権とは異なる次のような特徴がある。それは、政策の実行体制が強力な「中央集権」かつ「総動員」型になっている点である[12]。既述したように小泉政権も、内閣府に設置された経済財政諮問会

議や規制改革系の諸会議が政策を主導する中央集権型であった。しかし、小泉政権は、内閣・内閣府と所管官庁（文科省、厚労省、国土交通省等）・族議員とが時に対立・妥協を伴いつつ政策を実行する体制であったのに対し、第二次（2012年12月―2014年12月）・第三次（2014年12月―）安倍政権は、内閣・内閣府に設置された諸会議（産業競争力会議、経済財政諮問会議、国家戦略特区諮問会議等）が互いに競合しながら政策を主導し、かつ、中央官庁と自民党がそれを積極的に実行する体制となっている。その体制は教育政策においても同様であり、内閣設置の教育再生実行会議、産業競争力会議が政策を主導しつつ、自民党の教育再生実行本部、文科省、経産省、財務省がそれを推進している。中でも従来と異なる特徴として、産業競争力会議と経産省が、経済界の要求を反映する形で高等教育政策（「専門職業大学」もしくは「専門職大学」（いずれも仮称）と呼ばれる実践的な職業訓練学校の新設等）を推進している。

　したがって、これまでよりも徹底した新自由主義教育政策が、同政権のもとで急速に展開されることが予想される。現段階でその方向性を大別すると、以下の三つの特徴が指摘できる。

　第一に、国家による教育内容統制のさらなる強化である。まず、学力テストを中心とする競争と評価による教育内容統制の強化がある。具体的には、民主党政権によって抽出調査になっていた全国一斉学力テストを悉皆調査に再変更したこと（2014年）、全国一斉学力テストの結果の公表方式を変更したこと[12]（2014年）、さらに、中学校3年生を対象とした英語の全国一斉学力テストの新設、「高等学校基礎学力テスト（仮）」の新設などが挙げられる。加えて、新自由主義政策によってもたらされた格差社会を前提に、そのような社会に順応する規範意識を形成するための教育が、国家主導で行われようとしている。たとえば、「心のノート」を全面改訂した道徳教育用教材「私たちの道徳」の全国の小・中学校への配布（2014年）、道徳教育の「特別な教科」化などである。またこれに連動するものとして、国民意識（ナショナルアイデンティティ）の形成の強化がある。つまり、格差社会（国民の分裂）への対処と日本の軍事大国化への国民の同意を調達する手段とし、上記の道徳教育の推進や教科書検定基準の改定（2014年）が進められている。さらに、教育再生実行本部を中心に検討されている教員免許取得に国家試験を課す制度が実現されれば、教員養成を

通じた教育内容統制も強化されるだろう。

　第二に、学校の種別化、学校体系の複線化による格差的教育制度の構築である。先の教育再生実行会議は、第3次提言「これからの大学教育等の在り方について」(2013年5月28日)、第4次提言「高等学校教育と大学教育との接続・大学入学者選抜の在り方について」(2013年10月31日)を発表した。そこでは、高校・大学の機能別分化の促進・徹底とそれに対応させた高大接続の改変＝「到達度テスト(仮称)」の新設が提言された。また、同会議は、第5次提言「今後の学制等の在り方について」(2014年7月3日に)を発表したが、そこでは、義務教育期間の見直し、小中一貫教育の制度化、実践的な職業教育を行う新たな高等教育機関の制度化などの施策が列挙され、幼児教育から高等教育まで全学校段階にわたって学校体系を複線化する構想が示された。そして、これに先立つ自民党教育再生実行本部の「中間まとめ」(2012年12月21日)では、小・中学校卒業時の学力評価システムの構築や飛び級・飛び入学などが提言されている。したがって、これらの施策と組み合わせられることで、早期選別を含む複線型の学校体系が目指されていると考えられる。つまり、教育条件整備の後退・改廃を目指す新自由主義教育政策の特徴が、全国一律の規制の緩和・撤廃という段階から、学校の種別化・学校体系の複線化による徹底した格差的教育制度の構築という段階へとシフトしつつあると考えられる。

　第三に、さらなる集権的教育行政・学校組織の確立である。たとえば、2014年の地方教育行政法は、地方教育行政における首長・教育長の権限強化を目的に、同年の学校教育法・国立大学法人法改正は、大学における学長主導体制の強化を目的に行われた。このような体制構築により、学習権や学問の自由を保障するための制度原理である「教育の地方自治」・「大学自治」という教育の論理が破壊され、これまで以上に経済・財政の論理にもとづく教育政策が推進されようとしている。

4　新自由主義教育政策と教育行政学の課題

　最後に、ここまで論じてきたように新自由主義教育政策が展開され、さらなる推進が構想されている中、教育行政学に突きつけられている課題を二点指摘

し、本章を終えたい。
　第一に、教育基本法が「教育」と「教育行政」を区別（旧10条・新16条）していることの意義をあらためて再考するという課題である。それは、古典的なテーマであるが、新自由主義教育政策が展開されるにつれ、きわめて現代的な課題となっている。なぜなら、新自由主義教育政策は、一方で、「学力向上」や「規範意識の形成」の名の下に、競争と評価を手法とする国家による教育統制を強化し、従来の官僚統制よりもさらに教育（学習者と教育者との間で営まれる教育実践）の自由を極小化している。他方で、同政策は、「戦後教育の画一性の打破」の名の下に、教育行政の任務である平等な教育条件の整備（教育の機会均等）の放棄を進めている。このような現状に対し、教育の本質的な性格とそこから導出される教育行政のあり方を再確認する必要性が高まっている。
　教育の本質的な性格とは、教育が人間の内面的価値や真理に関する営みであり、かつ直接の人格的接触を通じてその個性に応じて充足される営みであることから、政治・行政の権力的統制となじまず、自由・自律性が要請されるということである。教育基本法は、このような本質的性格から、教育と教育行政を区別し、教育行政の任務を教育に必要な条件整備をすることと規定（旧10条）した。そして、このような教育の本質的性格は普遍的なものであると考えられるため、制定から60年ぶりの教育基本法の全面改正においても、教育と教育行政を区別する規定（新16条）は堅持されたのである。教育の自由を極小化し、教育行政による条件整備を放棄する新自由主義教育政策に対峙する教育と教育行政のあり方を考える上で、教育と教育行政の区別の意義は、あらためて再確認されるべきだろう。
　第二に、教育及び教育条件整備に関し、現場のニーズ・課題を知る学習・教育当事者（子ども・保護者・教師・地域住民）の要求に応える学校と教育行政のあるべき姿を具体的に構想し、構築するという課題である。新自由主義教育政策は、その本質がグローバル企業の支援体制づくりでありながら、国民・住民による一定の支持を得ることに成功しているため、紆余曲折を経つつも1980年代半ば以降展開されてきた。その背景には、新自由主義が批判の対象とする従来の学校や教育行政が、学習・教育当事者の多様な教育要求に応えていないという実態への不満の蓄積があったと考えらえる。新自由主義教育政策は、

「自由」、「個性」、「多様性」をキャッチフレーズに、「選択の機会」を提供するという制度構想を掲げることでそのような不満を吸収し、一定の支持を得ているのである。しかし、学習・教育当事者の「多面的」で「日常的」な教育要求は、選択の機会の提供だけで充足されるものではないだろう。かれらの教育要求に応えられる学校・教育行政のあり方（原理）とその具体的な実現方策（政策・制度・経営・運動論）が求められている。その際、多様な教育要求に応えるためにも、上記の教育の自由・自律性が前提になるのであり、第一と第二の課題は、合わせて探求されるべきものになる。

注
(1) デヴィッド・ハーヴェイ（渡辺治監訳、森田成也・木下ちがや・大屋定晴・中村好考訳）『新自由主義―その歴史的展開と現在―』作品社、2007年、10頁。
(2) 同上書、10頁。
(3) 同上書、94-114頁。
(4) 本章では、主に初等・中等教育段階における新自由主義教育政策の展開動向を対象とする。高等教育段階のそれについては本書第12章を参照。
(5) 「企業主義統合」とは、1960年代から形成され1990年代半ばから解体されている日本型雇用が基盤となった社会秩序維持方式。詳細は、後藤道夫『収縮する日本型〈大衆社会〉―経済グローバリズムと国民の分裂―』旬報社、2001年を参照。
(5) 橋本内閣における教育改革の特徴については、井深雄二『現代日本の教育改革―教育の私事化と公共性の再建―』自治体研究社、2000年を参照。
(6) 総合規制改革会議（2001―2004年）、規制改革・民間開放推進会議（2004―2007年）、規制改革会議（2007年―2010年）、行政刷新会議規制・制度改革委員会（2010―2012年）、規制改革会議（2013年―）。
(7) 日本経団連「21世紀を生き抜く次世代のための提言―『多様性』『競争』『評価』を基本にさらなる改革の進言を―」（2004年4月19日）、「これからの教育の方向性に関する提言」（2005年1月18日）、「義務教育改革についての提言」（2006年4月18日）。
(8) 佐貫浩・世取山洋介編『新自由主義教育改革―その理論・実態と対抗軸―』大月書店、2008年は、臨教審から第一次安倍政権までの新自由主義教育政策の特徴の変化を「教育の国家統制の進化」と捉え、その理論・実態と対抗軸を明らかにしている。

(9) 教育振興基本計画の特徴とそのあるべき姿については、谷口聡「14　教育振興基本計画」日本教育法学会編『教育法の現代的争点』法律文化社、2014年、78-83頁を参照。
(10) 渡辺治・二宮厚美・岡田知弘・後藤道夫『新自由主義か　新福祉国家か―民主党政権下の日本の行方―』旬報社、2009年の特に渡辺治「第1章　政権交代と民主党政権の行方」を参照。
(11) 渡辺治・岡田知弘・後藤道夫・二宮厚美『〈大国〉への執念―安倍政権と日本の危機―』大月書店、2014年を参照。
(12) 市町村教育委員会が、それぞれの判断で個々の学校名を明らかにした調査結果の公表を行うこと、また、都道府県教育委員会が、市町村教育委員会の同意を得た場合、当該市町村名又は当該市町村教育委員会が設置管理する学校名を明らかにした調査結果の公表を行うことを可能とした。

■コラム11
教育・保育の民営化

　教育・保育は、一人ひとりの人間の「心身ともに健やかな成長と発達」という側面から、人間の「幸福」（ウェルビーイング）の実現に資するものであり、その生涯にわたってあらゆる機会に、あらゆる場所において保障されなければならない。そのため、教育・保育行政は、教育・保育を社会公共的ないし公の性質を有するものととらえ、国および地方公共団体はそれぞれ、公費教育・保育の実現や施設設備の充実をはじめ、教育・保育の環境（条件）整備に努めていく必要がある。

　しかしながら、1980年代以降における臨時教育審議会主導の教育・保育改革の進展を嚆矢として、教育・保育行財政における規制緩和（改革）と教育・保育における民間活力の導入を根幹とする新自由主義・新保守主義的な政策が展開されてきている。教育・保育の「民営化」はこうした流れのなかで、自治体行財政改革の一環として積極的に推進されてきた施策の一つであるが、具体的には、学校給食や公民館・図書館・博物館などの社会教育施設、公立保育所などの民間事業者への「運営委託」（業務委託、指定管理者制度）または「民間移管（移譲）」（公立廃止）という形態をとっている。それは、民間企業による学校、保育所の設立など教育・保育界における教育・保育産業の跋扈とともに、教育・保育の市場化、営利化（商品化）をもたらしている。

　上述のような教育・保育の民営化について、鈴木英一は、「教育は個人の財力次第という教育のプライヴァタイゼーションは、公費教育を形骸化し、教育の公共サービスを大きく後退させることになる」（鈴木英一他編『教育と教育行政』勁草書房、1992年、4頁。）と批判している。まさにこの指摘にあるように、教育・保育の民営化は単なる行政施策の手法にとどまらず、教育・保育の人権保障的権利性、公共性の内実を鋭く問うものにほかならない。

　近年、とくに2000年代以降、生涯における人格形成の基礎を培う幼児期の教育・保育に係る制度改革が矢継ぎ早に提案され実施に移されている。国・自治体の公的責任が大幅に縮小される動きのなかで、幼児期の教育・保育における競争原理の導入や株式会社等多様な経営主体の参入が急速に推進されている（参照：伊藤良高『保育制度改革と保育施設経営』風間書房、2011年）。2012年8月に公布された「子ども・子育て関連3法」に基づく子ども・子育て支援新制度（認定こども園・幼稚園・保育所・小規模保育など多元化・多種別化された制度）の導入はこうした傾向をさらに助長するものとなることが予想される。近年における「幼保一体化」「幼保一元化」や認定こども園の制度普及、認証保育所制度の推奨など、幼児期の教育・保育における民営化や規制緩和をベースとする施策が、当事者である子ども・保護者・保育者の立場から見て、それぞれの権利をきちんと保障しようとするものであるかが問われていく必要がある。

さらに学習を深めるために（資料紹介）

　文献や資料を活用すると、学習を深められます。ここでは、役立つ資料の一部を紹介します。

〇論文や書籍
　次のウェブサイトでは、タイトル、著者名、掲載誌、キーワードなどを手掛かりに論文や書籍を探せます。
Cinii Articles 日本の論文をさがす　　　http://ci.nii.ac.jp/
Cinii Articles 大学図書館の本をさがす　http://ci.nii.ac.jp/books/
国立国会図書館蔵書検索・申込システム　http://opac.ndl.go.jp/

〇教育関係法令
　教育法を収録した法令集が複数刊行されています。『教育小六法』（学陽書房）や『解説教育六法』（三省堂）には、掲載されている主要な教育法令に逐条コメントが施されて、条文の意味を理解するのに役立ちます。なお、条文を確認するだけなら、次のウェブサイトが便利です。
電子政府の法令データ提供システム　http://law.e-gov.go.jp/cgi-bin/idxsearch.cgi
国会図書館日本法令索引　http://hourei.ndl.go.jp/SearchSys/index.jsp
　地方公共団体の条例・教育委員会規則は、各地方公共団体の公式ウェブサイトに例規集などのページが設けられています。

〇日本の教育制度を調べる
　『明治以降教育制度発達史』（1868～1932年）、『近代日本教育制度史料』（1932～1952年）、『現代日本教育制度史料』（1952-1988）が刊行されており、大学図書館等が所蔵しています。
　また、国会図書館のウェブサイトには、
「日本の教育制度の調べ方」というページ
　　　https://rnavi.ndl.go.jp/research_guide/entry/post-449.php や、
「海外の教育制度・教育事情の調べ方」
　　　http://rnavi.ndl.go.jp/research_guide/entry/post-283.php

があり、有用な参考文献を紹介しています。

○国会や帝国議会の議事録や法案審議の状況
　法律が制定改廃されたとき、国会の本会議や委員会でどのような議論があったかを確認するためには、次のウェブサイトが便利です。
国会会議録検索システム　　　http://kokkai.ndl.go.jp/
帝国議会会議録検索システム　　http://teikokugikai-i.ndl.go.jp/
　法案の審議状況は、衆参両院のウェブサイトで確認できます。
衆議院　http://www.shugiin.go.jp/
参議院　http://www.sangiin.go.jp/

○教育裁判の判決
　裁判所の主要な判例は最高裁判所のウェブサイトから入手できます。どの判決を掲載するかは裁判所が決めますから、学問的に重要な判決が掲載されていないこともあります。
裁判所　裁判例情報
　　　　http://www.courts.go.jp/app/hanrei_jp/search1

○教育関係の告示・通達・白書等
　文部科学省の告示・通達や白書（『文部科学白書』（2001年度以降）、『教育白書』（1953～2000年度）、『科学技術白書』（1958年度以降））は、次のウェブページで探せます。
　　白書　http://www.mext.go.jp/b_menu/hakusho/hakusho.htm
　　告示・通達　http://www.mext.go.jp/hakusho
　学習指導要領は、文部科学省や国立教育政策研究所のウェブサイトに掲載されています。
学習指導要領（現行）
　　　http://www.mext.go.jp/a_menu/shotou/new-cs/youryou/index.htm
学習指導要領（旧）
　　　http://www.nier.go.jp/guideline/
　国の教育振興基本計画は、文部科学省のウェブサイトで公表されています。地方公共団体の教育振興基本計画は地方公共団体のウェブサイトを検索してみましょう。
　　　http://www.mext.go.jp/a_menu/keikaku/index.htm

○教育関係の統計
　教育に直接関係する統計には、『学校基本調査』（2001年度以降、年次統計は1948年度以降）、『学校教員統計調査』（1989年度以降）、『社会教育調査』（1999年）、『社

会生活基本調査』(1986 年以降 5 年ごと)、『地方公務員給与実態調査』(2008 年度)、『学校保健統計調査』(1986 年度) があります。これらは、次のウェブサイトに掲載されています。
政府統計の総合窓口　　http://www.e-stat.go.jp/SG1/estat/

○教育政策の立案過程
　教育政策の立案過程での議論を調べるためには、審議会答申・調査研究協力者会議の議事録や報告が有用な資料となります。これらは文部科学省のウェブサイトで入手できます。
審議会・調査研究協力者会議
　　　　http://www.mext.go.jp/b_menu/shingi/main_b5.htm
　また、政府の教育政策に影響力をもつ経済団体の教育提言を参照することも重要です。たとえば、次のサイトを参照してみましょう。
日本経済団体連合会
　　　　http://www.keidanren.or.jp/
経済同友会
　　　　http://www.doyukai.or.jp/chairmansmsg/index.html

○その他の資料
「教育委員会の現状に関する調査」(2003 ～ 2013 年度)
　　　　http://www.mext.go.jp/a_menu/01_j.htm
日本ユニセフ協会『世界子供白書』　　http://www.unicef.or.jp/library/sowc/
OECD『図表でみる教育』(2001 年以降) 英語版 (Education at a Glance)
　　　　http://www.mext.go.jp/b_menu/toukei/002/index01.htm
内閣府『子ども・若者白書』
　　　　http://www8.cao.go.jp/youth/suisin/hakusho.html
日本子どもを守る会『子ども白書』(草土文化刊)

(URL 最終確認日　2015 年 9 月 8 日)

資 料

教育基本法

平成 18 年法律第 120 号
2006 年 12 月 22 日公布・施行

教育基本法（昭和二十二年法律第二十五号）の全部を改正する。

目次
前文
第一章　教育の目的及び理念（第一条―第四条）
第二章　教育の実施に関する基本（第五条―第十五条）
第三章　教育行政（第十六条・第十七条）
第四章　法令の制定（第十八条）
附則

　我々日本国民は、たゆまぬ努力によって築いてきた民主的で文化的な国家を更に発展させるとともに、世界の平和と人類の福祉の向上に貢献することを願うものである。
　我々は、この理想を実現するため、個人の尊厳を重んじ、真理と正義を希求し、公共の精神を尊び、豊かな人間性と創造性を備えた人間の育成を期するとともに、伝統を継承し、新しい文化の創造を目指す教育を推進する。
　ここに、我々は、日本国憲法の精神にのっとり、我が国の未来を切り拓く教育の基本を確立し、その振興を図るため、この法律を制定する。

第一章　教育の目的及び理念

（教育の目的）
第一条　教育は、人格の完成を目指し、平和で民主的な国家及び社会の形成者として必要な資質を備えた心身ともに健康な国民の育成を期して行われなければならない。

（教育の目標）
第二条　教育は、その目的を実現するため、学問の自由を尊重しつつ、次に掲げる目標を達成するよう行われるものとする。
一　幅広い知識と教養を身に付け、真理を求める態度を養い、豊かな情操と道徳心を培うとともに、健やかな身体を養うこと。
二　個人の価値を尊重して、その能力を伸ばし、創造性を培い、自主及び自律の精神を養うとともに、職業及び生活との関連を重視し、勤労を重んずる態度を養うこと。
三　正義と責任、男女の平等、自他の敬愛と協力を重んずるとともに、公共の精神に

基づき、主体的に社会の形成に参画し、その発展に寄与する態度を養うこと。
四　生命を尊び、自然を大切にし、環境の保全に寄与する態度を養うこと。
五　伝統と文化を尊重し、それらをはぐくんできた我が国と郷土を愛するとともに、他国を尊重し、国際社会の平和と発展に寄与する態度を養うこと。

（生涯学習の理念）
第三条　国民一人一人が、自己の人格を磨き、豊かな人生を送ることができるよう、その生涯にわたって、あらゆる機会に、あらゆる場所において学習することができ、その成果を適切に生かすことのできる社会の実現が図られなければならない。

（教育の機会均等）
第四条　すべて国民は、ひとしく、その能力に応じた教育を受ける機会を与えられなければならず、人種、信条、性別、社会的身分、経済的地位又は門地によって、教育上差別されない。
2　国及び地方公共団体は、障害のある者が、その障害の状態に応じ、十分な教育を受けられるよう、教育上必要な支援を講じなければならない。
3　国及び地方公共団体は、能力があるにもかかわらず、経済的理由によって修学が困難な者に対して、奨学の措置を講じなければならない。

　　　　第二章　教育の実施に関する基本
（義務教育）
第五条　国民は、その保護する子に、別に法律で定めるところにより、普通教育を受けさせる義務を負う。
2　義務教育として行われる普通教育は、各個人の有する能力を伸ばしつつ社会において自立的に生きる基礎を培い、また、国家及び社会の形成者として必要とされる基本的な資質を養うことを目的として行われるものとする。
3　国及び地方公共団体は、義務教育の機会を保障し、その水準を確保するため、適切な役割分担及び相互の協力の下、その実施に責任を負う。
4　国又は地方公共団体の設置する学校における義務教育については、授業料を徴収しない。

（学校教育）
第六条　法律に定める学校は、公の性質を有するものであって、国、地方公共団体及び法律に定める法人のみが、これを設置することができる。
2　前項の学校においては、教育の目標が達成されるよう、教育を受ける者の心身の発達に応じて、体系的な教育が組織的に行われなければならない。この場合において、教育を受ける者が、学校生活を営む上で必要な規律を重んずるとともに、自ら進んで

学習に取り組む意欲を高めることを重視して行われなければならない。

（大学）
第七条　大学は、学術の中心として、高い教養と専門的能力を培うとともに、深く真理を探究して新たな知見を創造し、これらの成果を広く社会に提供することにより、社会の発展に寄与するものとする。
2　大学については、自主性、自律性その他の大学における教育及び研究の特性が尊重されなければならない。

（私立学校）
第八条　私立学校の有する公の性質及び学校教育において果たす重要な役割にかんがみ、国及び地方公共団体は、その自主性を尊重しつつ、助成その他の適当な方法によって私立学校教育の振興に努めなければならない。

（教員）
第九条　法律に定める学校の教員は、自己の崇高な使命を深く自覚し、絶えず研究と修養に励み、その職責の遂行に努めなければならない。
2　前項の教員については、その使命と職責の重要性にかんがみ、その身分は尊重され、待遇の適正が期せられるとともに、養成と研修の充実が図られなければならない。

（家庭教育）
第十条　父母その他の保護者は、子の教育について第一義的責任を有するものであって、生活のために必要な習慣を身に付けさせるとともに、自立心を育成し、心身の調和のとれた発達を図るよう努めるものとする。
2　国及び地方公共団体は、家庭教育の自主性を尊重しつつ、保護者に対する学習の機会及び情報の提供その他の家庭教育を支援するために必要な施策を講ずるよう努めなければならない。

（幼児期の教育）
第十一条　幼児期の教育は、生涯にわたる人格形成の基礎を培う重要なものであることにかんがみ、国及び地方公共団体は、幼児の健やかな成長に資する良好な環境の整備その他適当な方法によって、その振興に努めなければならない。

（社会教育）
第十二条　個人の要望や社会の要請にこたえ、社会において行われる教育は、国及び地方公共団体によって奨励されなければならない。
2　国及び地方公共団体は、図書館、博物館、公民館その他の社会教育施設の設置、

学校の施設の利用、学習の機会及び情報の提供その他の適当な方法によって社会教育の振興に努めなければならない。

（学校、家庭及び地域住民等の相互の連携協力）
第十三条　学校、家庭及び地域住民その他の関係者は、教育におけるそれぞれの役割と責任を自覚するとともに、相互の連携及び協力に努めるものとする。

（政治教育）
第十四条　良識ある公民として必要な政治的教養は、教育上尊重されなければならない。
2　法律に定める学校は、特定の政党を支持し、又はこれに反対するための政治教育その他政治的活動をしてはならない。

（宗教教育）
第十五条　宗教に関する寛容の態度、宗教に関する一般的な教養及び宗教の社会生活における地位は、教育上尊重されなければならない。
2　国及び地方公共団体が設置する学校は、特定の宗教のための宗教教育その他宗教的活動をしてはならない。

第三章　教育行政

（教育行政）
第十六条　教育は、不当な支配に服することなく、この法律及び他の法律の定めるところにより行われるべきものであり、教育行政は、国と地方公共団体との適切な役割分担及び相互の協力の下、公正かつ適正に行われなければならない。
2　国は、全国的な教育の機会均等と教育水準の維持向上を図るため、教育に関する施策を総合的に策定し、実施しなければならない。
3　地方公共団体は、その地域における教育の振興を図るため、その実情に応じた教育に関する施策を策定し、実施しなければならない。
4　国及び地方公共団体は、教育が円滑かつ継続的に実施されるよう、必要な財政上の措置を講じなければならない。

（教育振興基本計画）
第十七条　政府は、教育の振興に関する施策の総合的かつ計画的な推進を図るため、教育の振興に関する施策についての基本的な方針及び講ずべき施策その他必要な事項について、基本的な計画を定め、これを国会に報告するとともに、公表しなければならない。
2　地方公共団体は、前項の計画を参酌し、その地域の実情に応じ、当該地方公共団

体における教育の振興のための施策に関する基本的な計画を定めるよう努めなければならない。

第四章　法令の制定
第十八条　この法律に規定する諸条項を実施するため、必要な法令が制定されなければならない。

　　　　附　則（抄）
（施行期日）
1　この法律は、公布の日から施行する。
2　略
3　略

（旧）教育基本法

昭和22年法律第25号
1947年3月31日公布・施行

　われらは、さきに、日本国憲法を確定し、民主的で文化的な国家を建設して、世界の平和と人類の福祉に貢献しようとする決意を示した。この理想の実現は、根本において教育の力にまつべきものである。
　われらは、個人の尊厳を重んじ、真理と平和を希求する人間の育成を期するとともに、普遍的にしてしかも個性ゆたかな文化の創造をめざす教育を普及徹底しなければならない。
　ここに、日本国憲法の精神に則り、教育の目的を明示して、新しい日本の教育の基本を確立するため、この法律を制定する。

第一条（教育の目的）　教育は、人格の完成をめざし、平和的な国家及び社会の形成者として、真理と正義を愛し、個人の価値をたつとび、勤労と責任を重んじ、自主的精神に充ちた心身とも健康な国民の育成を期して行われなければならない。
第二条（教育の方針）　教育の目的は、あらゆる機会に、あらゆる場所において実現されなければならない。この目的を達成するためには、学問の自由を尊重し、実際生活に即し、自発的精神を養い、自他の敬愛と協力によって、文化の創造と発展に貢献するように努めなければならない。
第三条（教育の機会均等）　すべて国民は、ひとしく、その能力に応ずる教育を受ける機会を与えられなければならないものであつて、人種、信条、性別、社会的身分、経済的地位又は門地によつて、教育上差別されない。

2　国及び地方公共団体は、能力があるにもかかわらず、経済的理由によつて修学困難な者に対して、奨学の方法を講じなければならない。
第四条（義務教育）国民は、その保護する子女に、九年の普通教育を受けさせる義務を負う。
2　国又は地方公共団体の設置する学校における義務教育については、授業料は、これを徴収しない。
第五条（男女共学）男女は、互に敬重し、協力し合わなければならないものであつて、教育上男女の共学は、認められなければならない。
第六条（学校教育）法律に定める学校は、公の性質をもつものであつて、国又は地方公共団体の外、法律に定める法人のみが、これを設置することができる。
2　法律に定める学校の教員は、全体の奉仕者であつて、自己の使命を自覚し、その職責の遂行に努めなければならない。このためには、教員の身分は尊重され、その待遇の適正が、期せられなければならない。
第七条（社会教育）家庭教育及び勤労の場所その他社会において行われる教育は、国及び地方公共団体によつて奨励されなければならない。
2　国及び地方公共団体は、図書館、博物館、公民館等の施設の設置、学校の施設の利用その他適当な方法によつて教育の目的の実現に努めなければならない。
第八条（政治教育）良識ある公民たるに必要な政治的教養は、教育上これを尊重しなければならない。
2　法律に定める学校は、特定の政党を支持し、又はこれに反対するための政治教育その他政治的活動をしてはならない。
第九条（宗教教育）宗教に関する寛容の態度及び宗教の社会生活における地位は、教育上これを尊重しなければならない。
2　国及び地方公共団体の設置する学校は、特定の宗教のための宗教教育その他宗教的活動をしてはならない。
第十条（教育行政）教育は、不当な支配に服することなく、国民全体に対し直接に責任を負つて行われるべきものである。
2　教育行政は、この自覚のもとに、教育の目的を遂行するに必要な諸条件の整備確立を目標として行われなければならない。
第十一条（補則）この法律に掲げる諸条項を実施するために必要がある場合には、適当な法令が制定されなければならない。
　附則
　　この法律は、公布の日から、これを施行する。

学校系統図

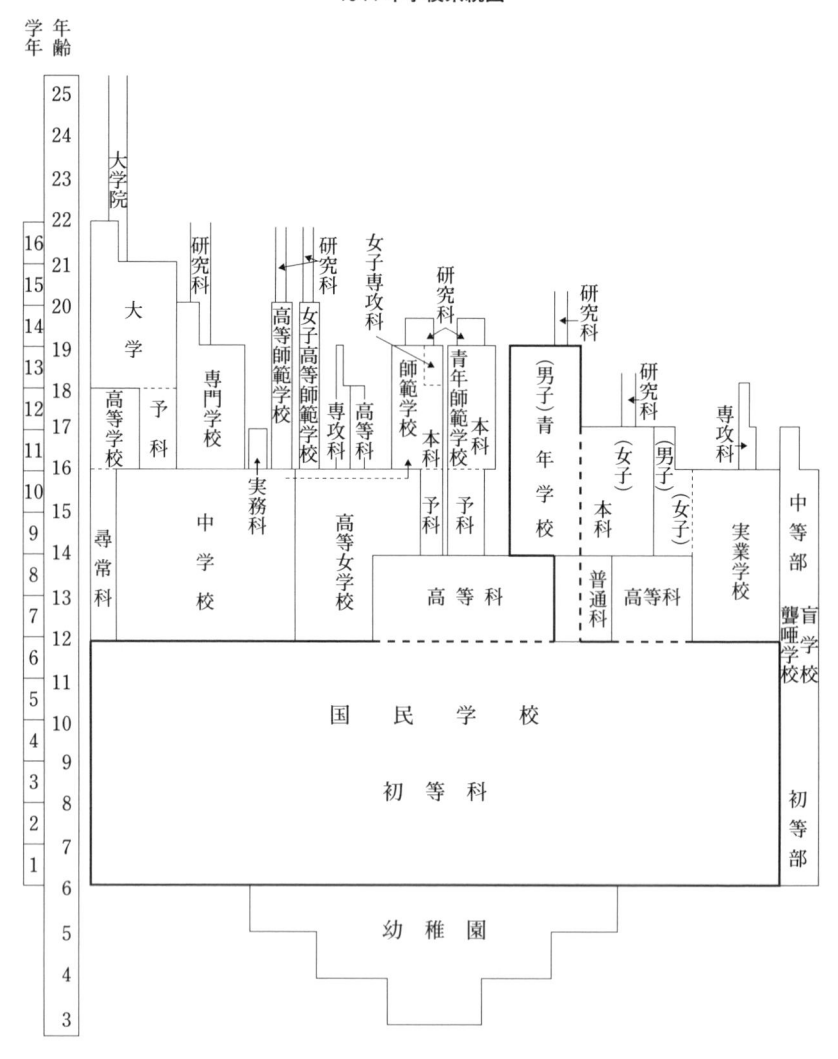

1944年学校系統図

出所：文部省『学制百年史』

学校系統図

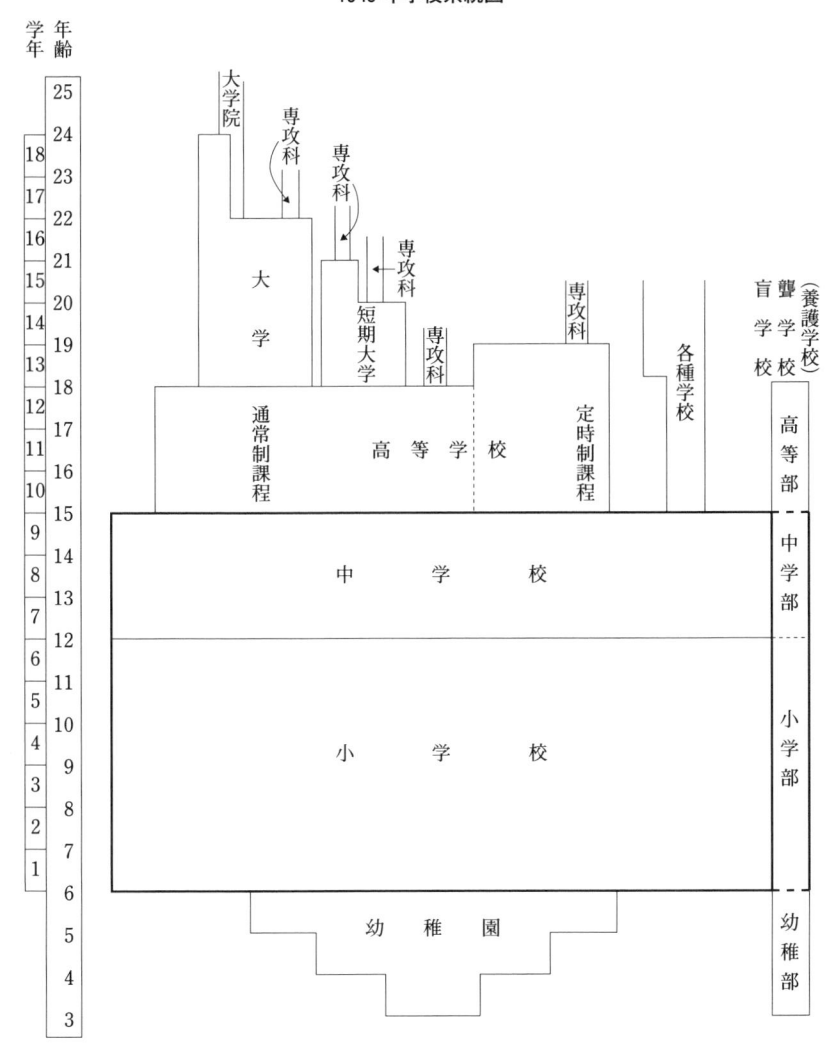

1949年学校系統図

出所：文部省『学制百年史』

2015年の学校系統図

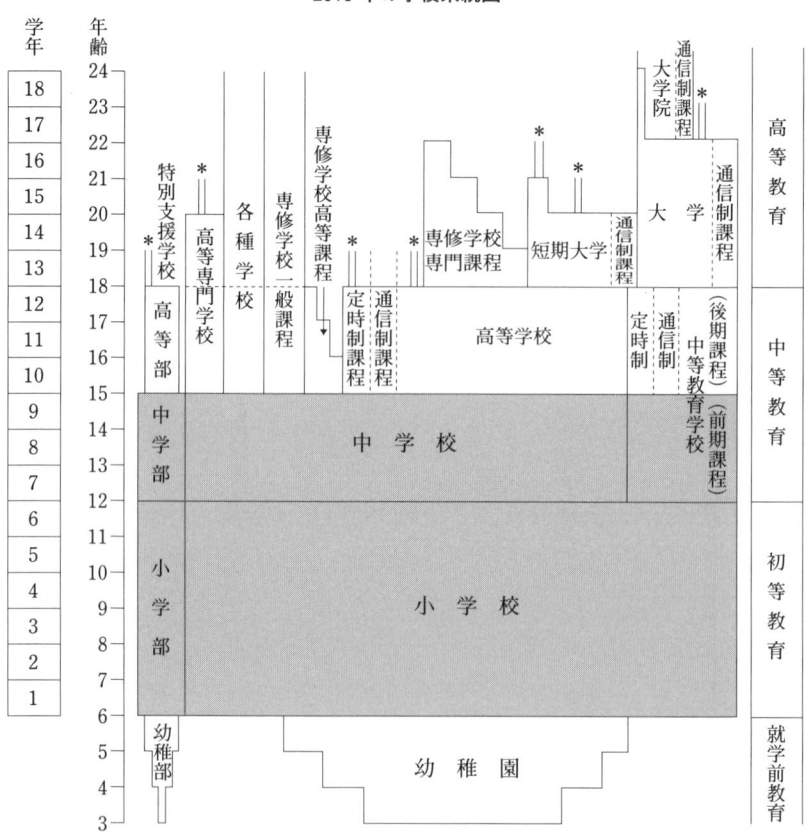

注：(1) ▨部分は義務教育。
(2) ＊印は専攻科を示す。
(3) 高等学校、中等教育学校後期課程、大学、短期大学、特別支援学校高等部には修業年限1年以上の別科を置くことができる。
(4) 2016年度より小中一貫の義務教育学校が創設される。

出所：文部科学省『諸外国の教育統計』(2014年版) に加筆。

教育基本法法制形成史略年表（1945年～1959年）

年	月 日	事 項
1945年	7月26日	ポツダム宣言
	8月14日	御前会議、ポツダム宣言受諾（8月15日終戦の詔書玉音放送）。
	9月2日	アメリカ海軍艦船ミズーリ号において日本政府代表と大本営代表が降伏文書へ正式調印。
	9月15日	新日本建設ノ教育方針（文部省）
	10月22日	日本教育制度ニ対スル管理政策（連合国軍最高司令官総司令部）
	10月30日	教員及教育関係者ノ調査、除外、認可ニ関スル件（連合国軍最高司令官総司令部）
	11月20日	画一教育改革要綱（案）及び画一教育打破ニ関スル検討並ニ措置（案）（文部省官房審議室）
	12月15日	国家神道、神社神道ニ対スル政府ノ保証、支援、保全、監督並ニ弘布ノ廃止ニ関スル件（連合国軍最高司令官総司令部）
	12月22日	公民教育刷新委員会答申
	12月31日	修身、日本歴史及ビ地理停止ニ関スル件（連合国軍最高司令官総司令部）
1946年	1月1日	天皇人間宣言（新日本建設ニ関スル詔書）
	2月	米国教育使節団に協力すべき日本側教育家委員会報告書
	3月6日	政府、憲法改正草案要綱発表。
	3月30日	米国教育使節団（第一次）報告書を連合国軍最高司令官に提出（4月7日公表）。
	5月15日	新教育指針第1分冊（文部省）
	8月3日	文教再建に関する決議（衆議院）
	8月10日	教育刷新委員会官制（勅令373号、1949年6月教育刷新審議会に改称、1952年6月12日、廃止）
	11月3日	日本国憲法公布(1947年5月3日施行)
1947年	3月20日	学習指導要領一般編（試案）昭和22年度（文部省）
	3月31日	教育基本法
	3月31日	学校教育法（4月1日施行）
	4月17日	地方自治法
	10月21日	国家公務員法

1948年	6月19日	教育勅語等排除に関する決議（衆議院）
	6月19日	教育勅語等の失効確認に関する決議（参議院）
	7月7日	地方財政法
	7月10日	日本学術会議法
	7月10日	教科書の発行に関する臨時措置法
	7月10日	国家行政組織法
	7月10日	市町村立学校職員給与負担法
	7月15日	教育委員会法
	7月20日	国民の祝日に関する法律
1949年	1月12日	教育公務員特例法
	5月31日	文部省設置法
	5月31日	国立学校設置法
	5月31日	教育職員免許法
	6月10日	社会教育法
	12月15日	私立学校法
1950年	4月30日	図書館法
	9月22日	第二次米国教育使節団、報告書を連合国軍最高司令官に提出（9月30日公表）。
	12月13日	地方公務員法
1951年	5月5日	児童憲章制定
	6月11日	産業教育振興法
	9月8日	サンフランシスコ講和条約締結（1952年4月28日発効）
	11月16日	政令改正諮問委員会教育制度に関する答申
	12月1日	博物館法
1952年	3月27日	私立学校振興会法
	3月31日	新たに入学する児童に対する教科用図書の給与に関する法律
	6月6日	中央教育審議会、設置。
	8月8日	義務教育費国庫負担法
1953年	8月8日	理科教育振興法
	8月13日	日本育英会法（大日本育英会法改正）
	8月14日	青年学級振興法
	8月18日	高等学校の定時制教育及び通信教育振興法
	8月27日	危険校舎改築促進臨時措置法
1954年	6月1日	へき地教育振興法
	6月1日	盲学校、聾学校及び養護学校への就学奨励に関する法律

	6月3日	学校給食法
	6月3日	義務教育諸学校における教育の政治的中立の確保に関する臨時措置法
1955年	8月5日	女子教育職員の産前産後の休暇中における学校教育の正常な実施の確保に関する法律
	8月8日	日本学校給食会法
	8月8日	公立小学校不正常授業解消促進臨時措置法
1956年	3月30日	就学困難な児童のための教科用図書の給与に対する国の補助に関する法律
	3月30日	就学困難な児童及び生徒に係る就学奨励についての国の援助に関する法律
	3月31日	公立養護教諭養成所設置法
	6月14日	公立養護学校整備特別措置法
	6月20日	夜間課程を置く高等学校における学校給食に関する法律
	6月30日	地方教育行政の組織及び運営に関する法律
1957年	3月30日	私立大学の研究設備に対する国の補助に関する法律
	5月20日	盲学校、聾学校及び養護学校の幼稚部及び高等部における学校給食に関する法律
	5月20日	国立及び公立の学校の事務職員の休職の特例に関する法律
	7月11日	義務教育諸学校等の女子教育職員及び医療施設、社会福祉施設等の看護婦、保母等の育児休業に関する法律
1958年	4月10日	学校保健法
	4月25日	義務教育諸学校施設費国庫負担法
	5月1日	公立義務教育諸学校の学級編制及び教職員定数の標準に関する法律
	5月2日	職業訓練法
1959年	12月17日	日本学校安全会法

出所：鈴木英一・平原春好編『資料教育基本法50年史』（勁草書房、1998年）を参照して作成。

索　引

ア行

アクティブ・ラーニング　174
新しい時代にふさわしい教育基本法と教育
　振興基本計画の在り方について　22
アメリカ教育使節団報告書　106
家永教科書裁判　5
伊ケ崎暁生　164
意見表明権　7
いじめ防止対策推進法　14
エルモア（Elmore, R.G.）　52
公の支配　68

カ行

外国籍の子ども　9
外的事項　90
外的条件説　107
学習権説　3
学習指導要領　93, 105
学習指導要領一般編（試案）　106
学習費一切無償説　67
学校経営近代化論　149
学校運営協議会　155
学校教育の目標　102
学校教育法
　──1条　131, 162
　──5条　69
　──6条　61
　──16条　31
　──17条　31
　──18条　32
　──19条　33
　──20条　33
　──21条　34, 124
　──33条　104
　──37条　50, 52
　──93条　172

学校教育法案　123
学校教育法改正　124
学校経営　149
学校自治　152
学校制度的基準説　107
学校選択制　40, 139
学校づくり　150
学校統廃合　43
学校の起源　115
学校の目的　102
学校評価　156
学校評議員制度　155
課程主義　117
カリキュラム　101
期待される人間像　21
君が代・日の丸　29
義務教育　30, 117
義務教育学校　41, 125
義務教育施設費国庫負担法　93
義務教育の目標　34
義務教育費国庫負担法　70, 93
教育委員　90
教育委員会　87, 104
教育委員会の点検評価制度　96
教育委員会法　83
教育改革国民会議　22
教育改革プログラム　135
教育課程　101
教育課程編成権　103, 147
教育官僚制　52
教育基本法　自主制定性　15
教育基本法　準憲法的性格　20
教育基本法　立憲の解釈　15
教育基本法（旧）　15
　──1条　102
　──4条　63
　──10条　27, 52, 83, 146

教育基本法（新）　10, 95
　——4条　4, 63, 78
　——5条　35, 67
　——7条　163
　——16条　79, 145
　——17条　184
教育行政の一般行政からの独立　83
教育行政の地方分権化　83
教育憲法　20
教育公務員特例法　49
教育綱領論　21
教育根本法　16
教育再生　142
教育再生関連三法　24
教育再生実行会議　25
教育再生実行会議第4次提言　171
教育刷新委員会　83
教育自治　155
教育条件整備　79
教育振興基本計画　184
教育宣言　18
教育大綱　97
教育長　90
教育勅語等の失効確認に関する決議　19
教育勅語等排除に関する決議　19
教育における直接責任制原理　145
教育ニ関スル勅語　16
教育の機会均等　4, 63, 78
教育の自由　147
教育の地域性・地域の教育力　146
教育の地方自治　81
教育の民衆統制　83
教育の目的・目標　102
教育への権利（right to education）　6
教育・保育の民営化　192
教育を受ける権利　1, 77
教員の地位に関する勧告　48, 56, 103
教員評価制度　57
教員免許制度　54
教員免許更新制度　55
教員養成　53

教科書　109
教科書検定　109
教科書検定基準　109
教科書採択　109
教師の教育の自由　55
教師の多忙化　158
教授会権限　172
行政改革委員会　138
均衡財政主義　73
近代学校　116
勤務条件条例主義　48
近隣諸国条項　111
空海　116
グローバル人材育成　168
経済的、社会的及び文化的権利に関する国際規約　6, 65
県費負担教職員　47
小泉内閣　183
合議制独立行政委員会　87
公教育の無償制　62
公選制教育委員会制度　83
高等専修学校　131
公民権説　2
公立高等学校に係る授業料の不徴収及び高等学校等就学支援金の支給に関する法律　67
公立の義務教育諸学校等の教育職員の給与等に関する特別措置法　48
国際人権規約　174
国民実践要領　21
国民の教育権　4
国立大学法人　71
国立大学法人法　71, 167
子どもの学習費調査　63
子どもの権利　3
子どもの権利条約　7, 11, 66

サ行

三者協議会　156, 160
自治事務　91
指定管理者制度　86

索　引

市民的及び政治的権利に関する国際規約
　6
社会教育行政の首長部局化　100
社会経済生産性本部　138
就学義務　31
就学義務の猶予・免除　32
授業料クーポン制度（バウチャー制度）
　137
授業料無償説　67
出席要件の緩和　38
ジュニア・ハイスクール　119
奨学金　63
小中一貫教育　140
職員会議　153
初任者研修　54
私立学校振興助成法　72, 175
新自由主義　98, 139, 180
スーパーグローバルハイスクール　171
鈴木英一　158
すべての者に中等教育を　118
生存権説　2
政令改正諮問委員会　129
世界を考える京都座会　138
是正指示権　96
是正要求権　96
設置者管理主義　69
設置者負担主義　69
全構成員自治論　165
戦後教育改革　81
専修学校　131
総合学科　132
総合教育会議　97, 112
宗谷の教育合意運動　114

タ行

第1次安倍内閣　24, 186
大学の自治　164
大学の大衆化　161
大綱的基準説　107
第2次安倍内閣　25, 186
田中耕太郎　16

「多様化」政策　130
単位制高等学校　132
単線型学校体系　120
地方教育行政法　25, 91, 94, 97
　——1条　112
　——4条　90
　——21条　88, 104
　——46条　149
地方交付税交付金　70
地方自治の本旨　82
地方分権一括法　95
中央教育審議会　132
中高一貫校　133
中等教育　119
中等教育学校　125, 136
勅令主義　2
デヴィット・ハーヴェイ　178

ナ行

内外事項区分論　154
内的事項　90
日本経済団体連合会　183
日本国教育基本法案　23
日本国憲法　1
　——23条　55
　——26条　1, 30, 77, 173
　——89条　68
　——98条　6
日本国憲法改正草案　11
日本私立学校振興財団法　72
日本における教育改革の進展　123
認証評価　166
年数主義　32
年齢主義　117
能力程度主義　4
能力発達保障主義　4

ハ行

橋本内閣　182
PTA　46
開かれた学校づくり　151

213

貧困　9
部活動　61
複線型学校体系　118
不登校　36
不当な支配　79, 88
フリースクール　40
フリードマン, M. & R.　137
法律主義　2, 80
北海道学力テスト事件　5, 36, 78, 82, 107

マ行

マーチン・トロウ　161
民主党連立政権　185
無償範囲法定説　67
宗像誠也　47

持田栄一　150
文部科学省　93
文部科学大臣　93

ヤ行

幼保一元化・幼保一体化　128

ラ行

立憲主義　81
臨時教育審議会　21, 132, 181
臨時教育制度審議会設置法案　22
6・3・3制　120, 122, 129

ワ行

我が国の高等教育の将来像　166

執筆者紹介

	片山　信吾	名城大学	第1章
＊	井深　雄二	奈良教育大学	第2章・第5章・第10章・教育基本法法制形成史略年表
	笠井　尚	中部大学	第3章
	松原　信継	愛知教育大学	第4章
＊	中嶋　哲彦	名古屋大学大学院	第6章・第7章・資料紹介
＊	大橋　基博	名古屋造形大学	第8章・コラム5
	三羽　光彦	芦屋大学	第9章
	石井　拓児	名古屋大学大学院	第11章
＊	川口　洋誉	愛知工業大学	第12章
	谷口　聡	中央学院大学	第13章
	杉山　和恵	豊橋創造大学短期大学部	コラム1
	花岡　道子	名古屋大学大学院生	コラム2
	加藤　繁美	山梨大学	コラム3・コラム9
	仲松　辰美	名古屋大学大学院生	コラム4
	中山　弘之	愛知教育大学大学院	コラム6・コラム7
	富樫　千紘	稚内北星学園大学・非常勤	コラム8
	米津　直希	稚内北星学園大学	コラム10
	伊藤　良高	熊本学園大学	コラム11

（執筆順、＊は編者）

テキスト 教育と教育行政

2015年10月25日 第1版 第1刷発行

編著者	井深 雄二
	大橋 基博
	中嶋 哲彦
	川口 洋誉
発行者	井村 寿人

発行所 株式会社 勁草書房

112-0005 東京都文京区水道2-1-1 振替 00150-2-175253
（編集）電話 03-3815-5277／FAX 03-3814-6968
（営業）電話 03-3814-6861／FAX 03-3814-6854

平文社・中永製本

©IBUKA Yūji, ŌHASHI Motohiro, NAKAJIMA Tetsuhiko,
KAWAGUCHI Hirotaka 2015

ISBN978-4-326-25107-0　Printed in Japan

JCOPY ＜(社)出版者著作権管理機構 委託出版物＞
本書の無断複写は著作権法上での例外を除き禁じられています。
複写される場合は、そのつど事前に、(社)出版者著作権管理機構
（電話 03-3513-6969、FAX 03-3513-6979、e-mail: info@jcopy.or.jp）
の許諾を得てください。

＊落丁本・乱丁本はお取替いたします。

http://www.keisoshobo.co.jp

著者	書名	判型	価格
青木栄一	地方分権と教育行政 少人数学級編制の政策過程	A5判	4300円
仲田康一	コミュニティ・スクールのポリティクス 学校運営協議会における保護者の位置	A5判	4600円
高井良健一	教師のライフストーリー 高校教師の中年期の危機と再生	A5判	6400円
酒井朗	教育臨床社会学の可能性	A5判	3300円
G・ビースタ／上野正道ほか訳	民主主義を学習する 教育・生涯学習・シティズンシップ	四六判	3200円
佐久間孝正	多文化教育の充実に向けて イギリスの経験、これからの日本	四六判	3200円
松尾知明編著	多文化教育をデザインする 移民時代のモデル構築	A5判	3400円
園山大祐編著	学校選択のパラドックス フランス学区制と教育の公正	A5判	2900円
中野裕二ほか編著	排外主義を問いなおす フランスにおける排除・差別・参加	A5判	4500円
宮寺晃夫	教育の正義論 平等・公共性・統合	A5判	3000円
加藤美帆	不登校のポリティクス 社会統制と国家・学校・家族	A5判	3000円
松下佳代・京都大学高等教育研究開発推進センター編著	ディープ・アクティブラーニング 大学授業を深化させるために	A5判	3000円
グループ・ディダクティカ編	教師になること、教師であり続けること 困難の中の希望	四六判	2600円
森田伸子	子どもと哲学を 問いから希望へ	四六判	2300円

＊表示価格は2015年10月現在。消費税は含まれておりません。